Desafíos a la libertad

MARIO VARGAS LLOSA

Desafíos a la libertad

Diseño de la colección: Alfonso Sostres
Diseño de cubierta: José Crespo y Teresa Perelétegui
Fotografía de cubierta: The Image Bank. Garry Gay
Fotografía de solapa: Avelino Estévez

Primera edición española, 1994
Reservados todos los derechos
I.S.B.N.: 84-03-59359-7
Dep. Leg.: M-16.220-1994
Impresión: Rogar, S. A.
Impreso en España / Printed in Spain

A Luis Miró Quesada,
el último de los justos,
en sus ochenta años.

ÍNDICE

PIEDRA DE TOQUE

Los textos que componen este libro son una selección de los artículos que publiqué en el diario *El País*, de Madrid, y una serie de publicaciones afiliadas de Europa y América, entre noviembre de 1990 y enero de 1994. Los he reunido en razón de su consanguinidad temática. Todos ellos se refieren a los desafíos a la cultura de la libertad que han surgido con el poscomunismo y critican el nacionalismo y sus mil caras insidiosas —desde la, en apariencia, inocente «excepción cultural» hasta la sanguinaria de la «limpieza étnica»—, los integrismos religiosos y los nuevos intentos para restablecer la tradición autoritaria en América Latina (exitosos en el Perú y fracasados, por ahora, al menos, en Guatemala y Venezuela).

Otros asuntos recurrentes en ellos son la defensa del internacionalismo, camino de civilización, y de la opción liberal como una alianza simultánea e indivisible de democracia política y libertad económica, en contra de quienes las separan y pretenden escalonarlas, sosteniendo que para los países del Tercer Mundo y los ex socialistas el desarrollo sólo será posible sacrificando la democracia o posponiéndola, a la manera de Chile bajo el régimen de Pinochet o de la China Popular de Deng Xiaoping. De modo directo o indirecto, estos textos quieren también dar testimonio de la fecunda vitalidad de las ideas y valores promovidos por ciertos pensadores liberales para enfrentarse a lo que Josep Pla llamaba «la confusión contemporánea».

Aquí y allá he suprimido alguna palabra de más o aligerado la construcción de una frase pesada, pero ninguna de estas enmiendas altera nada sustancial. Agradezco a Rosario de Bedoya su invalorable ayuda en la búsqueda y preparación del material.

MARIO VARGAS LLOSA

Georgetown University
Washington, D.C.
Febrero de 1994.

ELOGIO DE LA DAMA DE HIERRO

En los últimos dos años visité a varios jefes de gobierno porque creía (ingenuamente) que estas visitas favorecerían el empeño en el que andaba. Todos eran gobernantes respetables que habían servido más o menos bien a su país. Pero sólo a uno de ellos profesaba esa admiración sin reservas, esa reverencia poco menos que filial que no he sentido por ningún otro político vivo, y sí, en cambio, por muchos intelectuales y artistas (como Popper, Faulkner o Borges): la señora Thatcher.

Unos años atrás la había visto, en una cena en casa de Hugh Thomas, aprobar con soberbia desenvoltura el examen al que la sometieron una decena de invitados implacables del historiador entre los que se encontraban algunas luminarias académicas y literarias como Isaiah Berlin, Stephan Spender y el poeta Philip Larkin.

Esta vez la entrevista fue a solas, en Downing Street, y duró apenas media hora. Aproveché para decirle lo que hoy creo con más fuerza que entonces. Que lo ocurrido en Gran Bretaña en estos últimos once años es probablemente la revolución más fecunda que haya tenido lugar en la Europa de este siglo y la de efectos más contagiosos en el resto del mundo. Una revolución sin balas y sin muertos, sin discursos flamígeros ni operáticos mítines, hecha con votos y con leyes, en el más estricto respeto de las instituciones democráticas, e incapaz, por lo tanto, de despertar el entusiasmo y ni siquiera la comprensión de la *intelligentzia*, esa clase que fabrica las mitologías y dispensa las aureolas revolucionarias.

Pero una revolución más humana y progresista que la que entierra hoy, sin honores, el señor Gorbachov, con su terrible corso de asesinados, sus campos de concentración, sus censores, sus colonias y esos planificadores responsables de una economía que, para empezar a funcionar, debe ser ahora rehecha desde los cimientos. Margaret Thatcher entrega a su sucesor un país en el que el esfuerzo por transferir a la sociedad civil las funciones y responsabilidades que le había arrebatado el Estado ha sido extraordinario.

La importancia primera de la privatización de esos monopolios estatales deficitarios que el mercado ha vuelto, está volviendo o casi seguramente volverá eficientes (los del gas, el acero, el petróleo, los teléfonos, los aeropuertos, la British Airways, la electricidad, el agua, etcétera) no es económica, aunque ella haya servido en buena parte para sacar al Reino Unido del marasmo económico y la decadencia industrial que en 1978 parecían irremisibles. Es social. Porque gracias a esas privatizaciones hay hoy en día once millones de nuevos accionistas, la mayoría de los cuales son empleados, trabajadores o simples consumidores de esas empresas desnacionalizadas, gentes de modestos ingresos que por primera vez tienen acceso a la propiedad. Y como lo son ese millón de familias propietarias de viviendas que hizo posible la democratización del crédito y la disposición que obligó a los ayuntamientos a vender las residencias municipales a los inquilinos que quisieran adquirirlas. Expresiones como «capitalismo popular» y «un país de propietarios» habían comenzado a ser una realidad en Gran Bretaña.

Como aquéllas, todas las reformas emprendidas por el gobierno de la señora Thatcher, a costa a veces de épicos enfrentamientos —la huelga minera de 1984 y 1985, por ejemplo—, estuvieron siempre orientadas a estimular el crecimiento de la riqueza, la difusión de la propiedad y la libertad del ciudadano para elegir entre distintas opciones. Gracias a ellas, los empresarios británicos están aprendiendo de nuevo a competir, a buscar el favor de los consumidores a través de la eficiencia en vez de las prebendas estatales del viejo sistema mercantilista, y hay hoy medio millón de nuevas empresas —de existencia real, es decir, sustentada en el mercado y no en el artificio del subsidio— y más de dos millones de puestos de trabajo de los que había en 1978. Y gracias a ellas el sindicalismo es ahora más libre y más auténtico, por el serio revés que significó para las oligarquías sindicales la legislación que acabó con las prácticas antidemocráticas del *closed shop* y dio a los afiliados la posibilidad de fiscalizar a sus dirigentes y votar directamente sobre las grandes decisiones (como las huelgas). Ésta y no otra es la razón por la que en las dos últimas elecciones generales los *tories* obtuvieron un tercio del voto obrero.

Pero el gran aporte de la señora Thatcher a su país y al mundo no puede medirse con estadísticas. Está en el impalpable territorio de las ideas, de los valores, de los ejemplos, de las imágenes, de los supuestos, en aquello que Popper considera la piedra miliar de la que dependen la solidez o la precariedad de las instituciones democráticas: el marco moral. Es en este dominio que la modesta hija de un tendero y una costurera, gracias a su coraje, a su convicción libertaria y a su talento político, deja un mundo mejor del que encontró.

Hace doce años estaban todavía muy arraigadas las creencias de que la justicia social exigía un Estado grande, que una economía intervenida podía ser próspera, que el paternalismo y las dádivas eran buenos remedios contra la pobreza y que la soberanía debía ser defendida también en lo económico con políticas «nacionalistas». Lo cierto es que hoy queda muy poco en pie en Europa de esa filosofía populista. Y aun en el resto del mundo cada vez parece más una verdad de Pero Grullo decir que la libertad política y la libertad económica son una sola y que sin esta última es muy difícil, cuando no imposible, la creación sostenida de la riqueza. Y, también, que cuanto más libre sea el funcionamiento del mercado y más vasta su acción estará mejor defendido el interés general, armonizados más sensiblemente los intereses individuales y sectoriales con los del conjunto de la colectividad.

¿Hubiera sido posible, sin el ejemplo de lo ocurrido en Gran Bretaña de 1978 a 1990, esta formidable renovación de la cultura política de nuestro tiempo? Yo lo dudo. Como estoy seguro, también, de que la revitalización que la señora Thatcher dio a las tesis centrales del liberalismo clásico fue un factor decisivo para los cambios en el Este. Cierto, el desplome del comunismo soviético y de los regímenes satélites de Europa central se debió, sobre todo, a su propia ineptitud para crear riqueza, asegurar la justicia social o garantizar dosis mínimas de libertad. Pero sin aquel notable rejuvenecimiento que trajo al Occidente, en la década de los ochenta, el fin de las ilusiones populistas y socialistas, el retorno al mercado y la promoción de la iniciativa individual y el espíritu de empresa —esa filosofía gracias a la cual salieron las naciones democráticas de Europa del atraso y la barbarie en que viven aún los países que no han aprendido la lección—, el fenómeno Gorbachov hubiera podido tardar mucho en aparecer. Porque una dictadura puede, mediante la opresión, disimular las penurias y el descontento de un pueblo. En el casi increíble proceso que ha cambiado la historia contemporánea, el liderazgo político lo tuvo, por razones obvias, Estados Unidos. Pero el liderazgo moral y cultural no fue el de Ronald Reagan sino el de Margaret Thatcher, del mismo modo que la gran figura de la segunda guerra mundial no fue Roosevelt, sino Churchill. Porque ningún otro de los líderes occidentales vio tan lúcidamente lo que estaba en juego ni asumió con tanta claridad y resolución —temeridad, a veces— las reformas y decisiones a nivel interno e internacional necesarias para acelerar y asegurar la irreversibilidad de los cambios.

Por eso no sólo los ingleses, escoceses y galeses deben gratitud a la dama de hierro. Todos los que a lo largo y ancho del mundo se han beneficiado en estos años con la caída de los regímenes totalitarios y autoritarios (los argentinos, por ejemplo, a quienes la señora Thatcher libró sin duda de medio siglo de gorilismo militar, que es lo que hubieran tenido si la dictadura de Galtieri se queda con las Malvinas) o con la liberalización de las economías y la internacionalización de los mercados o con el renacimiento de la filosofía de la libertad, tenemos una deuda de reconocimiento con esta primera ministra que, luego de haber hecho por su país lo que pocos estadistas en su rica historia, acaba de caer, a consecuencias, no de una derrota electoral, sino de una grisácea conspiración de resentidos y desleales de su propio partido.

«Para hacer en su país lo que usted se propone —me dijo, en aquella conversación de media hora— debe usted rodearse de un grupo de personas totalmente identificadas con esas ideas. Porque, cuando hay que resistir las presiones que trae consigo el enfrentarse a los intereses creados, las primeras defecciones ocurren siempre en las propias filas». Lo sucedido en estos días ha actualizado en mi memoria, con resonancias ácidas, ese consejo que, como es sabido, no tuve ocasión de aplicar.

Lo peor, sin duda, no es la sórdida intriga que causó su renuncia. Lo peor es que prevalezca la falsedad de que ha caído por el *poll tax* (el impuesto local) o por su actitud frente a Europa. El famoso impuesto, que tanta oposición ha provocado, tiene una finalidad inobjetable: disciplinar a los municipios irresponsables, obligarlos a gastar sólo lo que los propios vecinos están dispuestos a costear y, por lo tanto, inducir a los ciudadanos a participar activamente en la vida comunal, vigilando de cerca los programas municipales. ¿No es ésta una medida que perfecciona la democracia? Como las otras reformas thatcherianas ésta terminará también por imponerse por su justicia intrínseca.

Respecto a Europa, en cambio, me temo que, con su caída, su postura sea derrotada. Sus críticas a Bruselas han tomado el semblante del «nacionalismo», de un empeño antihistórico por defender el particularismo inglés. Ésta es otra inexactitud, entre las muchas que se le atribuyen, aunque algunos de quienes las han apoyado en esto lo hayan hecho por razones provincianas y sentimentales. Pero quien ha leído con cuidado su discurso de Brujas y sus otros pronunciamientos, no puede equivocarse. El temor de la señora Thatcher no es a Europa. Es a una burocracia no elegida a la que los poderes supranacionales pueden dar la facultad de liquidar desde Bruselas todas las reformas sociales y económicas que Gran Bretaña experimentó en estos once años y medio. (No hay que olvidar que toda burocracia es ontológicamente socialista).

¿Qué ocurrirá después de su partida? La historia no está escrita y puede ocurrir cualquier cosa. La democracia más antigua del mundo no se va a resquebrajar con su ausencia, desde luego. Esperemos que tampoco se empobrezca ni vuelva a declinar como en los cincuenta, los sesenta y los setenta. Hay una esperanza, ya que, como *mea culpa,* los parlamentarios *tories* que la acuchillaron por la espalda han elegido para reemplazarla a un joven que creció a su sombra y que promete continuar la batalla. Un joven, John Major, hijo de un trapecista y una cantante de circo, que parece encarnar esa meritocracia con la que Margaret Thatcher había empezado a revolucionar el Partido Conservador al mismo tiempo que transformaba la sociedad inglesa (y no hay duda que la aristocracia del Partido se lo ha hecho pagar).

En cuanto a ella, quiero poner en letras de imprenta la frase que acompañó a las flores que le envié apenas supe la noticia de su caída: «Señora: no hay palabras bastantes en el diccionario para agradecerle lo que usted ha hecho por la causa de la libertad».

Londres, 27 de noviembre de 1990

DE GAULLE CUMPLE CIEN AÑOS

Debo a los sueños de grandeza del general De Gaulle haber vivido en París cerca de siete años, con un trabajo cómodo, que me dejaba tiempo para escribir. (Cuando entré a la Radio-Televisión francesa, en 1959, los programas para América Latina duraban quince minutos diarios; cuando salí, en 1966, casi cuatro horas).

Fueron años decisivos, en los que Francia, luego de desembarazarse de su imperio colonial, poner fin a la guerra de Argelia, estabilizar su vida política, reconvertir buena parte de su industria y llevar a cabo una acelerada tecnificación, inició un período de crecimiento y prosperidad que, con ligeros altibajos, ha continuado hasta nuestros días. El general De Gaulle, gran fraseólogo y hombre de metáforas, llamaba a eso: «desposar su época».

Que gracias a él Francia rompiera con el pasado y diera un salto resuelto hacia la modernidad no sólo fue admirable, por las enormes dificultades que tuvo que vencer. También fue sorprendente. Porque quien llevó a cabo esa proeza histórica era un hombre del pasado, que se tomaba por Luis XIV y se creía a pie juntillas eso que afirmaba en sus discursos: que él «encarnaba» a Francia. La frase ahora da risa, pero cuando él la decía, con su inmensa autoridad y su aire olímpico, en ciertos momentos neurálgicos, como en el discurso del 22 de abril de 1961 con el que aniquiló el motín de los cuatro generales en Argel, los franceses temblaban. (Y hasta yo, que no le tenía mayor simpatía, recuerdo haber sentido que se me erizaba la piel oyendo ese discurso, en un *bistrot* del Boulevard des Capucines, entre oficinistas hipnotizados y viejitas que lloraban). Ningún hombre «encarna» a un país, a menos, claro está, que sus conciudadanos dictaminen en las ánforas que así lo creen. Y eso es lo que hicieron los franceses en esos votos de confianza que le dieron, en los varios plebiscitos que convocó. (No olvido la lapidaria sentencia de Jean-François Revel, luego de las elecciones de 1965: «El general De Gaulle tiene todo el derecho del mundo de creer que encarna a Francia, pero se equivoca si cree que eso resulta lisonjero para él»).

Lo cierto es que él, que despreciaba tanto la política y a «los políticos» fue un político fuera de lo común, un maestro consumado en ese juego sutil, implacable, audaz y cínico que es el arte de gobernar con éxito. Subió al poder con un cuasi golpe militar de derecha, cuando la Cuarta República había llegado a una suerte de behetría e impotencia total, amparado sobre todo por una sociedad reaccionaria que quería orden, Argelia francesa, la preservación del *statu quo* nacional (desde las colonias hasta la economía rentista) y vitoreado como uno de los suyos por los ultras de la metrópoli y de Argel. A golpe de discursos y de gestos —sí, de discursos y de gestos y solamente con eso— De Gaulle fue cambiando el clima político que había permitido su retorno al poder, sorteando los escollos, desprendiéndose de sus aliados más impresentables, a veces con dureza y a veces con astucia, y creando una atmósfera distinta en la que una mayoría nacional fue aceptando, e incluso entusiasmándose, con todo aquello que parecía inconcebible en 1958: la «paz de los bravos», la autodeterminación, la negociación con el FLN, la independencia de Argelia y, pasando por el intermedio de la Mancomunidad, de todas las otras colonias africanas.

Que los ultras lo odiaran e intentaran matarlo varias veces no tiene nada de raro: es cierto que los había traicionado, para suerte de Francia. Y también es comprensible el resentimiento de socialistas y comunistas, pues ¿no hizo De Gaulle, con la descolonización, lo que ideológicamente les hubiera correspondido a ellos hacer o, por lo menos, proponer? El trauma ideológico que causó De Gaulle estuvo soberbiamente resumido por André Malraux, en el discurso con el que abrió la campaña electoral en 1965: «Qué extraña época dirán de la nuestra los historiadores del futuro, una época en la que la izquierda no era la izquierda, la derecha no era la derecha y el centro no estaba en el medio». La frase es hoy todavía más cierta que entonces.

Malraux y François Mauriac eran, hasta donde me acuerdo, los únicos escritores de gran prestigio que estaban con De Gaulle. La mayoría de los otros eran sus opositores y a veces feroces. Desde los conservadores, como Jacques Soustelle, hasta los comunistas, como Aragon, pasando por los compañeros de viaje como Sartre y por los liberales como Revel y Raymond Aron. Yo también, desde mi modesto rincón de expatriado y de *métèque*, estaba contra él. Me irritaba su caudillismo —que respetaba las formas democráticas pero era caudillismo y crudo— y, sobre todo, su nacionalismo, una de las formas más obtusas, a mi entender, de encarar la vida, la cultura y la política. (El nacionalismo sólo adopta un signo humanista y liberador cuando moviliza a pueblos que luchan por emanciparse de una condición colonial o semicolonial, pero en toda otra circunstancia es retardatario, caldo de cultivo para la demagogia y fuente de anquilosamiento cultural y de violencias: después de la religión nada ha causado tantas guerras ni sembrado tantos cadáveres como el nacionalismo).

Esos años del paso de la vieja a la nueva sociedad francesa fueron de una efervescencia cultural que Francia no ha vuelto a conocer desde entonces. La estabilidad y prosperidad actuales, como ocurre con frecuencia, va pareja más bien con una merma notoria de la vida intelectual y artística. Ocurre que en esos años se vivía en Francia la situación ideal para el fermento de las ideas y el desarrollo de la cultura. Problemas suficientemente importantes —la guerra en el norte de África, la descolonización, los intentos terroristas de la OAS, la transformación económica y social del país— como para obligar a pensadores, escritores y artistas a trabajar en estrecho contacto con la historia viva, la historia haciéndose, a rehuir la frivolidad y el solipsismo, a encarar los grandes asuntos, a correr riesgos, a debatir y crear sobre temas que concernían directamente a anchos sectores de la sociedad. Y, de otro lado, un gobierno que gastaba ingentes sumas de dinero y tomaba múltiples iniciativas para promover las actividades culturales a la vez que dejaba a todos, principalmente a los opositores, hacer y decir lo que les diera la gana. En cierto modo, el odio a De Gaulle preservó la independencia de los intelectuales y los salvó del rentismo y la cortesanía adormecedores que suelen traer consigo los regímenes que los entusiasman.

Mientras, en el campo de la cultura Malraux hacía lo debido y en el económico Giscard d'Estaing y sus tecnócratas (y luego Pompidou) hacían posible la mudanza del viejo sistema mercantilista en uno nuevo, competitivo y empresarial, el general De Gaulle hablaba. O, más bien, tronaba, elegante y distante. Sus pronunciamientos, gestos, desplantes, fórmulas, no sólo surtían efecto en el «sexágono». Gracias a ese verbo y a esas posturas de alta teatralidad el resto del mundo comenzó también a tomar en serio a Francia. Y ésta adquirió, en Occidente, en Oriente y en los países comunistas una presencia que no tenía relación con lo que el país representaba en términos económicos o militares.

A mí no me gusta que en la historia tengan, o puedan tener, una influencia decisiva los «caudillos carismáticos», que ellos lleguen —como creía Carlyle y como lo creyeron después los fascistas— a modelar los acontecimientos. Estoy convencido de que una sociedad que quiere implantar en su seno una auténtica cultura democrática debe desarrollar todos los mecanismos posibles para no tener que recurrir nunca a esas «figuras de excepción». Pero De Gaulle es un ejemplo inequívoco del rol preponderante que puede tener el individuo en la historia. Su personalidad, su talento, su visión —y, si se quiere, su delirio— fueron el factor determinante de la notable transformación que experimentó Francia con la Quinta República. Reconocerlo no significa regocijarse con ello. Ay de los países que necesitan héroes, escribió Brecht. Ay de las democracias que necesitan «caudillos carismáticos» para superar las grandes crisis. Porque ello significa que son precarias y que aún late en el fondo de esas sociedades el llamado de la tribu, el apetito de aquel tiempo mágico cuando la vida era una tranquila servidumbre exenta de responsabilidades personales, sin las coyundas de la razón y de la libertad.

Los «grandes líderes» son útiles sin duda cuando hace falta que una personalidad vigorosa contagie la convicción y devuelva la esperanza que un pueblo necesita para sobrellevar una guerra o una gran reforma. Pero lo que puede ser bueno en una emergencia es malo en las circunstancias normales de una sociedad. El ideal democrático es gobiernos muy eficientes y gobernantes casi invisibles, que se confunden con el resto de los ciudadanos. El problema es que cuando se alcanza este ideal el resultado es, por desgracia, un aburrimiento suizo. La literatura se llena entonces de esa nostalgia de apocalipsis que empapa los libros de un Dürrenmatt o de un Max Frisch y de tantos otros escritores atormentados por vivir en el limbo de la civilización.

Francia también está llena de nostalgia de De Gaulle y por eso celebra su centenario por todo lo alto, como celebró el bicentenario de la revolución de 1789. Pero sobre De Gaulle habrá menos controversias que sobre aquel episodio de su historia, pues, con la excepción de grupos ínfimos, ahora hay unanimidad en el respeto y glorificación del general. Cada sector destaca lo que más le conviene: el rebelde del 18 de junio, que encabezó la resistencia contra el nazismo; el fundador de la Quinta República; el descolonizador; el que vetó el ingreso de Gran Bretaña en la Comunidad Europea; el que retiró a Francia del comando unificado de la NATO y condenó la presencia estadounidense en Vietnam; el de la Europa de las patrias, etcétera. De Gaulle permite esas contradictorias reivindicaciones y expropiaciones. Pero, en verdad, no encajaba del todo en ninguna de las fuerzas políticas, empezando por su propio partido. (Malraux cuenta, en esa formidable fantasía, el diálogo de estatuas que él y el general celebran en *Ces chênes qu'on abat...* que De Gaulle se refirió de este modo a quienes en ese momento gobernaban en su nombre: «No tengo que ver nada con eso ni con ésos»).

Quien ha escrito el canto de amor más encendido a De Gaulle en este año es el antiguo revolucionario y ex asesor de Mitterrand, Régis Debray: *À demain, de Gaulle*. Es un bello libro, una mezcla de *mea culpa gauchiste* y de reivindicación de la política del general, a la que Debray, con buena prosa y astucias dialécticas, transforma en la filosofía socialdemócrata para la futura Europa. Pero esos hábiles razonamientos no deben engañarnos: no se trata de eso. Se trata de que es difícil vivir sin héroes, sin líderes carismáticos, y eso es lo que susurran, bajito, las páginas del libro: qué monotonía atroz, qué terrible mediocridad la del presente. Qué tiempos aquéllos cuando había gobernantes a los que se podía odiar o querer a fondo, y no como los actuales, que no hacen las cosas tan mal como para detestarlos ni tan bien para bañarlos en incienso.

Yo también recuerdo con cierta emoción aquellos años de Francia. Porque eran los de mi juventud y porque es cierto que fueron intensos y excitantes. Pero hago un esfuerzo y trato de creer lo que me dice la razón: la salud democrática francesa es ahora más sólida y eso es lo que importa. La intensidad y la excitación, indispensables para la vida, busquémoslas en otra parte: en las ciencias, en las artes, en la vida individual, en el amor, en los deportes, en los viajes, en la religión, en los negocios. En cualquier parte menos en la política.

Londres, 13 de diciembre de 1990

ACOMODOS CON EL CIELO

La conversión de Salman Rushdie a la religión musulmana y su voluntad de no permitir una edición rústica ni nuevas traducciones de *Los versos satánicos* no han aplacado a sus perseguidores. El imán Alí Jamenei respondió, desde Radio Teherán, que el decreto condenándolo a muerte es irrevocable «aunque se arrepienta y se convierta en el más pío de los hombres». El diario iraní *Jomhuri Eslami* editorializó señalando que, ahora que es fiel, Salman «debe aceptar de buena gana la ejecución de la sentencia divina», y, en Gran Bretaña, Iqbal Sacranie, del Comité de Asuntos Islámicos, coordinador de la campaña contra el novelista, ha desestimado su conversión como oportunista e insincera.

Cediendo a sus dictados y aceptando sus reglas de juego, no se aplaca a los fanáticos. Por el contrario, se les alienta a ser cada vez más audaces en sus exigencias, ya que han comprobado que la violencia, puesta al servicio de la intolerancia, es eficaz. Salman Rushdie explica ahora que los «insultos» a Mahoma que profiere su personaje Gibreel no son tales, sino los sueños de un pobre hombre al que la pérdida de la fe musulmana enloqueció, pensando sin duda que esta interpretación edificante desarmará a los ayatolás que lanzaron tras él a la jauría asesina. Me temo que no y, aun si así fuera, aconsejo a mi amigo Salman que se cuide, pues siempre habrá un creyente suelto, lleno de ardoroso celo, convencido de que clavándole el puñal hará justicia y ganará el cielo.

El fanático no entiende razones porque el fanatismo no es asunto de razón, sino de sinrazón. Nada expresa tan bien como el fanatismo aquella *bêtise* que fascinaba a Flaubert (quien, a propósito, trató de salvar a *Madame Bovary* de una condena judicial asegurando que había escrito la novela para mostrar «los peligros de que una joven reciba una educación por encima de la de su clase social», argumento que no se tragó el juez y que tampoco me trago yo) y en la que él, pesimista acendrado, no veía la excepción sino la regla del comportamiento humano.

En los países occidentales se ha progresado bastante desde que la Iglesia católica mandaba a los herejes a la hoguera y prohibía que se publicaran novelas en las colonias españolas de América —ya que la ficción podía distraer a los indios de Dios— y desde que los protestantes puritanos cerraban los teatros pues el género dramático les parecía idólatra. Ahora, los integristas católicos o protestantes son figuras excéntricas dentro de sus propias Iglesias, a las que su extremismo incomoda, y sin muchas posibilidades de hacer daño al prójimo. Porque en Occidente la vida se ha ido secularizando y hay consenso, entre creyentes y no creyentes, en separar lo espiritual y lo temporal, es decir, en que los dominios de la Iglesia y del Estado sean distintos, aunque haya entre ellos influencias recíprocas. Sin este dualismo no hubiera sido posible la democracia, uno de cuyos principios sustantivos es la tolerancia —el pluralismo— en todos los campos, incluido el religioso.

Costó mucha sangre, muchas guerras, además de incontables libros, polémicas, discursos —y una considerable proporción de abusos e injusticias, también— que el cristianismo evolucionara hasta aceptar este dualismo que, aunque establecido en los Evangelios —«Dar al césar lo que es del césar y a Dios lo que es de Dios»—, nunca había llevado a la práctica. Empezó a ocurrir en el siglo XVIII y desde entonces esta nueva realidad ha ido consolidándose hasta parecer irreversible, con notorios beneficios para el progreso científico y material y para el desarrollo de una cultura democrática. Y, también, con algunos perjuicios, ya que emanciparse de la servidumbre religiosa hace a los hombres más libres pero no más felices.

La religión musulmana no ha podido hacer aún ese distingo entre Iglesia y Estado y es por eso que sus integristas son tan peligrosos. Ellos, cuando toman el poder, como ha ocurrido en Irán, ponen al servicio de la *sharia*, o ley del islám, toda la fuerza coercitiva del Estado. El resultado es la teocracia, una pesadilla oscurantista donde se corta la mano al ladrón, se lapida al adúltero o, como en Arabia Saudí hace algunos años, se decapita a una princesa por casarse con un plebeyo. Y donde se puede provocar una conmoción mundial como la de *Los versos satánicos*.

Estupidez es una dura palabra pero es la que cabe en este caso. Muy probablemente ninguno de los imanes que condenó a muerte a Salman Rushdie ha leído su libro y menos aún esos fieles que, a ciegas, están dispuestos a ejecutar la bárbara sentencia. Porque se trata de una novela casi ilegible, un mamotreto prolijo y tedioso en el que hay que hurgar asfixiantemente para llegar a las blasfemias del escándalo. Que un libro así haya ofendido y encolerizado a millones de personas, y las haya movilizado en una suerte de cacería humana, sería para desesperar del mundo musulmán y, casi casi, del género humano, si el fanatismo no nos hubiera acostumbrado a esperar de él eso y peores cosas.

Ya sé que no todo el «mundo musulmán» está a la caza de Rushdie. Que los moderados existen también en ese mundo, y la prueba está en ese doctor Hesham el-Essawy, de la Sociedad Islámica para la Promoción de la Tolerancia Religiosa; el Gran Jeque Gad el-Haq Ali Gad el-Haq, líder espiritual de los musulmanes suníes; el doctor Muhammed Mahgoub, ministro egipcio de Asuntos Islámicos, y las otras personalidades religiosas que se han apresurado a aceptar la conversión de Salman Rushdie y a perdonarlo. Acaso ellos, los moderados, sean la inmensa mayoría entre los creyentes. Pero no se los ha sentido, hasta ahora, en este penoso proceso. Se dejaron representar por los extremistas vociferantes. No les salieron al paso a mostrar que el islam puede ser también una religión de nuestro tiempo, humana y tolerante, consciente de que ciertas prácticas, actitudes, dogmas y valores tradicionales son simplemente incompatibles con principios elementales de lo que la humanidad ha llegado a entender por civilización, como los derechos humanos, y capaz, por lo tanto, de evolucionar y adaptarse. Es verdad que en algunas sociedades islámicas este proceso hacia el «dualismo» ha comenzado, pero es lentísimo y con retrocesos, y por eso es allí la democracia tan exótica, una flor que cuando brota amenaza con marchitarse a cada instante.

Pero, en la triste historia de *Los versos satánicos*, hay algo aleccionador para Occidente. Ella mostró, de pronto, que las palabras escritas podían repercutir de manera dramática en la existencia, convertirse en asunto de vida o muerte. Que aquellas palabras que salen de su pluma —de su ordenador, ahora— trastornen a una comunidad y lleven a ponerle precio a la cabeza de un hombre es como un sueño de ciencia-ficción para el escritor occidental, a quien esa tolerancia de que disfruta para *todo* lo que escriba vuelve a veces un irresponsable a la hora de sentarse a escribir. ¿Por qué se tomaría muy en serio cuando elucubra sus fantasías si nadie se va a mortificar ni a sentir mayormente afectado por lo que mande a la imprenta? Una de las inesperadas consecuencias que ha tenido para la literatura su más formidable conquista —la libertad— es haberla vuelto frecuentemente inocua y al escritor, a menudo, un frívolo.

Recuerdo haber pensado en esto, con cierta angustia, cuando visitaba los países socialistas, en los años sesenta y setenta. Allí, con esos rigurosos sistemas de censura que pasaban por la criba ideológica cada palabra publicada, se confería a la literatura una importancia extraordinaria, se le reconocía una peligrosidad y un poder para operar sobre la vida que, allá, en los países libres, donde se podía escribir sin temor a ser censurado ni perseguido, nadie soñaba con atribuirle, ni siquiera los propios escritores.

Las palabras importan e influyen en la vida, a veces de manera inesperada, como ha comprobado, y de qué trágica manera, Salman Rushdie. Por eso, quienes escribimos, sea en los países donde es arriesgado o donde se hace impunemente, tenemos la obligación de emplearlas de una manera responsable. Escribiendo aquello que de veras creemos y defendiendo lo que hemos escrito como si tuviera la trascendencia que le conceden los fanáticos.

Londres, 5 de enero de 1991

CATACLISMOS DE LA LIBERTAD

Vuelvo a Polonia después de dieciséis años y muchas cosas han cambiado (para mejor, la mayoría), pero no el teatro, que sigue siendo tan bueno como antaño. He venido para el estreno de una de mis obras, *La Chunga*, en el Stefana Jaracza, de Lodz, y luego de la función agradezco al director y a los actores por el espectáculo, que me ha conmovido hasta los huesos. Pero ellos, como el resto de los sesenta y cinco actores, escenógrafos, traductores, tramoyistas, lectores, que trabajan aquí bajo la batuta del inteligente Bogdan Hussakowski están con el alma en un hilo y se preguntan por cuánto tiempo más seguirán montando obras en los dos escenarios con que cuentan (y si se terminará el tercero en construcción). ¿Pero, cómo, ahora que Polonia es un país libre, se sienten amenazados? Sí, precisamente, ahora que Polonia se sacude el socialismo de encima, ellos y todos los profesionales de la cultura corren el riesgo de ser las víctimas de la libertad.

Mi conversación en Lodz reproduce casi literalmente otra que he tenido en Varsovia, con un grupo de escritores, traductores y editores en la redacción de *Literatura na 'swiecie* (Literatura del mundo), revista mensual que desde hace muchos años dedica números monográficos a las literaturas y autores extranjeros. ¿Por cuánto tiempo más seguirá haciéndolo? La revista tiraba, antes, treinta mil ejemplares y ahora la mitad. Pero como pronto dejará de recibir subsidios el tiraje seguirá cayendo y acaso esa ventana al mundo que es *Literatura na 'swiecie* tenga que cerrarse. Porque ¿quién estará dispuesto a pagar el equivalente de diez o quince dólares por una publicación que costó siempre unos pocos centavos? ¿Y quién irá al teatro Stefana Jaracza si las entradas, que ahora cuestan ochenta centavos de dólar, deben multiplicarse por diez? (Cuando digo a mis amigos de Lodz que una entrada promedio de teatro, en Inglaterra, cuesta entre treinta y cuarenta dólares, y una de ópera entre cien y ciento cincuenta, me miran aturdidos, creyendo que exagero).

El socialismo, en el campo de la cultura, significa por una parte los comisarios, la censura, la instrumentalización del intelectual y el artista para fines de propaganda y la persecución del disidente y del díscolo con una panoplia de posibilidades que van desde el simple ostracismo hasta la cárcel. Y, por otra, subsidios considerables para los libros, la música, el teatro, las películas, la danza, etcétera, que de este modo pueden en teoría mantener una categoría artística elevada y estar al alcance de grandes públicos. Y, para el artista y el intelectual dócil o políticamente inocuo, significa también el privilegio, pasar a formar parte de ese diez por ciento de personas —según calcula el profesor Ralf Dahrendorf en su libro *Reflections on the Revolution in Europe*— que constituyen la oligarquía de una sociedad totalitaria: becas, bolsas de ayuda, viajes al extranjero en delegaciones oficiales, acceso a las colonias de vacaciones, puestos más o menos fantasmas dentro de la vasta burocracia cultural y la tranquilidad de poder escribir, pintar, componer, actuar, sin tener encima la espada de Damocles de cómo hacer al día siguiente para «parar la olla».

Con el desplome del socialismo, los intelectuales y artistas de Polonia han visto desaparecer a los comisarios y a los censores políticos; pero, también, aquella seguridad que los subsidios estatales daban a muchos creadores y profesionales respetables y permitían, por ejemplo, a un editor publicar un libro muy largo y muy difícil atendiendo sólo a su calidad, sin preocuparse de si el público lo compraría, y a los directores formados en la excelente escuela cinematográfica de Lodz (amenazada también de cierre, me dicen) concebir películas de improbable éxito comercial.

El debate que tiene lugar en Polonia sobre si, en una sociedad libre, el Estado debe subsidiar la cultura y cómo y dentro de qué límites hacerlo, es apasionante por dos razones. La primera, porque en ningún otro país ex socialista el proceso de liberalización de la sociedad es tan radical como en este país y, en contra de lo que se pudo temer por lo que hizo y dijo en la campaña electoral, Lech Walesa no parece dispuesto a frenarlo sino más bien a acelerarlo. (El privatizador Balcerowich sigue de ministro de Economía y el nuevo primer ministro, Bielecki, es también un liberal). Y, la segunda, porque ninguno de los grandes pensadores de la sociedad abierta, de Popper a Hayek, o de Luwig von Mises a Robert Nozik, ha reflexionado en profundidad sobre este tema. En ninguno de los países democráticos hay en este campo una política que se pueda llamar ejemplar, un modelo para los otros. Lo más que se puede decir es que, en algunos, parece haber más aciertos que desaciertos y en otros lo contrario en lo que concierne a política cultural. Por lo demás, en todos ellos se subsidian las actividades culturales, a veces directamente, a través de ministerios o reparticiones oficiales y a veces de manera indirecta, a través de fundaciones, empresas o particulares a los que el Estado incita a subsidiar la cultura mediante exenciones tributarias (aquél es el sistema latino y éste el anglosajón, simplificando).

Quienes defienden la necesidad de que el Estado subvencione la vida cultural alegan que si se deja al mercado decidir la suerte de la poesía, la ópera, el ballet, etcétera, éstas y otras actividades artísticas perecerán o degenerarán, ya que el criterio comercial raras veces coincide con el estético. El mercado, razonan, desplaza los productos artísticos inconformes, experimentales, novedosos, e impone lo convencional, lo tradicional, lo trillado, lo vulgar. Así como el Estado tiene la obligación de velar por el patrimonio cultural de un país y preservar sus monumentos históricos, sus museos y sus bibliotecas, añaden, debe también responsabilizarse por su coeficiente artístico, por sus niveles de sensibilidad, por el enriquecimiento de su lengua y su imaginación y todo ello exige una resuelta política de alicientes a aquellos quehaceres creativos que difícilmente sobrevivirían económicamente librados a sí mismos.

Este criterio, ciertamente respetable y que puede mostrar muchos ejemplos en abono de sus tesis, es el del despotismo ilustrado. Parte de un supuesto que, por cierto, no es totalmente abusivo: que, en materia de arte, al «pueblo» lo que le gusta es la bazofia. Por ello es preciso que el Estado cumpla en la sociedad moderna aquella función de mecenazgo que en la Edad Media y el Renacimiento tuvieron la Iglesia y los príncipes y que permitió a tantos artistas producir aquellas obras de las que la humanidad hoy se enorgullece y que acaso no habrían visto la luz si su existencia hubiera dependido del consumo popular. Si los ilustrados y los cultos no ejercen alguna forma de tutoría sobre los hombres del común, éstos, librados a su suerte en el dominio cultural, irían probablemente contra sus propios intereses, endiosando al mediocre y al impostor y volviendo la espalda al auténtico y al genio. («Si la BBC tiene que competir por su existencia con televisoras comerciales, la televisión británica decaerá muy pronto a niveles norteamericanos», le oí decir no hace mucho a una escritora inglesa). La libertad, pues, debe ser irrestricta sólo en lo que concierne a la creación de la cultura; en lo relativo al consumo, es indispensable cierta discriminación (eso es el subsidio) si se quiere preservar los niveles de calidad y que siga habiendo montajes tan imaginativos del teatro isabelino como los que hacía la Royal Shakespeare Company (que, por haberle reducido los subsidios el gobierno inglés, cerró sus puertas hace cuatro meses).

Ahora bien, ¿es posible optar solamente por los beneficios de la libertad, suprimiendo sus riesgos? En el campo político, la libertad de elegir no garantiza que ocupen el poder siempre los más honestos y los más capaces. Y, en el industrial, el mercado tampoco ofrece seguridad alguna de que sean los empresarios que fabrican los productos de mejor calidad los de mayor éxito. En éstos, como en otros dominios, la libertad es inseparable del derecho a equivocarse, a retroceder, a ir contra los propios intereses. ¿Por qué debería ser diferente en lo relativo a la cultura en general, y, más específicamente, en las artes y las letras? Una sociedad que hace suya la opción de la libertad debería resignarse no sólo a correr el riesgo de tener malos gobernantes y defectuosos productos industriales sino también una cultura pobre, un teatro soporífero y una literatura pestilencial.

No hay duda de que, privados de subsidio, ciertas actividades y géneros artísticos se verán en dificultades en Polonia. Por lo tanto, quienes los aman y consideran imprescindibles deberán hacer sacrificios y mayores esfuerzos económicos para seguir disfrutando de ellos. Es posible que esto merme el consumo de ciertos productos culturales, pero se equivocan quienes temen que ello también mermará la creatividad o el genio artístico individuales. Por el contrario, para este último la dificultad suele ser un estímulo más fecundo que el halago o la dádiva. Ni Kafka, ni Joyce, ni Proust necesitaron apoyo del Estado para escribir lo que escribieron ni la obra de un Wajda, de un Tadeus Kantor o de un Grotowski resultaron de las subvenciones culturales del socialismo. Y estos seis creadores, pese a no ser fáciles y exigir de sus lectores o espectadores un esfuerzo intelectual, encontraron un público que para los seis ha ido anchándose, como los círculos concéntricos.

Una sociedad debe tener el arte y la literatura que se merece: los que es capaz de producir y los que está dispuesta a pagar. Y es bueno que los ciudadanos asuman también en este campo sus propias responsabilidades sin abdicar de ellas ante los funcionarios, por ilustrados que éstos sean. Si un campesino, un bombero, un recogedor de basura, deciden con sus votos una cuestión tan neurálgica como la de quién va a gobernar a un país —es decir, quién lo va a hacer prosperar o a arruinarlo, quién va a mantenerlo en paz o precipitarlo en una guerra—, ¿por qué no reconocerles también el derecho de decidir qué quieren leer, espectar, aplaudir, sin intermediarios burocráticos?

Esto no significa, desde luego, que el Estado no tenga responsabilidad cultural alguna. La tiene, en la educación. Quienes amamos los buenos libros, las buenas exposiciones, los buenos montajes, las buenas películas, debemos luchar por que el Estado promueva una educación en la que las letras y las artes merezcan la misma consideración que las ciencias y las técnicas. Pero tampoco en la educación debe ser la del Estado la única palabra; también en los colegios y las universidades el monopolio es nocivo y la competencia saludable. Que el Estado invierta los recursos de una nación de tal manera que garantice una educación pública de alto nivel es indispensable a fin de ofrecer a los jóvenes de cada promoción esa igualdad de oportunidades que las desigualdades económicas resultantes de una libertad de mercado amenazan siempre con destruir. Ésa debería ser, junto con la preservación del patrimonio histórico, la única función cultural del Estado: una política educativa orientada a formar ciudadanos capaces de distinguir por sí mismos los productos artísticos de calidad de la bazofia y dispuestos a gastar en una pieza de teatro o en un libro tanto o más de lo que gastan en un partido de fútbol o un concierto de Madonna.

Hago votos porque el admirable teatro de Polonia y sus revistas de literatura sobrevivan a los cataclismos de la libertad. Y, también, porque el pueblo polaco, con el mismo coraje con el que supo enfrentarse y derrotar a los comisarios culturales, resista a los nuevos aspirantes a censores que, envalentonados por la reciente victoria, comienzan desde los púlpitos a dictar anatemas y ucases en materia literaria y artística.

Lodz, enero de 1991

LOS PACIFISTAS

Pasé por Grosvenor Square y frente a la mole de la embajada norteamericana vi, bajo la nieve, una banderola pidiendo la paz en el Golfo y dos viejitas montando guardia a sus pies. Tenían un pequeño brasero para calentarse, pero con una temperatura de diez grados bajo cero no debía servirles de mucho. Les pregunté y me explicaron que hacen turnos de cuatro horas, por parejas, de día y de noche, y que hay otros puestos pacifistas cerca de Downing Street, la residencia del primer ministro y del Ministerio de Defensa, en Whitehall.

Igual que estas viejitas hay otras en Inglaterra que, más bien, apoyan la guerra de los aliados contra Sadam Husein. Han fundado una asociación para enviar cartas y regalos a los soldados que sirven en el frente y para dar ánimos y mantener informados a sus familiares. Siempre he pensado que la salud de la democracia británica se debe a las viejitas. Son ellas las que acosan a parlamentarios, funcionarios y ministros con quejas o peticiones que suelen encontrar el camino de la prensa, las que mantienen articulados a la sociedad civil a los partidos políticos, las que hacen el trabajo de hormigas en las elecciones y quienes, en verdad, las ganan o las pierden. Estoy seguro de que a ellas, no a la mítica protección del rey Arturo, se debe que ningún invasor después de los romanos haya puesto los pies en la isla.

Las viejitas son también el nervio del movimiento pacifista británico, que, en estas últimas semanas, ha organizado dos exitosos mítines en Trafalgar Square. Desde la campaña contra la guerra de Vietnam no se había visto una concurrencia parecida en actos de esta índole. Fui a curiosear y ahí estaban, redivivas, algunas caras de los sesenta, como la del aristócrata radical Tony Benn, la de Vanessa Redgrave y la de un irredento amigo trotskista a quien no veía hace veinte años. Le pregunté qué opinaba de los trastornos en la URSS y los países del Este y me respondió, con un brillo tierno en los cansados ojos: «Que ha llegado la hora de León Davidovich». Una parte de los manifestantes de Trafalgar Square eran pacifistas tácticos. Estaban allí por odio a los Estados Unidos y al sistema occidental, no por amor a la paz. Pero había muchas viejitas que —meto mi mano al fuego por ellas— se manifestarían igual contra cualquier conflagración en cualquier punto del planeta.

Esas mujeres tenaces son peligrosísimas, igual que todo el que piense como ellas. El pacifismo parece un sentimiento altruista, inspirado en una ecuménica abjuración de la violencia y el sueño de un mundo sensato y dialogante, en el que todos los conflictos entre naciones se resolverían en una mesa de negociación y en el que habrían desaparecido las armas. Es una hermosa fantasía, pero quien cree que la mejor manera de hacerla realidad es oponiéndose a todas las guerras por igual —a la guerra en abstracto— trabaja, en verdad, porque el mundo sea una jungla dominada por hienas y chacales y porque las ovejas sean exterminadas.

Porque la guerra en abstracto no existe. Sólo existen guerras concretas y aunque todas son atroces y causan víctimas inocentes —unas más que otras, desde luego—, cada una tiene un contexto, unos protagonistas y una problemática que le da su configuración particular. Los pacifistas eluden estos asuntos, o los descartan como secundarios, y esgrimen sólo aquellos argumentos que nadie, a menos de ser lunático o sádico, puede refutar: los hogares destruidos, los niños quemados, las cosechas arrasadas. Y, en este caso, la imagen del pobre país atrasado al que bombardean las prepotentes superpotencias de la tecnología y el dinero.

En sus *Reflections on Gandhi*, Orwell desafió a aquellos pacifistas que «eluden las preguntas incómodas» y adoptan «la estéril y deshonesta tesis de que en cada guerra ambos bandos representan lo mismo y, por eso, no importa quién gane», a responder, en torno a la segunda guerra mundial, a estas preguntas: «¿Y qué de los judíos? ¿Aceptan ustedes que los exterminen a todos? Y si no, ¿qué proponen para evitarlo, excluida la opción de la guerra?».

Los pacifistas de nuestros días deben responder si están de acuerdo con que Iraq se engulla a su pequeño vecino, Kuwait, y de este modo pase a ser el país con más reservas de petróleo en el mundo. Y si aceptan que, reforzada así su economía, Sadam Husein desarrolle aún más su maquinaria militar, las armas quími-

cas y bacteriológicas que ya ha usado contra Irán y su propio pueblo —los kurdos— y las atómicas que ha prometido usar contra
Israel, para conseguir su objetivo de unificar a la «Nación Árabe», aun cuando ello cueste más del millón de muertos que significó su guerra con Irán.

Lo que está en juego, pues, no es la paz contra la guerra, sino
una guerra, la de los aliados, contra las guerras que el dictador de
Bagdad ya ha desatado y las que se propone desatar. Los *Scuds* lan-
zados a Tel Aviv y Jerusalén, que tanta popularidad parecen
haberle ganado entre las masas árabes, son una prueba rotunda de
que el personaje es coherente y hace lo que dice. Quienes quieren
atar las manos de los aliados y sacarlos del Golfo como sea no
luchan por la paz. Luchan porque Sadam Husein gane sus guerras:
contra Israel, contra los regímenes moderados del Oriente Medio,
contra sus vecinos y contra todos los árabes que podrían resistirse
a ser «unificados» bajo la férula del nuevo Nabucodonosor.

La intervención en el Golfo no es contra la dictadura de
Sadam Husein. Tener un régimen democrático o despótico, ser
gobernado por alguien responsable o por un sátrapa, es (debería
ser) una decisión soberana de cada país. Si el pueblo iraquí quiere
a Sadam Husein, es su derecho. Muchos países de nuestros días
han elegido la barbarie y esa decisión debe ser respetada, por
supuesto. Pues eso que llamamos la civilización no prende si es
impuesta. Ella debe ser construida desde sus cimientos por cada
sociedad, a base de convicciones, sacrificios, reformas, aclimatada
y abonada por aquellos mismos a quienes va a beneficiar. Es la
única manera de que se vuelva carne y sustancia de un país.

La guerra del Golfo no es para evitar que Sadam Husein siga
haciendo fechorías con los suyos: asesinando disidentes, gaseando
kurdos, gastando cuantiosos recursos en erigir el cuarto ejército
del planeta. Ése es un problema que deben resolver los iraquíes, si
creen que tal problema existe. La razón de la guerra es impedir
que las fechorías de Sadam Husein sigan desparramándose fuera
de las fronteras de Iraq y llevando al extranjero el horror y la
muerte que causan dentro de ellas. Es ahorrar las infinitas muertes
de inocentes que seguirá provocando si no se le ataja de una vez.

Quienes dicen que ésta es la guerra del petróleo dicen la verdad. La anexión imperialista de Kuwait, además de violar el derecho internacional, pone en manos de Sadam Husein un instrumento capaz de hacer estragos en el globo. Pero no es cierto que
esta arma dañaría sobre todo a los países desarrollados, que tienen

almacenadas importantes reservas y que demostraron, durante la crisis provocada por los productores de crudo, que podían capear el temporal con fuentes alternativas y estrictas políticas de conservación de energía, mucho mejor que los países pobres. La inmensa mayoría de éstos importa petróleo y son ellos quienes pagarían la factura más cara si los precios del crudo se disparan.

Iraq no es un país pobre, sino riquísimo. Si los iraquíes no tienen el alto nivel de vida que podrían tener es porque su petróleo ha servido para comprar tanques y aviones y para construir centrales nucleares en vez de escuelas, tractores, hospitales, fábricas y bibliotecas. Y porque vivir en el oscurantismo y el despotismo no hace progresar a los países. Ojalá que uno de los resultados de la guerra del Golfo sea librar a Iraq del régimen que ha malgastado de ese modo criminal su riqueza. Pero ésta no puede ser la meta de los aliados. Sólo la del pueblo iraquí.

Si no hay manera de evitar a veces esa cosa horrible que es la guerra —y éste es uno de esos casos—, conviene no hacer trampas y decir con quién se está y por qué. Quienes encabezan el esfuerzo militar de la coalición son países que, amparados por resoluciones de las Naciones Unidas y principios de derecho internacional —que, en teoría al menos, la mayoría de naciones dice reconocer—, son sociedades abiertas, donde existe una opinión pública que puede hacerse oír y que influye en la vida política. Que presiona y señala a los gobiernos los límites fuera de los cuales la guerra ya no sería tolerable. Esa opinión pública fue la que derrotó a los Estados Unidos en Vietnam y la que puede, si el movimiento pacifista se amplifica a los niveles de entonces, convertir en victoria la derrota de Sadam Husein, quien no tiene que enfrentar estos problemas (ya que en una dictadura totalitaria la opinión pública es una sucursal del ministerio de información).

La actitud de Gran Bretaña ha sido la más clara y resuelta entre todos los países de Europa. Pero yerran quienes creen que ello se debe a John Major y al ejemplo vivo de la señora Thatcher. Se debe a esas diligentes viejitas que, en un 80%, según las encuestas, apoyan la presencia de los aliados en el Golfo. Como ellas, yo tampoco creo que la paz de hoy deba comprarse con los apocalipsis y genocidios de mañana.

Londres, 13 de febrero de 1991

EL PERÚ EN LLAMAS

Se ha escrito ya mucho sobre Sendero Luminoso y la guerra revolucionaria que inició hace once años en el Perú, pero probablemente el primer trabajo serio, desapasionado y totalizador sobre el tema sea el del periodista Gustavo Gorriti Ellenbogen: *Sendero: historia de la guerra milenaria en el Perú* (Lima, Apoyo, 1990). Se trata de un primer volumen, que cubre la insurrección senderista desde sus inicios, en 1979, hasta 1982, al que seguirán otros dos, con los pormenores de la acción terrorista desde entonces hasta el presente y la historia de la gestación política e ideológica de Sendero como un desprendimiento maoísta del Partido Comunista peruano.

En su relación de los primeros años beligerantes de Sendero, Gorriti no hace revelaciones espectaculares, no ofrece primicias ni se jacta de haber tenido acceso a testigos o protagonistas de excepción. Ha entrevistado a mucha gente, sí, de todos los sectores, pero el grueso de su material de trabajo era más o menos público: partes policiales y militares, informaciones periodísticas y los documentos puestos en circulación por la propia organización subversiva.

Y, sin embargo, su libro tiene un semblante notablemente novedoso, como aquella inesperada imagen que aparece en el tablero cuando se colocan en su debido lugar todas las piezas del rompecabezas. Lo que a muchos parecía hasta ahora un caótico conjunto de crímenes y brutalidades, un empeño nihilista y anárquico sin más plan ni concierto que los que puede esperarse de una conducta psicópata, resulta, aquí, un orden riguroso, una secuencia lógica de iniciativas concatenadas inteligentemente para lograr un objetivo bien definido. Este proceso ha costado ya más de veinte mil vidas y daños materiales equivalentes a toda la deuda externa peruana. Pero esto no parece lo más grave. Porque la conclusión no escrita, aunque obvia, que extrae el desconcertado lector de este libro es que, por terrible que sea aquel balance, se trata apenas de un comienzo. Ya que no hay nada en perspectiva que pueda ser capaz, en un futuro inmediato, de poner fin al avance de la insurrección senderista.

Dos peligros acechan a quien se enfrenta, como adversario o como tema de estudio, a Sendero Luminoso: la subestimación y la sobrestimación. La primera actitud es la que ha caracterizado a los gobiernos peruanos. Desde un año antes de que estallara, el levantamiento estaba anunciado y podía enterarse de lo que se venía todo el que tuviera ojos para ver y oídos para oír. Pese a ello, la dictadura militar —la del general Velasco y la del general Morales Bermúdez— bajo la cual se gestó, planeó y anunció la rebelión, se mantuvo ciega y sorda y no movió un dedo para conjurarla. Y ni siquiera se dio por aludida cuando sus propios agentes policiales de Ayacucho —que, aunque parezca mentira, tenían infiltrado a Sendero Luminoso en sus organismos de dirección— le hacían llegar informes precisos sobre los lugares donde los senderistas hacían prácticas militares y las acciones que premeditaba. El país que dejó la dictadura en 1980 estaba ya minado.

Pero la ceguera y sordera continuó —en verdad, se agravó— con el gobierno democrático que eligió el pueblo peruano en 1980. El testimonio que ofrece Gorriti es concluyente. En su primer año, la insurrección era precaria, mal organizada y huérfana de apoyo popular. Las poblaciones del campo y las aldeas la rechazaban abiertamente. Con los medios a su alcance, algo de visión y sentido común, el régimen hubiera podido derrotarla. En vez de ello, operó con una ineptitud que quita el habla. Una de las primeras medidas del ministro del Interior —hombre bueno y honesto pero negado para el cargo— fue marginar al jefe policial resuelto y limpio que quería actuar contra el terror y reemplazarlo por otro que, además de incompetente, resultaría vinculado al narcotráfico.

Los reveses que experimenta la insurrección en el interior de Ayacucho en esta primera etapa son obra, antes que de las fuerzas del orden, de los campesinos y aldeanos. Ellos capturan a los asaltantes de comisarías y asesinos de gobernadores; ellos delatan a los subversivos infiltrados en los caseríos y colaboran —mejor dicho, tratan de colaborar— con el poder constituido, en contra de un levantamiento cuyas razones ni siquiera entienden. ¿Qué hace la autoridad? Se desentiende del problema. Niega que exista. No hay «terrorismo» en el Perú, sólo «petardismo». Es decir, los disfuerzos extravagantes de unos excéntricos. Y, más tarde, cuando la violencia ya ha alcanzado unas proporciones que es imposible soslayar, la exorciza, atribuyéndola a una conspiración extranjera, a «un portaaviones anclado en el Caribe».

Pero, mucho más grave aún, vuelve la espalda a las poblaciones ayacuchanas, dejándolas a merced del terror. En el verano de 1983, cuando, como miembro de la comisión que investigó la muerte de ocho periodistas en Uchuraccay, supe que hacía cerca de dos años las autoridades habían cerrado las comisarías y retirado a los guardias civiles de los distritos de Ayacucho más acosados por la insurrección, creí estar soñando. Pues, como era previsible, junto con los policías habían huido de aquellos lugares los gobernadores, los jueces, los alcaldes y hasta los párrocos (ésta era la condición de Tambo, cuando la visité). Las explicaciones que escuché, para justificar esta deserción, tenían un retintín surrealista y farsesco: se trataba de proteger a las dotaciones policiales contra previsibles atentados, de reforzar las guarniciones de las capitales de provincias y cosas por el estilo.

Ahora, leyendo el libro de Gorriti, y viendo que aquella decisión de dejar abandonadas e inermes a las poblaciones civiles ayacuchanas no fue aparentemente cuestionada por ninguna autoridad civil ni militar del régimen democrático, he vuelto a sentir el mismo asombro de entonces. Por lo visto, a quienes eran responsables de defender la recién restablecida democracia no se les pasó por la cabeza la sospecha de que, en su loable designio de privar al terror de víctimas uniformadas, estaban entregando a regiones enteras al control absoluto de Sendero Luminoso. Y enviando un mensaje clarísimo a los campesinos que colaboraron con el gobierno: que habían sido temerarios al confiar en unas instituciones y unas personas de las que se podía esperar cualquier cosa menos responsabilidad. No es sorprendente que en aquellas zonas pudiera instalar Sendero sus primeras «bases de apoyo» y que en ellas plantara los cimientos de lo que llama «Nueva Democracia».

Éste es un episodio, entre muchos, que muestra cómo los avances de Sendero Luminoso se deben tanto a la involuntaria colaboración de unos gobiernos incapaces de comprender lo que ocurría a su alrededor, como a la disciplina, dedicación y convicción fanática de sus militantes. Pero este segundo factor no debe ser desatendido.

Para vencer a una organización como Sendero Luminoso —caso de veras excepcional en la historia de las revoluciones latinoamericanas— es imprescindible comprenderla. Esto no es fácil, pues, además de lo escasos y abstrusos que son sus documentos y los escritos de su líder, ideólogo, estratega y santón, Abimael Guzmán —el famoso Camarada Gonzalo—, lo que de veras cuenta es la mentalidad que está detrás de aquellas ideas, que las ha generado, las mantiene vivas y día a día las traduce en acciones.

Esta mentalidad está más cerca de la religión que de la filosofía y la política. Su maoísmo radicalizado —si cabe la expresión— es un rosario de actos de fe, camuflados de historicismo, en el que a los estereotipos marxistas y maoístas se injertan consignas emocionales, delirios mesiánicos, razonamientos tautológicos y proclamas hiperbólicas que desmoralizan por su primitivismo, banalidad y confusión. Ese galimatías ideológico, sin embargo, no puede ser desaprensivamente echado a la basura por irreal e inactual, como si se tratara de una propuesta académica. Pues por él están matando y muriendo desde hace once años miles de personas, que, no importa cuán equivocadas estén, creen férreamente en esas ideas y consignas y están decididas a encarnarlas en la realidad social del Perú —del mundo—, aunque para ello tengan que sacrificar millones más de vidas y seguir matando y devastando por los siglos de los siglos. (En esto se muda, dentro del «Pensamiento Gonzalo», la doctrina maoísta de la guerra prolongada).

Quienes descubren la implacable coherencia con que actúan y el grado de entrega y sacrificio que Abimael Guzmán exige —y casi siempre obtiene— de sus seguidores, tienden a sobrestimar a Sendero Luminoso. A pensar que un partido así es invencible, sobre todo enfrentado a esos sistemas democráticos enclenques, y a menudo corruptos, que son todavía los nuestros. Algunos, incluso, caen en la locura de creer que sólo una dictadura militar genocida, como la que tuvo Argentina, podría acabar con él. Ésta es, claro, otra colaboración que los senderistas esperan de sus inhábiles adversarios: un régimen militar represivo que los legitime. (El asesinato de varios cientos de senderistas amotinados en las cárceles de Lima por el gobierno de Alan García no debilitó a la insurrección. Por el contrario, como lo predije en la carta que escribí protestando por la matanza[1], tuvo el efecto de una poda).

---

[1] «Una montaña de cadáveres (Carta abierta a Alan García)», *El Comercio*, Lima (23 de junio de 1986). Reproducida en *Contra viento y marea (III)*, Seix Barral, Barcelona, marzo de 1990, pp. 389-393.

Sendero Luminoso no es invencible, como no lo es ningún grupo fanático que se cree autorizado a aplicar el terror de manera sistemática en pos de sus utópicos sueños. La mayoría de hombres y mujeres de una sociedad se sienten repelidos por esos métodos, que son alérgicos al sentido común y a los anhelos de paz, de orden, de seguridad que alienta el común de los mortales. Esa mayoría ha terminado siempre por derrotar, en los países democráticos, los intentos de fuerzas extremistas que, como Sendero, creen que se puede traer el paraíso a la tierra en un incendio apocalíptico.

Para ello sólo —pero ese sólo es mucho— se necesita que quienes tienen la responsabilidad de velar por la ley y el orden actúen como se espera de ellos. Dentro de los límites de la moral, a fin de que quede claro en todo momento que entre los dos ideales en pugna hay uno más humano y más digno que el otro, pero con la misma entereza y convicción que quienes quieren destruirlos. Esto es lo que ha faltado y ésta es la causa principal por la que le ha tocado al Perú ser el único país latinoamericano (excluyo a Cuba del proceso) que parece retroceder en vez de avanzar en la consolidación democrática y en el que la sinrazón parece ganar cada día puntos sobre la razón en el campo político.

San Salvador, 4 de marzo de 1991

IMPRESIÓN FUGAZ DE VACLAV HAVEL

Es más bajo que alto, de cabellos y bigote muy rubios y unos ojos azules, apacibles, que miran con timidez. Parece medio perdido en ese inmenso palacio elegantísimo, entre la gente que lo cuida y lo escolta, incómodo en el obligatorio atuendo de cuello, corbata y traje azul.

Apenas cambiados los saludos protocolares, Patrik Poivre d'Arvor, de la televisión francesa, que ha maquinado este encuentro, nos coloca bajo los reflectores y las cámaras e inicia la conversación. Interroga primero a Vaclav Havel. Sobre los dramáticos cambios que ha experimentado su vida, esos grandes saltos de la cárcel a la Presidencia de la República, de dramaturgo prohibido a figura pública reverenciada por doquier. Y sobre los desafíos y servidumbres del poder que ahora ejerce, en este momento fronterizo de la historia de su país.

Él escucha con atención, medita un instante y luego contesta muy rápido, en largas frases directas, sin la menor vacilación. Toda su timidez, e incluso su modestia, se evaporan a la hora de hablar. Y en la seguridad y la firmeza de sus respuestas hay como un atisbo del Havel juvenil, el del escandaloso discurso de Dobris, en 1956, ante los escritores oficiales, con el que iniciaría su larga carrera de oposición al régimen. O el de la no menos resuelta intervención de 1965, en la Unión de Escritores Checoslovacos, defendiendo a la revista *Tvar* y acusando a aquella institución de intolerancia y servilismo ante el poder.

Poivre d'Arvor me pregunta, después, si es verdad que lo ocurrido aquí, en Checoslovaquia, en la primavera del 68, tuvo un gran efecto en mis ideas políticas. Sí, lo tuvo. Pero más todavía en mi conducta que en mis convicciones. Porque para entonces —desde que conocí la URSS, desde que había ido advirtiendo la verdad que yacía bajo los espejismos cubanos— ya no me hacía tantas ilusiones con el socialismo. Pero, como muchos otros, las dudas y críticas no me atrevía a hacerlas públicas. Gracias a la intervención armada de los países del Pacto de Varsovia contra Checoslovaquia me atreví.

Ésta es la cuarta o quinta vez que estoy en Praga, pero la primera en que vengo de verdad. Todas las otras, en los años sesenta, fueron meras escalas, viniendo de, o yendo a Cuba, pues, debido al bloqueo, el camino más corto hacia La Habana para un latinoamericano pasaba por aquí. No nos sellaban el pasaporte sino un papelito suelto y debíamos pernoctar en un espantoso hotel de las afueras —el Internacional, ahora remozado— en cuyo lúgubre comedor, a la hora de la cena, un viejecillo de otros tiempos, enfundado en un frac, tocaba el violín.

En una de esas raudas escalas, en la primavera del 68, mi traductor checo me llevó a visitar las múltiples casas a las que vivió mudándose —todas en una misma manzana— la peripatética familia Kafka y el cementerio judío de la ciudad vieja que parecía salido de una pesadilla gótica. Pero lo que a mí de veras me impresionó fueron las calles, ese espectáculo de gentes esperanzadas y entusiastas, unidas en un gran sobresalto fraterno e idealista. Un espectáculo, por lo demás, muy parecido al que había visto en las calles de La Habana durante la crisis de los cohetes, en noviembre de 1962, y en el que, con idéntica ingenuidad, había creído también apresar aquel fuego fatuo: el socialismo en libertad. Por eso, cuando los tanques soviéticos entraron a Praga, y Fidel pronunció su vergonzoso discurso apoyando la agresión, escribí un artículo —«El socialismo y los tanques»— que tuvo dos efectos de largo alcance en mi vida: enemistarme para siempre con los «progresistas» latinoamericanos y devolverme una independencia para pensar y opinar que, desde luego, no volveré a perder.

A Vaclav Havel no le sorprende que la utopía comunista tenga aún tantos secuaces entre los intelectuales de América Latina. «Nadie que no la haya vivido y padecido en carne propia puede saber de qué se trata». Mucho menos ingenuo que yo, él no se hacía la menor ilusión con el hermoso espectáculo que ofrecían las calles de Praga en los días de Alexander Dubcek. Porque él nunca había sido marxista y desde muy joven había intuido la incómoda certeza: que el único socialismo compatible con la libertad es aquel que de socialismo no tiene más que el nombre (por ejemplo, ese eufemismo llamado la socialdemocracia). Por eso a él no le había llamado la atención, tampoco, la llegada de los tanques ni el retorno al oscurantismo luego de la clausura brutal del intento democratizador.

Pero quien no sucumbió a las ilusiones políticas del 68 y mantuvo los pies bien puestos sobre la tierra resultó, a la postre, mejor defendido contra el desánimo y mejor preparado para enfrentar a un régimen aparentemente invulnerable, todopoderoso, que quienes se jugaron enteros por la reforma del socialismo «desde adentro» y vieron brutalmente quebrantados sus sueños.

Milan Kundera, por ejemplo. La polémica entre estos dos grandes escritores, el novelista y el dramaturgo, es una de las más aleccionadoras de nuestro tiempo. Kundera, uno de los héroes intelectuales del movimiento reformador del socialismo checo, saca del fracaso de la experiencia unas conclusiones que, en su momento, pese a ser tan sombrías, parecían las más lúcidas. Los países pequeños no cuentan en ese gran torbellino que es la Historia con mayúscula; su suerte la deciden las grandes potencias, de las que son meros instrumentos y, tarde o temprano, víctimas. El intelectual debe atreverse a mirar cara a cara la horrible verdad y no engañarse ni engañar a los otros, empeñándose en acciones inútiles —como firmar manifiestos o cartas de protesta—, que, muchas veces, sólo sirven para autopublicitarse, o, en el mejor de los casos, autogratificarse con una buena conciencia política. Cuando Kundera se exilia a Francia, en 1975, para entregarse por completo a la literatura, había perdido toda esperanza de que su país saliera alguna vez del despotismo y la servidumbre. Yo lo comprendo muy bien. Probablemente mi reacción hubiera sido semejante a la suya.

Pero el que tuvo razón fue Vaclav Havel. Porque, en efecto, siempre se puede hacer algo. Por mínimo que parezca, un manifiesto, una carta con un puñado de nombres, pueden ser las gotas que horadan la piedra. Y, en todo caso, esos gestos, intentos, amagos simbólicos, permiten ir viviendo con cierta dignidad y, acaso, irán contagiando poco a poco a los otros la voluntad y la confianza que hacen falta para una acción colectiva. No hay regímenes indestructibles ni potencias indoblegables. Si la historia es absurda, todo puede ocurrir en ella, opresión y crimen desde luego, pero también la libertad.

La inmensa autoridad moral de que goza en su país este hombre parco, al que repugna la sola mención de la palabra heroísmo —en la plaza del mercado de Praga vi a una viejecita que llevaba su foto en la cartera, como la de un padre o un hijo— se la ganó en esos años oscuros, con su convicción nada estridente, pero obstinada, de que aun en las circunstancias más difíciles se puede siempre actuar por mejorar la suerte de un país. Así nació la Carta de enero de 1977, que, suscrita inicialmente por 240 resistentes del interior, sería un hito en la contraofensiva democrática que doce años más tarde devolvió a Checoslovaquia su soberanía.

No le pregunto a Havel por los seis y pico de años que, sumando sus tres detenciones, pasó en la cárcel, porque he leído sus ensayos y conozco sus sobrias reflexiones sobre el tema. Más bien, le digo que una de las más mortificantes experiencias que tuve, en mi tránsito por la política, fue descubrir que casi inevitablemente el político degrada la lengua en que se expresa, que su discurso incurre tarde o temprano en el estereotipo y el clisé, que rara vez es auténtico, personal, porque en él lo que *conviene* decir termina siempre primando sobre lo que se debería decir. ¿No le ha ocurrido, a veces, sentirse como el muñeco del ventrílocuo, diciendo cosas que parecían proferidas por otro?

Sí, le ha pasado algunas veces. Y es algo que por supuesto le preocupa y sobre lo que procura estar alerta. Por eso, él mismo escribe sus discursos. De otro lado, hay que tener en cuenta que una cosa es el lenguaje literario y otra el discurso político. Aquél puede ser todo lo que el escritor quiere que sea. Éste tiene obligación de ser claro, sencillo, directo, capaz de llegar a la gran variedad de públicos que forman una sociedad.

Otra inquietante enseñanza de la política fue para mí, le digo, el maquiavélico conflicto, a veces latente y a veces explícito, pero inevitable, entre eficacia y verdad. ¿Es posible ser un político eficaz sin hacer pasar gato por liebre, sin engañar a la gente? Yo lo intenté y creo que fue una de las razones —no la principal— de mi fracaso. Decir siempre la verdad, en política, significa dar al adversario no constreñido por bridas morales un arma devastadora. ¿No le ha ocurrido a él, en este año de gobierno, tener que resignarse algunas veces a decir las famosas mentiras piadosas de los políticos?

«Las presiones para que lo haga las he sentido muchas veces, dice. Pero hasta ahora las he resistido. Por supuesto que hay que hacer un gran esfuerzo, siempre, para que las verdades impopulares resulten aceptables. Explicarlas al detalle, matizarlas. Puede haber ocasiones excepcionales en que ciertas cosas no se digan. Pero sí puedo asegurar que en el ejercicio de este cargo no he mentido nunca».

Estoy seguro de que está diciendo la verdad también ahora. No puedo juzgar si todos sus actos políticos han sido acertados desde que lo eligieron presidente. En los dos días que llevo en Praga he oído, por ejemplo, algunos juicios adversos sobre su intromisión (temeraria, por lo demás) hace unas semanas, en una manifestación de separatistas eslovacos, en Bratislava, donde fue insultado y estuvo a punto de ser golpeado. Pero he leído sus discursos y en todos ellos me ha admirado siempre (además de su elegancia) lo impolíticos que eran, en su afán permanente de subordinar la acción a la moral.

Cuando termina la entrevista apenas queda tiempo para conversar de cosas serias. Hablamos, más bien, de nimiedades. Los cigarrillos que él fuma y los que yo dejé de fumar hace veinte años. De que nacimos el mismo año y de que ambos tuvimos, de jóvenes, dos años de vida militar. Y de que, como toda nuestra generación, bebimos, con desigual provecho, en las aguas existencialistas.

Está con él un viejo amigo: Pavel Tigrid. Es uno de sus asesores políticos. «No sé para qué ha llamado a trabajar a su lado a un viejo como yo», me dice. Yo, en cambio, sí lo sé. Cuando yo era presidente del PEN Internacional, Pavel Tigrid —expatriado en París y director de una revista del exilio checoslovaco, *Svedectvi* (Testimonio)— presidía el Comité de Escritores en el Exilio, del PEN, y era un batallador incansable por esos colegas que, en su país o en Argentina, en la URSS o en Chile, en Cuba o en Polonia o en cualquier parte del mundo, estaban encarcelados, acosados o censurados. Yo sé que la presencia de Pavel Tigrid, en este hermosísimo palacio desde cuyas ventanas veo caer la nieve sobre el barrio de la Mala Strana —vaya primaveras las de este país— tiene por objeto recordar a cada instante al presidente aquello por lo que luchaba cuando era don nadie, esas metas que parecían entonces tan difíciles de alcanzar.

En uno de sus ensayos, Havel recuerda la terrible afirmación de Eugene O'Neil: «Hemos luchado tanto contra las cosas pequeñas, que terminamos por volvernos pequeños». Confío en que ahora que ya no tiene que enfrentarse a las formidables adversidades de antaño sino a las menudas y sórdidas del arte cotidiano de gobernar, el presidente de los checoslovacos siga siendo el hombre discreto y limpio que todavía es.

Praga, abril de 1991

EL NACIONALISMO Y LA UTOPÍA

Un tema recurrente en la colección de ensayos que acaba de publicar sir Isaiah Berlin —*The Crooked Timber of Humanity: Chapters in the History of Ideas* (Londres, John Murray, 1990)— es de quemante actualidad: el nacionalismo. Conciencia de lo histórico, fervor regional y paisajístico, defensa de la tradición, la lengua y las costumbres propias y máscara ideológica del chovinismo, la xenofobia, el racismo y los dogmatismos religiosos, el nacionalismo será, qué duda cabe, la gran fuerza política que resistirá en los próximos años a la internacionalización de la vida y la economía que ha traído consigo el desarrollo de la civilización industrial y de la cultura democrática.

¿Cómo y dónde nació esta ideología que rivaliza con la intolerancia religiosa y los extremismos revolucionarios en haber provocado las peores guerras y cataclismos sociales de la historia? Según el viejo y sabio profesor, vino al mundo como una respuesta, al principio benigna, a los sueños utópicos de la sociedad perfecta —aquella que existió en una Edad de Oro antiquísima o la que se construirá en el futuro de acuerdo a la razón y la ciencia—, una de las constantes más tenaces en la historia de Occidente.

Un filósofo e historiador napolitano revolucionó en el siglo XVIII la creencia que hacía de Roma y Grecia una suerte de paradigma inmóvil de la evolución humana, al que habrían ido acercándose todas las culturas anteriores a medida que dejaban atrás la superstición y la barbarie y al que deberían tomar como modelo las que, luego de la disolución del Imperio latino, habían ido surgiendo de sus ruinas y representaban una humanidad en decadencia. En su *Scienza nuova*, Giambattista Vico dice que aquello no es verdad. Que la historia es movimiento y que a cada época corresponde cierta forma única de sociedad, de pensamiento, de creencias y costumbres, de religión y de moral, a la que sólo se puede entender cabalmente en sus propios términos, añadiendo a la investigación documental y arqueológica ese movimiento espiritual de simpatía y vuelo imaginativo que él reclama del auténtico historiador y que llama *fantasia*. De este modo, Vico dio un severo revés a la visión etnocéntrica de la evolución humana y echó las bases de una concepción relativista y plural dentro de la que todas las culturas, razas y sociedades tienen derecho a la misma consideración.

Pero la verdadera cuna del nacionalismo moderno es Alemania y su progenitor intelectual Johann Gottfried Herder. La utopía contra la que éste reacciona no es la de un mundo remoto sino de actualidad arrolladora: esa revolución francesa, hija de los *philosophes* y de la guillotina, cuyos ejércitos avanzan por todo el continente, nivelándolo e integrándolo bajo el peso de unas mismas leyes, ideas y valores que se proclaman superiores y universales, portaestandartes de una civilización que pronto abarcará el planeta entero. Contra esa perspectiva de un mundo uniforme, que hablaría francés y estaría organizado según los principios fríos y abstractos del racionalismo, levanta Herder su pequeña ciudadela hecha de sangre, tierra y lengua: *das Volk*. Su defensa de lo particular, de las costumbres y las tradiciones locales, del derecho de cada pueblo a que se reconozca su idiosincrasia y se respete su identidad, tiene un signo positivo, nada racista ni discriminatorio —como lo tendrán, después, estas ideas en un Fichte, por ejemplo— y ella puede interpretarse como una muy humana y progresista reivindicación de las sociedades pequeñas y débiles frente a las poderosas, animadas de designios imperiales. Por lo demás, el nacionalismo de Herder es ecuménico; su ideal, el de un mundo diverso, en el que coexistan, sin jerarquías ni prejuicios, como en un mosaico cultural, todas las expresiones lingüísticas, folclóricas y étnicas de ese arcoiris que es la humanidad.

Pero estas ideas desapasionadas, bienhechoras, se cargan de violencia cuando caen en un campo abonado por el resentimiento y los complejos del orgullo nacional herido y, sobre todo, cuando las exacerba el irracionalismo romántico. Según Berlin, el romanticismo es una demorada rebelión contra las humillaciones infligidas por los ejércitos de Richelieu y Luis XIV al pueblo alemán, cuyo renacimiento protestante, en el norte, se vio trabado por efecto de aquella intervención. De otro lado, los empeños modernizadores de Federico el Grande, en Prusia, quien importó para ello a funcionarios franceses, incubaron también en las gentes una sorda hostilidad contra esa Francia despectiva y soberbia, que se veía a sí misma como parangón de inteligencia y de gusto, y un rechazo a todo lo que venía de ella, en especial las ideas de la Ilustración.

Con su exaltación del individuo, de lo histórico y lo nativo en contra de la filosofía universalista e intemporal del siglo de las luces, el movimiento romántico dio un formidable impulso al nacionalismo. Lo vistió de imágenes multicolores y exaltantes, lo dotó de una retórica febril y lo puso al alcance de grandes públicos, a través de dramas, poemas y novelas que hundían sus raíces en lo más pintoresco y sensitivo de las tradiciones locales. De la afirmación de lo propio se pasaría luego al rechazo y menosprecio de lo ajeno. De la defensa de la singularidad alemana, a la de la superioridad del pueblo alemán —léase ruso, francés o anglosajón— y a una misión histórica que por motivos raciales, religiosos, políticos le habría tocado cumplir frente a los demás pueblos del mundo, y a la que éstos no tendrían otra alternativa que resignarse o ser castigados si se resistían. Ése es el camino que condujo a las grandes hecatombes de 1914 y de 1939. Y, también, el que llevó a América Latina a mantener la absurda balcanización colonial y a desangrarse en guerras intestinas, por preservar o modificar unos linderos que, en todos los casos, obedecían al puro artificio, sin el menor soporte étnico, geográfico o tradicional.

La tesis de sir Isaiah Berlin, magníficamente sustentada una y otra vez en los ocho ensayos recopilados en este libro (por Henry Hardy, a quien hay que agradecer que la vasta obra del profesor letón no haya quedado dispersa en una miríada de revistas académicas), según la cual el nacionalismo es una doctrina o estado de ánimo, o ambas cosas, que nace como reacción a la utopía de la sociedad universal y perfecta, debería tal vez completarse con esta atingencia: que el nacionalismo es también una utopía. No menos irreal ni artificiosa que aquellas que proponen la sociedad sin clases, la república de los justos, la de la raza pura o la de la verdad revelada.

La idea misma de nación es falaz, si se la concibe como expresión de algo homogéneo y perenne, una totalidad humana en la que lengua, tradición, hábitos, maneras, creencias y valores compartidos configurarían una personalidad colectiva nítidamente diferenciada de las de otros pueblos. En este sentido no existen ni han existido nunca naciones en el mundo. Las que más se acercan a este quimérico modelo son, en verdad, sociedades arcaicas y algo bárbaras a las que el despotismo y el aislamiento han mantenido fuera de la modernidad y, casi, de la historia. Todas las otras son apenas un marco donde conviven diferentes y encontradas maneras de ser, de hablar, de creer, de pensar, que tienen que ver cada vez más con el oficio que se practica, la vocación que se ha elegido, la cultura que se recibió, la creencia que se asume, es decir, con una elección individual, y cada vez menos con la tradición o familia o medio lingüístico dentro del que se nació. Ni siquiera la lengua, acaso la más genuina de las señas de identidad social, establece hoy una característica que se confunda con la de la nación. Pues en casi todas las naciones se hablan distintas lenguas —aunque una de ellas sea la oficial— y porque, con excepción de muy pocas, casi todas las lenguas desbordan las fronteras nacionales y trazan su propia geografía sobre la topografía del mundo.

No hay nación que resultara del desenvolvimiento natural y espontáneo de un grupo étnico o de una religión o de una tradición cultural. Todas nacieron de la arbitrariedad política, del despojo o las intrigas imperiales, de crudos intereses económicos, de la fuerza bruta conjugada con el azar y todas ellas, aun las más antiguas y prestigiosas, levantan sus fronteras sobre un campo siniestro de culturas arrasadas o reprimidas o fragmentadas, y de pueblos integrados y mezclados a la mala, por obra de las guerras, las luchas religiosas o la mera necesidad de sobrevivir. Toda nación es una mentira a la que el tiempo y la historia han ido —como a los viejos mitos y a las leyendas clásicas— fraguando una apariencia de verdad.

Pero es cierto que las grandes utopías modernas —la marxista y la nazi, que se propusieron, ambas, borrar las fronteras y reordenar el mundo— resultaron todavía más frágiles y perecederas. Lo vemos sobre todo en estos días, los del rápido desplome del totalitarismo soviético, cuando el nacionalismo renace de las cenizas que se creían apagadas en los países que aquél sometió y amenaza con convertirse en el gran aglutinante ideológico de los pueblos que van recobrando su soberanía.

Conviene, por eso, en este umbral de una nueva etapa de la historia, recordar que el nacionalismo no está menos reñido con la cultura democrática que el totalitarismo, aunque lo esté de otra manera. Y, para comprobarlo, nada mejor que el espléndido ensayo que en este libro dedica sir Isaiah Berlin a Joseph de Maistre, el reaccionario por antonomasia y padre de todos los nacionalismos, en quien ve, con argumentos impecables, no, como se acostumbraba decir, un retrógrado, un pensador de espaldas a su tiempo, sino más bien un terrible visionario y profeta de los apocalipsis oscurantistas que sufriría Europa en el siglo XX.

El nacionalismo es la cultura del inculto, la religión del espíritu de campanario y una cortina de humo detrás de la cual anidan el prejuicio, la violencia y a menudo el racismo. Porque la raíz profunda de todo nacionalismo es la convicción de que formar parte de una determinada nación constituye un atributo, algo que distingue y confiere una cierta esencia compartida con otros seres igualmente privilegiados por un destino semejante, una condición que inevitablemente establece una diferencia —una jerarquía— con los demás. Nada más fácil que agitar el argumento nacionalista para arrebatar a una multitud, sobre todo si es pobre e inculta y hay en ella resentimiento, cólera y ansias de desfogar en algo, en alguien, la amargura y la frustración. Nada como los grandes fuegos artificiales del nacionalismo para distraerla de sus verdaderos problemas, para cerrarle los ojos sobre sus verdaderos explotadores, para crear la ilusión de una unidad entre amos y verdugos. No es casual que sea el nacionalismo la ideología más sólida y extendida en el llamado Tercer Mundo.

Pese a ello, lo cierto es que nuestra época está viviendo también, al mismo tiempo que la disolución de la utopía colectivista, la lenta delicuescencia de las naciones, la discreta evaporación de las fronteras. No por obra de una ofensiva ideológica, de un nuevo asalto utópico, sino a consecuencia de una evolución del comercio y la empresa que han ido creciendo hasta hacer estallar silenciosamente las fronteras nacionales. La flexibilidad y naturaleza maleable de las sociedades democráticas ha ido permitiendo aquella internacionalización de los mercados, de los capitales, de las técnicas, el surgimiento de esos grandes conglomerados industriales y financieros que rebalsan países y continentes. Y, como secuela de todo ello, han prosperado las iniciativas de integración económica y política que, en Europa, en América y en el Asia, comienzan a trastornar la cara del planeta.

Esta internacionalización generalizada de la vida es, acaso, lo mejor que le ha pasado al mundo hasta ahora. O, para ser más precisos, pues la progresión hacia esa meta no es irreversible —los nacionalismos la pueden atajar—, lo mejor que le *podría* pasar. Gracias a ella, los países pobres pueden dejar de serlo, insertándose en aquellos mercados donde siempre podrán sacar provecho de sus ventajas comparativas, y los países prósperos alcanzar nuevos niveles de desarrollo tecnológico y científico. Y, más importante aún, la cultura democrática —la del individuo soberano, la de la sociedad civil y pluralista, la de los derechos humanos y el mercado libre, la de la empresa privada y el derecho de crítica, la de la descentralización del poder— irse profundizando donde ya existe y extendiéndose a los países donde es todavía caricatura o simple aspiración.

¿Hay en todo esto cierto retintín utópico? Desde luego. Y es cierto que, aun en el mejor de los casos, se trata de una posibilidad lejana, que no se concretará sin retrocesos ni reveses. Pero, por primera vez, está ahí, delante de nosotros. Y de nosotros depende que sea realidad o desaparezca como fuego fatuo.

Londres, mayo de 1991

PASIÓN HELVÉTICA

«Han llamado de la policía y del rectorado», me dijo el profesor Linder. «Parece que las paredes de la Universidad están llenas de pintas contra usted».

Le respondí que sentía de veras ser causante de un estropicio contra un local que imaginaba más pulcro que una clínica. Pero él no sonrió. (Fue mi primer intento fallido, en ese día lleno de sorpresas, de comunicar mi sentido del humor al pueblo suizo). Más bien, el profesor Linder me preguntó si estaba cómodo en el Hotel de las Cigüeñas. Lo estaba. Y la vista, sobre el barrio antiguo, el Limmat y los puentes de Zúrich era bellísima. Ya en su coche, rumbo a las pintas, le pregunté si cabía suponer que en este puñado de manzanas que recorríamos había representado más dinero que en todos los países del Tercer Mundo juntos. Él me repuso que no me preocupara pues la policía y el rectorado habían tomado las precauciones debidas para que no me ocurriera nada.

Le aseguré que no estaba preocupado en lo más mínimo. Más bien, pasmado de ser tan popular en una ciudad para mí exótica y hermética. Aunque, probablemente, las pintas serían obra de revolucionarios peruanos refugiados en esta fortaleza del capitalismo, ¿no era verdad? Emitió un gruñido que podía ser sí, no o tal vez.

Para animarlo, le conté que años atrás, en la Universidad de Estocolmo, otros revolucionarios peruanos habían irrumpido en el auditorio donde yo iba a pronunciar una conferencia, repartido volantes y desaparecido en el instante mismo en que yo ingresaba al local. Y que estos precavidos compatriotas procedían con esta exactitud maniática para no violar la ley, pues, si hubieran hecho lo mismo conmigo en el aula, corrían el riesgo de perder la condición de asilados políticos, que les aseguraba, por cuenta del contribuyente sueco, alojamiento, clases de idioma y una pensión equivalente a algunos cientos de dólares mensuales. Y le conté, también, que al funcionario que me había buscado para darme una vaga explicación sobre lo sucedido yo le bromeé diciéndole que mi venganza sería divulgar por calles y plazas de mi país la hospitalidad que prodigaba Suecia a los perseguidos políticos de esa tiranía que era el Perú y sentarme luego a ver pasar, en una estampida frenética en pos de las nieves nórdicas, a diez millones de revolucionarios peruanos. (El funcionario sueco no se rió y mi acompañante suizo tampoco).

Ya estábamos en la Universidad. En efecto, la austera fachada decimonónica del recinto estaba averiada de inscripciones en alemán, con pintura negra y roja, acusándome de ser un agente del Fondo Monetario Internacional (acusación que tenía algunos remotos visos de realidad) y proclamando que el pueblo suizo me repudiaba y apoyaba «la guerra del pueblo en el Perú» (proclamas que me dejaron algo escéptico).

Era tempranísimo y no se veía por los alrededores persona alguna, ni amistosa ni hostil. El profesor Linder, que sin duda había oído hablar de la proverbial impuntualidad suramericana, me hacía llegar a todos los compromisos con una hora de anticipación. De modo que resulté yo, en una primorosa salita del rectorado, recibiendo a los invitados a la recepción en mi honor.

Esperando que llegaran, volví a pensar en el sertón bahiano y en mi amiga Adelhice. Es un recuerdo que me asalta fatídicamente cada vez que vengo a Suiza. Porque fue allá, en ese perdido pueblo del nordeste brasileño que se llamaba Esplanada, y gracias a ella, que por primera vez consideré con seriedad a esa extraña hechura del azar, la geografía y la religión que es esta Confederación Helvética que precisamente ahora cumple setecientos años.

Recorría el sertón tras las huellas de un terrible predicador, el Consejero, y la guerra que desató, y me acompañaba en mis correrías el marido de Adelhice, el fabuloso Renato Ferraz, quien después de haber sido antropólogo y museólogo en Salvador, lo abandonó todo para dedicarse a la cría de carneros en medio del sertón. Renato sabía los nombres de todos los árboles, plantas, animales y alimañas de la región y sabía —sobre todo— romper la desconfianza de los sertaneros y hacerlos hablar como loros. Nuestro centro de operaciones era su casa en Esplanada, de donde salíamos y a donde volvíamos en cada expedición.

Pero allí, en Esplanada, el tema de conversación era siempre Suiza y los suizos. Adelhice sentía por ellos una admiración mística, un respeto y un entusiasmo que yo no he visto nunca en nadie por ningún país. De jovencita, había leído en un periódico brasileño un aviso solicitando dependientas para trabajar en el cantón de Zúrich. Envió su solicitud y fue aceptada. Trabajó tres años en una pastelería de una pequeña aldea de nombre impronunciable. Allí fue totalmente feliz. Se produjo, en su caso, uno de esos «encuentros con el destino» de los cuentos de Borges. Descubrió en ese lugar unas formas de vida, unos ritos, una manera de pensar y de actuar que debieron de dar cuerpo a algo que, oscuramente, desde mucho antes, la joven Adelhice presentía y ambicionaba.

En las hermosas tardes de Esplanada, cuando el sofocante calor del día decaía y el cielo se llenaba del oro y la sangre del crepúsculo, yo la escuchaba fascinado evocar los Alpes helados y hablar con emoción y nostalgia de la limpieza y el orden de los suizos, de la seguridad y la puntualidad de su vida, de su diligencia en el trabajo, de su respeto a la ley, de su manía por hacer todo bien hecho. Adelhice había aprendido allí a cocinar y solía preparar unos platos deliciosos para demostrarme que la cocina helvética iba más allá de la *fondue*, el *rösti* y el *müsli*, y que en verdad era variadísima y riquísima.

Muchos países han encarnado para muchos seres humanos su idea de civilización, de sociedad modélica. ¿Alguno, fuera de la simpática Adelhice, ha visto en los veinticuatro cantones de la Confederación Helvética eso que tantos ven en Francia, Estados Unidos, Cuba o Beijing? Seguramente sí, pero yo no he conocido sino a ella. ¿Qué pensaría ahora Adelhice de su reverenciado país si viera este noble local de la Universidad de Zúrich tan ignominiosamente humillado por los *graffiti* como cualquier universidad de su tierra o la mía?

¿Y qué hubiera pensado Adelhice si le hubiera ocurrido lo que a mí, esa misma mañana, cuando, merodeando por el centro de Zúrich en busca de una exposición de Modigliani, desemboqué en ese frondoso parque que los zuriqueses han rebautizado ahora *Needle Park*? Está detrás de la estación, a orillas del río Limmat y ha sido convertido en una suerte de ciudadela de la drogadicción. Sus pobladores están allí, inyectándose a la vista del público, con unas agujas que las autoridades se han resignado a repartirles para frenar el contagio del sida, que también hace estragos en esa colectividad. Muchos viven allí mismo, en pequeñas covachas armadas con trapos y tablas entre los árboles. ¿La habría deprimido el espectáculo tanto como a mí?

Pero ya habían comparecido los invitados y era hora de volver al presente y a Suiza. A lo largo de la recepción traté dos o tres veces de bromear sobre las pintas, pero todos, empezando por el rector, eludieron el tema, de modo que me juré (en vano) no intentar una sola vez más hacer un chiste en Suiza. Sólo al conducirme hacia el Aula Magna el rector me susurró crípticamente al oído: «Todo anda bien».

El Aula Magna estaba en el último piso, al que se accedía por una escalera marmórea, y en la pared una placa recordaba que allí había pronunciado Churchill su famoso discurso sobre Europa. El rector me la señaló, levantándome la moral. Aún no era necesario. Pues el público, que llenaba el local, parecía educadísimo. Vi que después de entrar yo cerraban las puertas de una manera aparatosa, con barras y cerrojos, lo que me dio claustrofobia. «Así no podrán entrar», murmuró el profesor Linder. A duras penas me contuve de decirle que si alguien quería interrumpir la conferencia probablemente estaría ya sentado, con el aire más benigno del mundo, entre el público.

Pero los revolucionarios suizos no practican esas sucias tretas. Llegaron después que yo y, como encontraron la puerta cerrada, no entraron. Se contentaron con gritar y hacer ruidos diversos, que atravesaban con facilidad las paredes del Aula Magna y servían de fondo sonoro a mi conferencia. Mientras leía, yo observaba a hurtadillas, maravillado, la total imperturbabilidad del auditorio ante lo que ocurría. Ninguna expresión de extrañeza, alarma o curiosidad. ¿Oían, como yo, que venía de allí afuera el rumor de una contienda o estaban todos sordos? Me acordé que en Zúrich había nacido el dadaísmo y sentí una sensación de ridículo por seguir leyendo mi conferencia como si nada pasara. Interrumpí la lectura y —¡ay de mí!— hice un chiste. Pregunté al auditorio si creían que aquel bullicio tenía alguna relación conmigo y con lo que estaba diciendo. Ochocientas cabezas asintieron y ninguna sonrió.

A la media hora, lo que ocurría afuera se calmó. Pero, al terminar el coloquio, el profesor Linder y el rector me retuvieron en el Aula Magna hasta que todo el público saliera y «hubiese pasado el peligro». ¿Qué peligro? ¿Qué había sucedido afuera? Me lo explicaron sin emoción, con gélida objetividad. A poco de comenzar la conferencia habían entrado al recinto los revolucionarios —«entre quince y veinte, no más»— armados con bolsas de huevos y tomates. Las dos personas enviadas por la policía para mantener el orden fueron bombardeadas con dichos proyectiles y tuvieron que pedir refuerzos. Llegaron diez más, cinco uniformados y cinco de civil, con los que había habido un confuso entrevero. Pero la situación estaba controlada y los revolucionarios se habían retirado. De todos modos, para evitar sorpresas, saldríamos rumbo al restaurante —había una cena final— por una salida secreta de la Universidad.

Cercado por media docena de policías, como cualquier candidato del subdesarrollo, abandoné el Aula Magna. Me precedía un caballero de civil, al parecer el jefe del destacamento, que no sólo llevaba las solapas y la espalda manchadas de huevo y tomate, sino un huevo entero colgando grotescamente de sus pelos sobre su pescuezo.

Bajamos a un sótano laberíntico e interminable que nadie parecía conocer. Dábamos vueltas y vueltas sin que apareciera la salida. La luz se apagaba a cada rato y nos quedábamos en tinieblas, oliendo a cosas húmedas y sintiendo unas carreritas aterradoras. Le dije a la persona que nos conducía, pero de modo que oyeran el rector y el profesor Linder, que yo prefería enfrentar a los revolucionarios que a las ratas, que me inspiran un miedo cerval, así que, en vista de que nadie parecía saber dónde estábamos, sugería que regresáramos a la puerta principal y saliéramos de la Universidad como ciudadanos pacíficos y no escondiéndonos como ladrones. Y que, además, esos revolucionarios suizos no eran serios, porque eso de lanzar huevos y tomates —artículos de lujo para el pueblo peruano— los delataba como unos niños de papá maleducados. Y que estaba seguro de que todos terminarían de eficientísimos empleados en los bancos de la Banhofstrasse. Alguien creyó que hacía un chiste y se rió. Pero el rector defendió el honor nacional asegurándome que uno de los huevos había reventado en el ojo de un oficial, al que habían tenido que llevar a la asistencia pública.

Por fin encontramos la salida, la calle, los autos. Pero un diplomático peruano y su familia quedaron extraviados en esas catacumbas lóbregas y sólo aparecieron una hora después, extenuados y risueños, en el restaurante de la cena. Allí, nadie mencionó lo ocurrido ni, por supuesto, esbozó una sonrisa cuando, a la hora de agradecer, temerariamente se me ocurrió decir que el recibimiento zuriqués me había hecho sentir como en mi casa. No dije, pero sí lo pensé, que me hubiera gustado saber si aquellos que habían embadurnado la Universidad de Zúrich con lemas a favor de «la guerra del pueblo en el Perú» estarían enterados de que una de las proezas llevadas a cabo por sus hermanos revolucionarios peruanos había sido asesinar a cuatro técnicos agropecuarios suizos, de un programa de cooperación, que habían ido a trabajar con las comunidades campesinas de la sierra central de mi país.

De regreso al Hotel de las Cigüeñas, y ya solo, decidí perpetrar el más típico de los actos capitalistas: tomarme un whisky. La terraza junto al río estaba cerrada, pero me indicaron que el bar seguía abierto. Subí y me senté en el solitario local. Y entonces —los ojos como platos, el corazón acelerado— vi a Adelhice. No al fantasma aquél de mi memoria, sino a una Adelhice tangible, real, de carne y hueso, para la que casi no habían pasado los doce años corridos desde la última vez que la vi. Allí estaba, siempre esbelta y risueña y vivaz, y con su simpatía exuberante a flor de piel. Ella parecía tan descomunalmente sorprendida como yo.

Cuando recuperó el habla, la interrogué. Se había separado de Renato y con sus tres hijos había emprendido el camino de Suiza, donde vivía desde 1988. Había sido durísimo al principio, tenido que aceptar los trabajos más ingratos para no sucumbir. Pero con su voluntad de quedarse y de educar aquí a sus hijos y de no volver nunca más allá —una voluntad inquebrantable, para siempre jamás— ya empezaba a salir adelante. Tenía alquilados un par de cuartos donde los cuatro se acomodaban mal que bien y, ahora, las *crianças* la ayudaban mucho. Su trabajo aquí en el bar no estaba mal remunerado. Le pagaban el taxi hasta su casa y, en las horas libres, estudiaba un curso de repostería y cocina con la idea de poner alguna vez un restaurante. Y, además, todas las dificultades tenían sus compensaciones, aquí, en Suiza. Sus hijos iban a un colegio estatal magnífico en el que... Pero yo no la dejé embarcarse en esa previsible apología de su patria de adopción —era evidente que su pasión helvética no había disminuido un ápice— y con mañas la obligué a que habláramos de los amigos de Salvador y del sertón.

Esa noche di muchas vueltas en la cama, sin poder dormir —hacía un calor bahiano en Zúrich—, filosofando sobre lo afortunado que era este país, al que, cuando los aburridos hijos de sus privilegiados hijos se empeñaban en arruinarlo con entretenimientos como la heroína y la solidaridad con el terror, venían gentes del otro lado del mundo, como Adelhice, a salvar lo mejor de esa herencia de siete siglos de historia suiza.

Zúrich, julio de 1991

EL OSCURO VIDRIERO

A fines de 1987, un oscuro artesano de Manchester, que se ganaba la vida poniendo vidrios en casas y oficinas, descubrió que ya no podía conseguir los descuentos de antaño con sus proveedores. Todos los comerciantes y distribuidores de la región del West Midlands, a los que, antes, él ponía a competir unos con otros con tanta maña para que le hicieran rebajas —«Porque, si no, me voy a comprar mis paneles de vidrio de 4 mm a la otra esquina, donde sí me las hacen»— se habían vuelto, de pronto, inconmovibles.

En enero de 1988, el vidriero, en un arrebato de civismo y malhumor, escribió una carta a Margaret Thatcher, entonces primera ministra del Reino Unido. Le contaba que, antes, yendo de un fabricante o mercader de vidrios a otro, él se las arreglaba para conseguir descuentos que iban desde el 5% al 45% y que gracias a esos márgenes podía comer, pues nadie sobrevive sólo con lo que se gana clavando cristales en las ventanas. Pero, ahora, con esos precios que ya no era posible regatear y que, además, subían como la espuma, la vida se le había puesto difícil. ¿Era legal eso? ¿Podían los productores y comerciantes ponerse de acuerdo para fijar los precios y acabar con la competencia? Porque eso era lo que estaba sucediendo, sospechaba él.

Algún tiempo después, tocaron la puerta del vidriero, en un arrabal de Manchester. Eran dos caballeros muy educados, a quienes aquél miró al principio con desconfianza. Le explicaron que 10, Downing Street —residencia de la primera ministra— había enviado su carta a la Office of Fair Trading, la dependencia encargada de garantizar el comercio equitativo en Gran Bretaña, en la que ellos trabajaban. Que, en efecto, establecer un *cartel*, o convenio entre productores para evitar la competencia, era ilegal y que, a raíz de su denuncia, ambos habían sido encargados de iniciar una investigación sobre lo que ocurría con el vidrio.

El artesano era un hombre meticuloso y pudo mostrar a los investigadores unas libretas donde figuraban todos sus contratos y transacciones, y una especie de diario somero de sus actividades. Estos informes encaminaron la averiguación por la buena ruta. Algunos meses más tarde, luego de interrogar a muchos compradores, fabricantes, distribuidores y comerciantes, la oficina del Fair Trading estaba en condiciones de revelar que los carteles del vidrio estaban organizados y operando no sólo en Manchester sino en casi todas las regiones de Gran Bretaña.

La colaboración decisiva, en la pesquisa, provino de un empresario, Peter Chadwick, director de una pequeña fábrica de vidrios, quien admitió haber sido invitado a formar parte del cartel. Nombró a las cuarenta y una empresas comprometidas en la conspiración. Las reuniones tenían lugar en hoteles de aeropuertos y no se llevaban actas de los acuerdos. Reveló, además, que las firmas que lideraban al grupo y promovían las decisiones eran las dos gigantes del ramo: Solaglas Ltd. y Heywood Williams Group. (Esta última, sobre todo, había crecido espectacularmente desde que empezó a funcionar el cartel).

A diferencia de lo que ocurre en otros países de economía libre, como Estados Unidos y Alemania, donde los organismos gubernamentales encargados de combatir las prácticas monopólicas y las trabas al funcionamiento del mercado pueden multar o llevar a la justicia a las firmas sorprendidas en estas actividades, la oficina del Fair Trading debe actuar de esa manera indirecta, laberíntica, que es tan simpática a la idiosincrasia británica. Las empresas descubiertas son urgidas, de acuerdo a la Ley sobre las Prácticas Restrictivas del Comercio, a registrar en una entidad estatal sus acuerdos. Si éstos tienden a fijar precios únicos, son declarados ilegales. Las empresas, de otro lado, deben firmar un documento público comprometiéndose a no incurrir en acciones de esta índole, lo que, en caso de incumplimiento, las expone a la acción judicial.

Éstos son los trámites que se siguieron para romper los carteles del vidrio en el West Midlands. El corolario ha sido, claro está, la caída de esos precios a los que la desaparición de la competencia había mantenido artificialmente elevados (el precio actual promedio es 12% más bajo que en los tres años en que operó el cartel). El oscuro vidriero que comenzó la historia ha vuelto, sin duda

—nada más se ha sabido de él— a ganar esos márgenes alimenticios en los precios de los paneles, haciendo competir uno contra el otro a los proveedores que quieren tenerlo de cliente.

Pero, en verdad, la historia está aún lejos de terminar. Las empresas que establecen un cartel no sólo violan los derechos de los clientes particulares a adquirir a precios justos aquello que compran —y la justicia de los precios la determina, no un grupo de caballeros o de damas en un cuarto de hotel, sino ese mecanismo impersonal que es la oferta y la demanda—; también, muy a menudo, los del conjunto de los contribuyentes. Es lo que ocurre cuando aquel producto se adquiere con dineros públicos.

Ken Barnes, el barbado director del departamento de obras sociales de la Municipalidad de Manchester, al estallar este escándalo, se sentó en su escritorio y, con su calculadora bajo los bizcos ojos, comenzó a sumar y a restar. Rápidamente concluyó que, debido a los precios inflados por el cartel, el concejo municipal de Manchester había gastado, en los últimos tres años, 123.000 libras esterlinas más por las adquisiciones de vidrio para las viviendas de interés social. (Entre 1988 y 1991, el metro cuadrado de vidrio le costó 4 libras 67 centavos; desde que se quebró el cartel, le cuesta sólo 3,75). Con el acuerdo unánime de los regidores conservadores y laboristas, la Municipalidad ha decidido demandar a las empresas responsables, pidiéndoles una compensación por los perjuicios causados a los contribuyentes. El señor Barnes ha sido muy convincente detallando los beneficios que hubiera traído a los colegios y a la limpieza del vecindario esa suma que les timó el cartel del vidrio.

No sabemos aún cuál será la sentencia de la Corte, pero, sea cual fuera, la historia del oscuro vidriero de Manchester que desbarató el pacto de un grupo de empresarios para crearse una renta ilegítima a costa de los consumidores del West Midlands, ha tenido ya un final feliz.

A mí me ha conmovido mucho. La he ido conociendo al mismo tiempo que seguía en los diarios y en la televisión la horrenda saga de corrupción, lavado de narcodólares, tráfico de influencias, desfalcos, fraudes que ha puesto en evidencia la caída del BCCI (Bank of Credit and Commerce). Por lo menos una docena de países —entre ellos el mío— aparecen salpicados por la inmundicia que ha salido a la luz, con las primeras revelaciones sobre banqueros tramposos, traficantes aliados a quienes parecían respetables hombres de negocios, politicastros ladrones, jueces venales, periodistas mercenarios, en fin, todo un vomitivo socio-político. Y, en el otro platillo de la balanza, millares de millares de incautos que perdieron todos sus ahorros por haberlos confiado al «primer banco del Tercer Mundo».

Cuando un escándalo de esta magnitud estalla en los países democráticos, hay quienes levantan el dedo índice y preguntan: «¿Eso es la democracia?». Y muchos, que no son cínicos, sino gentes empeñadas en defender un sistema que les parecía el mejor, o el menos malo de los sistemas políticos, se llenan de dudas y comienzan a preguntarse si, después de todo, no habrá más remedio que dar razón a quienes dicen que la democracia es otra estafa, una manera un poco más disimulada que otras para que los vivos y pícaros sigan haciendo de las suyas a costa de los ingenuos, débiles y pobres. ¿Rigen, acaso, las leyes de la misma manera para todos? ¿No las burlan alegremente quienes mandan? ¿No castigan ellas, únicamente, a quienes carecen de poder político o económico? ¿No es, la democracia, una mentira más, entre las muchas con que anestesian a sus electores esos políticos que, apenas trepan al poder, cometen todas las tropelías, sin que, a la postre, les suceda nada?

La historia del oscuro vidriero de Manchester muestra que no, que las deficiencias de una sociedad libre pueden ser corregidas y que en ella un desconocido sin nombre y sin fortuna llega a veces a derrotar a gentes muy encumbradas, en provecho de toda la comunidad.

Una creencia extendida es que a las democracias liberales las está minando la corrupción, que ésta acabará por realizar aquello que el difunto comunismo no logró: desplomarlas. ¿No se descubren a diario, en las más antiguas y en las novísimas, asqueantes casos de gobernantes, funcionarios, amiguísimos a quienes el poder político sirve para hacerse, a velocidades astronáuticas, con fortunas estupendas? ¿No son incontables los casos de jueces sobornados, de contratos mal habidos, de imperios económicos que tienen en sus planillas a militares, policías, ministros, aduaneros? ¿No llega la putrefacción del sistema a grados tales que sólo queda resignarse, aceptar que la sociedad es y será una selva donde las fieras se comerán siempre a los corderos?

Es esta actitud —el pesimismo y el cinismo—, no la corrupción, la que puede efectivamente acabar con las democracias liberales, convirtiéndolas en un cascarón vacío de sustancia y verdad, eso que los marxistas ridiculizaban con el apelativo de democracia «formal». Es una actitud en muchos casos inconsciente, que se traduce en desinterés, en apatía hacia la vida pública, en escepticismo hacia las instituciones, en reticencia a ponerlas a prueba. Cuando secciones considerables de una sociedad sucumben al catastrofismo y la anomia cívica, el campo queda libre, es cierto, para los lobos y las hienas.

Pero no hay una razón fatídica para que ocurra así. El sistema democrático no garantiza que la deshonestidad y la picardía se evaporen de las relaciones humanas; pero establece unos mecanismos para hacerles frente, minimizar sus estropicios en la vida social, detectar, denunciar y sancionar a quienes se valen de ellas para escalar posiciones o enriquecerse, y, lo más importante de todo, para reformar y perfeccionar el sistema de manera que cada vez aquellas armas entrañen más riesgos para quienes las usan.

La historia del vidriero de Manchester es especialmente instructiva para los países que, como los de Europa del Este y los de América Latina, inician (o reanudan después de un largo intervalo) la experiencia de la libertad política y tratan de reemplazar las economías centralizadas o intervenidas por el mercantilismo por economías de mercado. Ni la libertad ni la competencia operan como las varitas mágicas de los cuentos de hadas. Hay que hacerlas funcionar, sin bajar la guardia y saliendo al paso con resolución contra aquellos que las desnaturalizan o violentan. Manteniéndose alertas a las trabas, amenazas y conjuras que siempre, y de las maneras más sutiles y variadas, surgirán en su seno.

Las palabras claves son civismo, participación, confianza en el sistema. Es sobre todo esto último lo que llevó a ese anónimo artesano de West Midlands a escribir una carta al jefe del gobierno de su país cuando creyó advertir una práctica malsana en el comercio del que dependía su trabajo. Y aquellos funcionarios de la oficina del Fair Trading, tan oscuros y acaso tan modestamente remunerados como aquel vidriero, llevaron a cabo esa paciente y difícil investigación con una independencia y tenacidad que no se explica solamente por motivos de rutina o salario; también, por un íntimo —acaso no del todo consciente y, por cierto, nada exhibicionista— sentido de la responsabilidad, por una inequívoca percepción de lo que estaba en juego, a través de lo que hacían, para tanta gente.

Ni el nombre del vidriero de Manchester ni el de esos investigadores son conocidos, ignoro si por decisión de ellos mismos o porque la ley exige que permanezcan en el anonimato. La publicidad que merece ahora la historia gira, sobre todo, en torno a los empresarios del cartel, el director general de la oficina del comercio equitativo y los regidores del concejo municipal. Pero, para mí, no hay duda sobre quiénes son los verdaderos protagonistas de esta historia, que, pese a ser edificante y con un final feliz, es digna de admiración.

Como en otras democracias, Gran Bretaña no está exenta de escándalos políticos y económicos. Estallan de tanto en tanto y la prensa amarilla los explota con regocijo y obscenidad. Es alentador suponer que, después de lo ocurrido en estos días, otros artesanos —profesionales, obreros, jubilados, amas de casa— cada vez que se sientan atropellados o vejados, se animen a seguir el ejemplo de aquel oscuro vidriero de Manchester.

Londres, agosto de 1991

EL CULEBRÓN DEL CAPITOLIO

Gracias a un viaje a Boston pude seguir en la televisión norteamericana buena parte de las audiencias del Senado dedicadas al juez Clarence Thomas y a la profesora Anita Hill, y luego, aquí en Berlín, CNN mediante, asistir a las siete horas de discusiones que tomó a los senadores aprobar la designación de aquél como miembro del Tribunal Supremo. No me sorprende que estos programas hayan convocado más televidentes que la final del campeonato de béisbol en los Estados Unidos. Opinión extendida es que aquellas audiencias fueron una mojiganga de la que han salido mermados el prestigio de la Casa Blanca, del Congreso y de la Corte Suprema de aquel país. Yo creo que constituyeron una formidable lección sobre las malas artes en la política y que, hechas las sumas y restas, el episodio ha resultado saludable para la democracia estadounidense.

Si se quiere entender lo ocurrido, hay que empezar desde el principio. El presidente Bush eligió a Thomas para reemplazar a Thurgood Marshal (que se jubila este verano como juez de la Suprema) no porque sea negro sino porque pertenece al Partido Republicano y porque es conservador. Su elección era una maniobra política para enfrentar a los demócratas —mayoritarios en el Congreso— con este dilema: rechazar a Thomas, y ser acusados de racistas, o aprobarlo, a sabiendas de que su presencia inclinaría la balanza en el Tribunal Supremo en favor del ala conservadora (que puede rectificar una previa sentencia legitimando el aborto, tema que desde hace años provoca una apasionada controversia en los Estados Unidos).

La operación parecía transcurrir como había previsto la Casa Blanca. Temerosos de que cayera sobre ellos la acusación de prejuicio racial, los senadores demócratas «progresistas», encabezados por Edward Kennedy, cuestionaron con tibieza a Thomas en las audiencias públicas. Al mismo tiempo, entre bambalinas, urdían toda clase de intrigas para desprestigiarlo. Así aparece Anita Hill, abogada, ex colaboradora de Thomas en dos de los puestos que confió a éste el presidente Reagan, y negra como aquél, a la que activistas del Partido Demócrata detectaron, en el remoto campus de la Universidad de Norman, Oklahoma (un pintoresco lugar que yo conozco, enmarcado por una reserva india y pozos petroleros en forma de langostas), apartada ya de la burocracia y entregada al apacible quehacer de la pedagogía jurídica. Allí fueron a buscarla y allí la persuadieron de que impugnara a su ex jefe, con una acusación muy irritante para la sensibilidad contemporánea: la de acoso sexual.

Mientras la joven, inteligente y bella Anita Hill rendía su testimonio, en secreto, como manda la ley, y el FBI investigaba la seriedad de sus acusaciones, Clarence Thomas seguía respondiendo a las preguntas de la comisión senatorial. Lo hacía de manera más bien mediocre en lo que concierne a materias legales —era evidente que su competencia jurídica y su experiencia profesional como juez eran limitadas—, subrayando mucho sus méritos personales, de hombre que, gracias a su empeño y diligencia, había conseguido progresar, desde el miserable pueblecito sureño donde nació, hasta universidades de prestigio, en las que se graduó con honores, y puestos de responsabilidad en la Administración pública. Reafirmó su condición de católico y su gratitud para con las monjas que lo educaron y le inculcaron los fundamentos de una filosofía en la que sigue creyendo: la de valerse por sí mismo, la de considerar indigna y antidemocrática toda forma de discriminación, incluida la llamada «discriminación positiva» en favor de las minorías étnicas (el sistema de cuotas fijas, para negros o hispánicos, en las universidades y empleos, aun cuando carezcan de las calificaciones exigidas a los blancos). Y, también, su rechazo de toda forma de separatismo étnico, cultural o racial (él está casado con una blanca).

Pese a que estas convicciones le habían ganado la hostilidad frontal de las principales organizaciones negras de Estados Unidos, que son «progresistas» —el reverendo Jessy Jackson encabezaba la campaña contra su nominación—, al terminar las audiencias, el triunfo de Thomas parecía asegurado. Aunque en la comisión hubo un empate —siete a favor y siete en contra— una mayoría de senadores anunció que respaldaría su nombramiento.

La acusación de Anita Hill, examinada en privado por la comisión, no fue considerada por sus miembros lo bastante seria para merecer una audiencia especial. Entonces, de manera muy oportuna, alguien —no es necesario preguntarse quién— hizo llegar a los medios la noticia, con todos los aderezos explosivos del caso: Clarence Thomas había sido acusado de acoso sexual y los senadores de la comisión —todos hombres, por supuesto— estaban tratando de enterrar el asunto. Bastaron pocas horas para que las organizaciones feministas entraran en acción y estallara el escándalo. El propio Thomas, luego de negar indignado los cargos, exigió una audiencia pública para refutar a Anita Hill.

A estas alturas, los «progresistas» demócratas parecían haber contrarrestado con éxito las habilidades maniobreras de los conservadores republicanos y liquidado a Thomas, mediante el descrédito moral y sin ensuciarse visiblemente las manos. El testimonio de la profesora fue, en un primer momento, abrumador. Diez años atrás, cuando era su jefe, Clarence Thomas la había invitado a salir. Y como ella se negó, un buen día comenzó a proferir delante de Anita las peores groserías. Se empeñaba en referirle el contenido de películas pornográficas en las que mujeres de formas ubérrimas copulaban salvajemente con animales y sus propias proezas en la cama. En varias ocasiones, el juez se jactó delante de ella del tamaño de su miembro viril.

La profesora dio su testimonio con delicadeza y desenvoltura, hablando sin que le temblara la voz y sin incurrir en el menor melodramatismo. Aprovechó para recordar que, como ella, millones de mujeres son objeto a diario de vejámenes y ofensas múltiples que, por temor a ser despedidas, no se atreven a denunciar. Ex profesores y compañeros de trabajo de Anita Hill testificaron sobre sus impecables credenciales morales.

Pero también testificaron lo mismo sobre su adversario hombres y mujeres —negros y blancos— que habían estudiado y trabajado con el juez Thomas. Y la acusación de la profesora comenzó a hacer agua cuando los senadores republicanos de la comisión preguntaron a Anita Hill por qué, habiendo sido ofendida de esta forma, había renunciado a su trabajo para seguir a Thomas y continuar colaborando con él en la Oficina para la Igualdad de Oportunidades, y por qué, en los años siguientes, lo había llamado en varias ocasiones simplemente para reiterarle su amistad; por qué lo había dado como referencia a fin de obtener su puesto universitario y, sobre todo, por qué había tardado diez años en denunciar la vejación verbal.

A estas alturas, doscientos millones de norteamericanos participaban ya en la controversia y no se hablaba de otra cosa de un extremo a otro del país. Las encuestas arrojaban sorprendentes resultados. Por ejemplo, la mayoría de los encuestados creían, *al mismo tiempo*, que Clarence Thomas y Anita Hill estaban diciendo la verdad, sin importarles que estas verdades fueran incompatibles.

Y, entonces, el juez Thomas, en una jugada de admirable maestría política (y muy dudosa seriedad moral) denunció ante la comisión que estaba siendo blanco del tradicional racismo antinegro de la sociedad norteamericana y que se pretendía hacerlo víctima de un «linchamiento de alta tecnología». «Linchamiento», «racismo antinegro» son dinamita pura en cualquier parte y, sobre todo, en los Estados Unidos. Y Clarence Thomas, que se ha pasado la vida luchando para que ellas fueran erradicadas del debate político en su país, lo sabía de sobra. Pero no tuvo reparo en agitarlas, así como sus adversarios progresistas no habían vacilado en usar, en su contra, las armas igualmente vitriólicas del supuesto «acoso sexual».

El juez Thomas consiguió lo que se propuso. Pocas horas después de su declaración, en todos los guetos negros de Estados Unidos la gran mayoría de hombres y mujeres se declaraban solidarios con él y contrarios a la maniobra «racista» anti-Thomas. Corolario automático, todas las organizaciones «progresistas» del país moderaron o cancelaron su campaña contra el juez. Éste obtuvo la aprobación del Senado —52 contra 48— gracias a los votos de varios senadores demócratas de los estados donde hay un electorado negro considerable.

Todo esto es bastante sucio. Pero es bueno que el ciudadano común sepa que la suciedad y la vida política están entreveradas sin remedio. Porque sólo si hay una opinión pública consciente de que en la actividad política —en sus victorias y sus derrotas, en sus éxitos y sus fracasos— las maniobras, manipulaciones, intrigas y cosas aún peores juegan un rol importante, hay esperanza de que se produzca un sobresalto ético, una reacción cívica, y quienes más abusan de esos métodos sean penalizados en las urnas, y la decencia, la consecuencia, la autenticidad, se reintroduzcan en el quehacer público como valores dominantes. Esto ocurre, también, aunque por períodos relativamente cortos, es decir, aquellos en que la atención pública se mantiene muy alerta, observando a los políticos.

En muchos países europeos se ha comentado con indisimulado desprecio el espectáculo circense de Clarence Thomas y Anita Hill en el Senado norteamericano. Eso se llama fariseísmo. Pues lo cierto es que, escarbando un poco, no hay democracia, por avanzada que ella sea, que no esconda escorpiones, venenos y dagas detrás de los bellos discursos, de los elegantes rituales, de los respetabilísimos caballeros o damas que ocupan los cargos públicos. Esos bichos y artefactos irrumpen siempre que se trata de la lucha por el poder, una lucha que tarde o temprano suele sacar a la superficie lo peor del ser humano. Que se disimulen, que se guarde las apariencias a la hora de valerse de ellos, no quiere decir que no estén ahí, decidiendo desde las sombras las grandes cuestiones.

Es verdad que los escándalos pueden erosionar el sistema democrático, desencantando a la gente de sus métodos y de sus políticos, y predisponiéndola a los cantos de sirena de los autoritarios y los demagogos. Pero también es muy riesgoso que una democracia viva perpetuamente reprimiéndose, para preservar aquellas formas que —cierto— son la esencia de la civilización, con el pretexto de que hay que separar la vida pública de la vida privada de los políticos (como si fuera tan fácil levantar esa frontera).

Estados Unidos es un país donde el escrutinio a que son sometidos los hombres públicos es el más inmisericorde que existe y de ello se derivan excesos, payasadas y también injusticias. Pero derivan algunas cosas muy positivas para el sistema, de esa implacable vigilancia. Allí no hay íconos, hombres providenciales, salvadores de la Patria, semidioses. En verdad, el político, en una sociedad así, se vuelve un hombre como los demás, y, en cierta forma, más vulnerable y frágil que el promedio. Eso, para la democracia, es sano.

Todo el mundo parece ahora de acuerdo en Estados Unidos en que la designación de los jueces de la Corte Suprema no debe hacerse, como en el caso de Thomas, por meras consideraciones políticas, sino, sobre todo, intelectuales, morales y profesionales. Y, asimismo, en que el acoso sexual es un asunto serio y grave que necesita leyes prontas y firmes que le salgan al encuentro. Y que es imprescindible que haya más mujeres en el Congreso, donde son ahora una pequeña minoría. Si algo de eso se traduce en hechos, el culebrón del Capitolio no habrá estado del todo mal. Un culebrón del que, por una vez, se puede decir con toda propiedad que era como la vida misma.

Berlín, octubre de 1991

BIENVENIDO, CAOS

El Wissenschaftskolleg se halla en un barrio boscoso de Berlín, entre altos árboles, estanques con cisnes y calles tan pulcras que parecen de carta postal. La casa en la que vivo, a quinientos metros del *Kolleg*, la construyó a fines del siglo pasado un arquitecto amante de las simetrías y de Roma: es maciza, rectilínea, con estatuas de guerreros, escudos, águilas de piedra y medallones en latín. Está también dentro de un bosque y con sólo alzar la vista de mi escritorio aparecen a mi alrededor, en las ventanas, todos los bellísimos verdes y amarillos del otoño. Por lo menos una docena de miembros del *Kolleg* viven aquí, con sus familias, pero jamás escucho el menor ruido ni me cruzo con nadie en unos pasillos que algún fantasma debe barrer y lustrar mientras yo duermo, porque siempre están limpísimos. Es verdad, se diría que no hay sitio mejor en el mundo para trabajar. Pero, en las semanas que llevo aquí he aprendido a desconfiar de las apariencias, sobre todo si ellas fingen el orden y la perfección.

La obligación de quienes pasamos el año en el *Kolleg* es proseguir nuestros proyectos particulares y, unas cuantas veces por semana, almorzar juntos. En esos almuerzos me toca a veces al costado un especialista alemán de la caligrafía china del siglo XII, un coreógrafo israelí, un exégeta de Platón, un psicoanalista kleiniano o una antropóloga australiana que investiga la brujería. Pero yo hago siempre toda clase de malabares para sentarme cerca del físico francés que estudia el caos.

Gérard tiene una barbita mefistofélica y una esposa griega simpatiquísima, una lingüista desencantada de las teorías deconstruccionistas de Derrida y Paul de Man. Él también es muy simpático y, aunque trabaja doce horas diarias, hace sus pausas para que vayamos de vez en cuando a la ópera y a los conciertos. Luego, comiendo salchichas o alguna espantosa mezcla de carne con jalea de cerezas, yo lo acoso a preguntas caóticas que él absuelve con paciencia y buen humor.

Cuando me dijo que estudiaba el caos creí que hacía una metáfora. Pero la frase debe entenderse en sentido literal. El tema es vasto, desde luego, y Gérard se aproxima a él por varias vías. Una es la de los juegos infantiles. Muchos de ellos cruzan los siglos y las fronteras, con un puñado de reglas idénticas, como el juego de la rayuela, el juego de las prendas y el juego de la berlina (yo jugué de niño a los tres). Son muy distintos uno del otro pero tienen algo en común, entre ellos y con todos los demás entretenimientos concebidos como un orden estricto, con principio, desarrollo y final: su resultado es siempre imprevisible. No hay operación matemática capaz de determinar de antemano el desenlace, como no la hay, tampoco, en el juego de naipes, el póquer, o cuando, lanzando al aire una moneda, apostamos a ¡cara o sello! Los ordenadores muestran que en todos estos casos lo imprevisible es lo único que se puede prever. La reglamentación inflexible que regula su funcionamiento es una ilusión, una máscara detrás de la cual hay incertidumbre y arbitrariedad. No importa cuán elaborados y complejos sean esos órdenes que inventa el hombre para combatir el aburrimiento, el hambre, la violencia o el miedo, todos son precarios pues la realidad última dentro de la que han sido construidos los desmiente y amenaza: ella carece de organización, de lógica, de una coherencia objetiva que el conocimiento humano pueda aprehender. Sólo en su superficie es la realidad —social o física— un orden. Mientras más penetrante es el análisis que los avances de la ciencia contemporánea permiten en la estructura de la materia orgánica, el espacio sideral o los elementos naturales, más incierto y desconcertante es el territorio que se vislumbra. Así, los científicos de nuestros días, después de tantas décadas de seguridad, en las que la inteligencia humana parecía haber desentrañado el orden que regula el mundo, las trayectorias de la vida, se hallan en una situación parecida a la de aquellos audaces exploradores de los siglos XV y XVI que se aventuraban por los mares convencidos de que iban al encuentro de la confusión, de ese desorden primigenio que el hombre siempre ha poblado de monstruos de pesadilla.

El científico belga Ilya Prigogin, que ganó el premio Nobel de Química en 1977, asegura que Einstein se equivocó cuando dijo que «Dios no jugaba a los dados», es decir, que el universo se regía por leyes anteriores y ajenas a la voluntad humana. Según él, la materia es inestable, el orden físico errático y todas las teorías científicas deterministas, fundadas en la secuencia serial de causas y efectos, van siendo derribadas por las mismas razones que fue derribado el muro de Berlín: porque trataban de contener artificialmente una incontenible libertad que es, también, condición esencial de la naturaleza. Libertad, en el orden físico, significa caos: todo puede ocurrir en él. Los análisis científicos que, valiéndose del cálculo de probabilidades, lo describen, saben ahora que sólo pueden hacerlo parcial y provisionalmente, pues aquellos islotes que exploran están flotando a la deriva en un océano de indeterminación.

En la apasionante conversación que sostuvo con Guy Sorman hace un par de años (*Les vrais penseurs de notre temps*), Ilya Prigogin le dio ejemplos muy gráficos sobre la intervención del azar en el dominio de la química física, el de sus grandes hallazgos. Entre ellos, las «estructuras disipadoras», formaciones que parecen ser una respuesta a la anarquía que las circunda, al caos dentro del cual nacen. Su origen no se puede explicar, pues no surgen de acuerdo a lógica alguna, pero su constitución es rigurosa y coherente; se las llama «disipadoras» porque consumen más energía que las estructuras a las que logran reemplazar. No hay que asustarse demasiado, pues, dice el profesor Prigogin, por la naturaleza caótica de la realidad en la que vivimos. Pues ese caos es capaz de generar espontáneamente organizaciones y estructuras que hacen posible la vida.

Que del caos puede surgir el orden, de manera espontánea, y que la institución así nacida es más eficiente, durable y provechosa para la sociedad que aquellas que el hombre inventa con las pretensión de «planificar» la vida, es la tesis recurrente del más radical de los pensadores liberales de nuestro tiempo, Frederik Hayek. En su último libro, *The Fatal Conceit*, escrito al filo de los noventa años, con el mismo apasionamiento helado y la misma lucidez con que escribió en 1944 su alegato a favor del mercado y la libertad como realidades inseparables, *The Road to Serfdom*, Hayek ataca una vez más aquella «fatídica presunción» de creer que un orden artificial, impuesto desde un poder centralizado, puede atender mejor las necesidades humanas que las acciones individuales, libremente decididas y ejercitadas dentro de ese vasto mecanismo incontrolable e impredecible que es el mercado. A este sistema nadie lo inventó, ninguna doctrina o filosofía lo inspiró: fue surgiendo poco a poco, de las tinieblas supersticiosas y violentas de la historia, igual que las «estructuras disipadoras» de Ilya Prigogin, como una necesidad práctica, para enfrentar la anarquía que amenazaba con extinguir la vida humana.

Sólo las sociedades pequeñas y solitarias pueden ser «planificadas», dice Hayek. Pero no hay mente ni ordenador capaces de anticipar las ambiciones, informaciones y decisiones que pululan en esos enjambres, las sociedades modernas. Y, por lo mismo, no hay gobierno capaz de organizar, armonizar y satisfacer los apetitos de semejante caos. Los que lo han hecho mejor son aquellos que no han pretendido hacerlo y han transferido esa ímproba tarea a la sociedad entera, permitiendo a cada individuo crear, producir y comerciar con un mínimo de trabas, sólo aquellas que evitan que la propia libertad entre en colisión con las de los demás. Y, aunque a los constructivistas —amantes de órdenes artificiales— les parezca una contradicción, la experiencia muestra que son aquellas sociedades que no han temido desafiar al caos, y autorizado los mayores márgenes de libertad en la vida económica y social, las que han prosperado más y, también, las mejor defendidas contra la desintegración.

Que en el ámbito de la ciencia el caos vaya adquiriendo derecho de ciudad no debería sorprender a alguien que escribe y lee novelas. Pues ésta es una actividad incomprensible si no se tiene conciencia o, por lo menos, la sospecha, en torno nuestro, de aquel abismo tenebroso. ¿Qué nos dan el *Quijote, Guerra y paz, La montaña mágica?* Un placer que no es solamente el de una vida múltiple y sutil, de peripecias intrigantes y personalidades seductoras, sino, también, el de un orden riguroso. Ese alivio que significa estar pisando firme en una tierra conocida, donde todo tiene un principio, un medio y un fin, y donde con una mirada envolvente podemos conocer las causas y los efectos de los hechos humanos, divertirnos con los actos y juzgar las motivaciones secretas que los inspiran, ennoblecen o degradan. La vida que vivimos no es nunca así. Jamás conocemos el mundo real tan al detalle y de manera tan completa como esos que fingen las novelas. Para eso las escribimos y las leemos, desde hace tanto tiempo: para vivir, en el sueño en el que ellas nos sumergen, esa ilusión de congruencia que el mundo real nunca nos da.

El orden que crea la literatura es benigno y bienhechor, como el de ciertas filosofías —no el de todas, claro está—, o el de las artes, o el del sistema democrático, o el del mercado. Porque gracias a ellos podemos defendernos del caos, poniéndolo al servicio de nuestra tranquilidad y bienestar. El orden que inventan las religiones es de sesgo más ambiguo; sirve en algunos casos para sujetar la bestialidad humana dentro de ciertos límites y reducir la violencia social, y en otros para legitimarlas y aumentarlas, como lo ha comprobado mi amigo Salman Rushdie que cumple, precisamente hoy, mil días en la clandestinidad por la *fatwa* de los fanáticos musulmanes que lo condenaron a muerte.

Otros fanáticos andan sueltos también por Europa en estos días, tratando de crear órdenes sociales tan peligrosos y estúpidos como el de los fundamentalistas islámicos, allá en el Medio Oriente. Salen a dar caza al turco, al gitano, al judío, al árabe, al que tiene otro color de piel o habla una lengua distinta. El «extranjero» ha sido siempre el enemigo para el hombre de espíritu tribal, para el primitivo que vive en el pánico perpetuo de las tinieblas exteriores, de lo desconocido y diferente. Que estos grupos racistas y xenófobos sean minoritarios y que merezcan el repudio de la inmensa mayoría no debería tranquilizar a nadie. El fascismo, el nazismo, el comunismo fueron eso, al principio: pequeñas bandas de inspirados, convencidos de una verdad tan contundente que podía ser inculcada a todo el mundo a sangre y fuego. Para que este mundo promiscuo y desordenado fuera, por fin, justo y perfecto.

«Qué pretensión tan absurda», me dice mi amigo Gérard. «Quieren convertir la realidad en un mecanismo de relojería y ni siquiera podemos predecir la lluvia o el sol con una semana de anticipación». Porque la ciencia de los meteorólogos da apenas para saber lo que ocurrirá con el tiempo los próximos cuatro días. Después, ya no hay certeza: tal vez un huracán que arrebate de un manazo las hojas doradas de los tilos del barrio de Grunewald o un calorcito voluptuoso como el de esta mañana. O, quién sabe, un segundo diluvio bíblico que disipe a trombas de agua y viento las dudas que aún tienen algunos sobre si la vida es caos.

Berlín, noviembre de 1991

SAUL BELLOW
Y LOS CUENTOS CHINOS

En 1957 el escritor chino Wang Meng publicó un cuento que el Partido encontró sospechoso de revisionismo. Enviado a reeducarse a un campo de trabajo forzado y prohibido de escribir, Meng fue rehabilitado en 1978. Veinte años de ostracismo no debilitaron su fe comunista ni su vocación literaria, pues, al recuperar la libertad, siguió escribiendo cuentos, que lo hicieron muy popular, y reanudó su militancia. En 1986, el Partido lo nombró ministro de Cultura, cargo que ejerció hasta 1989. Luego de los sucesos de Tiananmen, Meng fue una de las víctimas de la gran purga contra los intelectuales que se mostraron tibios y no aprobaron calurosamente la matanza. Perdió su ministerio, pero —indescifrables manes del jeroglífico político que es China— conservó su sitio en el Comité Central. Los rumores que hacen las veces de información en la tierra de Mao dicen que Wang Meng forma parte de aquella minoría «revisionista» del Partido que espera calladamente su momento para lanzar una ofensiva contra los «ultras» que la derrotaron en 1989.

¿Se halla esta contraofensiva antiortodoxa a punto de estallar? Parecería. Y los síntomas que la anuncian pasan, como es frecuente en los países comunistas, por la literatura. Wang Meng publicó a principios de 1989 un cuento titulado *Dura avena*. En él, un anciano de espíritu emprendedor decide que su familia se ponga a la altura de los tiempos, modernice sus costumbres y, en vez de tomar un plato de avena al levantarse, según la vieja usanza local, desayune como los occidentales. La innovación, sin embargo, trae múltiples contratiempos a los protagonistas, quienes, al fin del relato, retornan a la «dura avena» del título.

Año y medio después de aparecido el relato, en septiembre de este año, la publicación cultural *Wen Yi Bao*, controlada al parecer por el grupo «ultra», publicó un violento ataque contra el cuento de Wang Meng, acusándolo de un crimen mayor: criticar alegóricamente en los vericuetos de su trama gastronómica las políticas de Den Xiaoping. Los adivinadores —los corresponsales de prensa— interpretaron que un ataque de esta índole era impensable sin el visto bueno o las órdenes del actual ministro de Cultura, considerado un «ultra» intransigente, He Jingzhi. Dedujeron de todo ello que se avecinaba una nueva purga contra los artistas e intelectuales indomesticados.

Pero ocurrió algo distinto. Wang Meng hizo circular un documento que habría hecho llegar a todos los miembros del Comité Central, defendiendo su cuento, y, como si esto fuera poco, decidió querellarse legalmente contra *Wen Yi Bao*, exigiendo reparaciones y excusas públicas. Considerando que en toda la historia del comunismo chino nunca nadie se atrevió a meter juicio a una publicación del Partido, sólo cabían dos explicaciones: Meng había perdido la razón o contaba con sólidos apoyos en la burocracia partidaria. Esta última tesis ganó fuerza en los últimos días pues se dice que un tribunal ha acogido la querella y varias publicaciones, en Beijing y el interior de China, se han atrevido a mencionarla.

A mí la historia de *Dura avena* y Wang Meng me ha devuelto el optimismo. La leí, en una crónica del corresponsal de *The New York Times* en Beijing, Nicholas D. Kristof, luego de participar con Saul Bellow en un diálogo sobre la cultura en el mundo moderno que me dejó muy deprimido. Aunque no todas las ideas de Bellow sobre el tema me convencieron, muchas de ellas parecían morder en carne viva y describir una descomposición tal, en el arte, el pensamiento y la literatura de los países occidentales, para la que era difícil imaginar el remedio.

En Estados Unidos hay buenos escritores e intelectuales importantes pero, a diferencia de lo que sucede en Francia o Italia, por ejemplo, rara vez coinciden ambos en una misma persona. Los «creadores», de Melville a Hemingway o Faulkner, suelen ser hombres de acción, alejados y muchas veces desdeñosos de la Universidad, en la que acostumbran vivir acuartelados, lejos del ruido mundanal, los «pensadores». Son raros los casos de novelistas o poetas que, de manera paralela, hayan ejercido una destacada función intelectual, como ideólogos políticos, filósofos, críticos literarios o historiadores culturales. Saul Bellow es una de esas excepciones.

Toda su obra es una apasionada exploración del mundo de las ideas, que han colmado su vida como colman la de sus personajes, el más célebre de los cuales, el desbaratado humanista Valentin Gersbach, de *Herzog*, es precisamente la exacerbación tragicómica de la condición de intelectual. Como Gersbach, Bellow ha visto en la obra de ciertos pensadores y artistas el derrotero de la civilización, las fuerzas motrices de un largo proceso de humanización de la vida, en el que el hombre ha ido superando el estado de naturaleza, adquiriendo una conciencia moral y una sensibilidad estética que lo preservan contra la barbarie. Y, como el héroe de su novela, ha dedicado parte de su vida, también, a promover entre las nuevas generaciones la lectura de esos grandes clásicos en cuyas páginas encontraron los hombres razones y ánimo para superar los prejuicios que pasaban por ciencia, los fanatismos disfrazados de religión y los estereotipos o supersticiones que hacían las veces de conocimiento. Pero, a diferencia de Valentin Gersbach, a quien la vida real escarmienta de manera tan severa por identificarla con la vida de las ideas, hubiera podido pensarse que a Saul Bellow la historia presente, en vez de desmentirlo, más bien lo había confirmado.

Luego de la desintegración de la URSS y del sistema que ella encarnaba ¿no ha quedado el tipo de sociedad representado por Estados Unidos como el único vigente en nuestros días? Y éste es el modelo de sociedad que, aunque sin retacearle objeciones y críticas, y algunas muy duras, Bellow defiende desde hace por lo menos treinta años como el menos malo, el más flexible y mejorable, y el heredero de la mejor tradición de la humanidad. Para llegar a estas conclusiones, Bellow debió romper él mismo muchas camisas de fuerza, religiosas y culturales. La primera, la de la propia familia de judíos ultraortodoxos, emigrados de Rusia a Canadá y luego a Chicago, reacios a asimilarse a la vida norteamericana, que lo enviaron a los cuatro años a una escuela rabínica para hacer de él un rabino. Y, después, la de los que ha llamado los «tres tiranos» de su juventud y temprana madurez: Marx, Lenin y Freud.

En la Universidad de Chicago, Bellow ha dado por muchos años un curso sobre obras maestras de la literatura que se ha hecho famoso. Ha sido su manera de hacer la revolución, la única en la que cree: la que tiene su raíz en el espíritu y en la imaginación, e irriga desde ese impalpable centro todas las otras actividades humanas. Y nada ha contribuido tanto a enriquecer la vida y a atajar el salvajismo y la insensatez que también forman parte de lo humano, según él, como las grandes creaciones literarias. Y principalmente las clásicas, las que, desde la antigua Grecia y Roma, el Renacimiento y la Edad Media, han pasado todas las pruebas y llegan hasta nosotros robustecidas por aquellas culturas intermedias que las heredaron, reinterpretaron y actualizaron. Ellas constituyen el hilo conductor de la civilización.

El pesimismo actual de Bellow se debe a que, en su opinión, ese hilo ahora se ha roto y la inteligencia tiene una vida muy precaria en nuestros días. Estados Unidos puede haber quedado sin rivales en los dominios militar y político, pero, culturalmente, es un gigante con pies de barro. Los productos seudoculturales de consumo masivo —aquellos que se quiere hacer presentables con la etiqueta de «cultura popular» pero que constituyen una forma innoble y chabacana de la invención humana— han desplazado casi por completo a los genuinamente creativos.

Hay un riesgo grande de desintegración en Estados Unidos, por obra del particularismo étnico y las exigencias de las llamadas minorías —raciales, religiosas, sexuales, culturales— que, en vez de aceptar la asimilación, quieren una vida propia, independiente y protegida, y en permanente antagonismo contra las de los demás. La educación, antaño el factor integrador por excelencia de la sociedad norteamericana y la punta de lanza de su progreso, ahora es más bien uno de los más activos instrumentos de su decadencia y empobrecimiento.

La universidad ha abdicado de su obligación de defender la cultura contra las imposturas. Cierto, sus departamentos técnicos y científicos siguen formando buenos especialistas, profesionales eficientes aunque ciegos para todo lo que está más allá de los confines de su cubículo de saber. Pero las humanidades han caído en manos de falsarios y sofistas de todo pelaje, que hacen pasar por conocimiento lo que es ideología y por modernidad al esnobismo intelectual, y que desinteresan o disgustan a los jóvenes de la vida de los libros. Por culpa de los fariseos del exterior y los filisteos de adentro, la gran tradición clásica de la literatura y la filosofía que hizo posible la sociedad liberal moderna, agoniza dulcemente en los campus de impecables jardines y repletas bibliotecas de la academia norteamericana.

Saul Bellow prologó el libro de Allan Bloom *The Closing of the American Mind* (1987), tremendo alegato escrito para mostrar, en palabras de su autor, «cómo la educación superior ha traicionado a la democracia y empobrecido el alma de los estudiantes de nuestros días», y, aunque él asegura que discrepa en muchos temas con Bloom, las razones de su pesimismo a mí me parecen muy semejantes a las de este libro. El profesor Bloom reprocha a las universidades norteamericanas lo que Julien Benda a los intelectuales de su tiempo en *La trahison des clercs*: haber vuelto la espalda a la tradición clásica, sustituido el culto y el estudio vivificante de los grandes pensadores y artistas del pasado por los ídolos fraudulentos de una supuesta modernidad. Y haber entronizado en los claustros un relativismo ético y estético en el que todas las ideas se equivalen, para el que ya no hay jerarquías ni valores.

Si las obras literarias sólo remiten a otras obras, no a la vida de su autor, ni a la historia, ni a los grandes problemas morales o sociales o individuales, y no tiene sentido juzgarlas como buenas o malas o profundas o banales, sino como distintas manifestaciones de una forma proteica y poco menos que autosuficiente, que vive y se reproduce al margen y sin un comercio visceral con lo humano, ¿para qué leerlas? ¿Para entregarse, a partir de ellas, a esas pulverizaciones textuales, a esa prestidigitación esotérica, a ese juego de espejos retórico que es hoy día la crítica académica? ¿Cómo podría sobrevivir la auténtica literatura entre los artefactos cretinizantes de la industria seudocultural que copan el mercado y la cháchara antihumanista de los universitarios? ¿Quién se creerá, en un mundo así, que los poemas ayudan a vivir, que las novelas desvelan las verdades escondidas, que gracias a la gran literatura la vida no es mucho más violenta o triste o aburrida de lo que es?

¿Cómo, quién? Los mil doscientos millones de chinos, por supuesto. Ellos saben que la literatura es una de las cosas más importantes y peligrosas del mundo; a ellos ningún sofista les meterá el dedo a la boca. Si no lo fuera ¿se habría pasado veinte años en un campo de trabajos forzados el pobre Wang Meng por escribir *un cuento*? ¿Habría provocado el tumulto que he descrito ese relato de pocas páginas, *Dura avena*, si la literatura no fuera dinamita pura en manos de un buen escritor? Ellos saben que la literatura está envenenada de vida, que ella es un buen sitio para ir a respirar cuando el aire se enrarece y el mundo se vuelve asfixiante, que ella es una demostración irrefutable de que esta vida que vivimos es insuficiente para aplacar nuestros deseos y, por lo mismo, un acicate irresistible para luchar por otra distinta. También lo saben los iranios, pues, si no fuera así, ¿qué hace escondido ya mil doce días Salman Rushdie para que no lo ejecuten los fanáticos? Y lo saben muy bien los cubanos, pues, si la poesía no fuera algo esencial, ¿para qué habría mandado Fidel Castro a sus matones de las «Brigadas de acción rápida» a que golpearan con ese salvajismo a la poetisa María Elena Cruz Varela, en su propia casa, hace tres días?

Es cierto, la libertad, el mercado, el desarrollo económico, que traen tantos beneficios a los hombres, trivializan a menudo la vida intelectual y prostituyen no sólo su enseñanza, sino el ejercicio mismo de la literatura. A quienes escribir y leer poemas y ficciones es tan indispensable como beber agua, eso nos parece algo terrible. En realidad, no lo es. No para la gran mayoría. Ella puede sobrellevar muy bien la vida sin literatura y aplacar su apetito de irrealidad en el basural televisivo o la prensa del corazón. La moderna sociedad democrática consta de unos mecanismos a través de los cuales pueden discutirse y criticarse los grandes asuntos sin pasar por la poesía, el teatro y la novela. Es esta realidad la que ha contribuido a hacer de la literatura, en aquellas sociedades, un mero entretenimiento o un esnobismo de exquisitos, es decir, a restarle ambición, profundidad y vitalidad al quehacer literario.

Afortunadamente, hay todavía algunos Deng Xiaopings, Fidel Castros, ayatolás, Kim il Sungs y congéneres, sueltos por el mundo. Se han empeñado en bajar el cielo a la tierra y, como todos los que lo han intentado, crearon sociedades invivibles. En esos pequeños y sórdidos infiernos donde reinan, la literatura reina también, a pesar —o, más bien, gracias a— los comisarios y censores, con sus espejismos tentadores y sus tiernas imágenes, como la portadora de soluciones para los problemas, como la espléndida mentira de una vida que algún día vendrá.

Berlín, noviembre de 1991

¿DIOS O LA ESPADA?

A comienzos de los años sesenta, en París, formé parte de unos grupos que apoyaban al Frente de Liberación Nacional en su lucha por la independencia de Argelia. Los había organizado Francis Jeanson, un ensayista y profesor de filosofía, colaborador de Sartre en *Les Temps Modernes*. Me vinculó con ellos mi amigo François, con quien seguíamos, como alumnos libres, los cursos del tercer ciclo que dictaban en la Sorbona Lucien Goldman y Roland Bartres. François era, como yo entonces, un sartreano convicto y confeso, y, para no servir en Argelia, en las filas de un Ejército colonial, había ayunado hasta contraer una tuberculosis. De esa resistencia «pasiva» pasó a la activa, militando en los *reseau* de Jeanson.

No sé exactamente lo que él hacía en ellos, pero lo que a mí me confiaban no tenía nada de heroico: guardar, por unos días, en mi departamento, unas cajas con folletos y volantes de propaganda y conseguir otros escondites, en casas de amigos. Una vez François me preguntó si podía alojar por una noche a un argelino. Acepté pero el hombre no apareció. De modo que no creo haber visto en todo ese tiempo la cara de un solo resistente.

Nunca he lamentado esa mínima colaboración con el FLN. Los traumáticos trastornos que la historia contemporánea ha causado en las ideologías y en los valores políticos no ha restado un ápice de solvencia al anticolonialismo, que debe figurar entre los principios claves de la democracia. Defender el derecho de las naciones a su propia soberanía —a organizarse y decidir su destino— me parece, hoy, una causa tan digna como hace treinta años, aun cuando, ahora, sea más lúcido sobre las enormes limitaciones que el subdesarrollo y la pobreza imponen a la noción de independencia (reduciéndola en muchos casos a mera caricatura).

Todo esto viene a cuento de una muy interesante discusión, en la que me tocó participar, en el Wissenchafstkolleg de Berlín, sobre los recientes sucesos en Argelia. Allí, como es sabido, un golpe militar interrumpió un proceso electoral democrático, en el que, en primera vuelta, los fundamentalistas islámicos obtuvieron una abrumadora victoria (188 escaños, sólo 28 menos de la mayoría absoluta, que el FIS habría alcanzado con facilidad en la segunda vuelta, el 16 de enero, si los militares no la hubieran impedido). Las cancillerías occidentales, de Washington a París, de Madrid a Londres, disimularon apenas el alivio que significó para ellas la intervención militar. Luego de rápidas declaraciones etéreas sobre las bondades de la democracia, los gobiernos europeos y el norteamericano guardan discreto silencio sobre el *putch,* pues les parece el mal menor. No son los únicos. En la propia Argelia, sectores sociales secularizados, y sobre todo muchas mujeres a quienes espanta la idea de una dictadura de fanáticos religiosos, que impondría la ley coránica y trataría de retroceder la sociedad argelina a la Edad Media, se resignan al cuartelazo como algo más llevadero que aquella barbarie.

Ésta era también la opinión de muchos colegas del Wissenchaftskolleg que participaron en el debate. Librarse de una dictadura militar, sostenían, es más fácil que poner fin a un sistema religioso-totalitario tipo Irán o Sudán, en el que todos los mecanismos democráticos quedarían abolidos al mismo tiempo que se restablecerían los castigos corporales —cortar la mano del ladrón, lapidar a la adúltera, azotar al que bebe alcohol—, se entronizaría una censura cultural y política asfixiante, el espionaje y la delación generalizados y una represión inmisercorde al menor síntoma de disidencia. De la dictadura militar, en cambio, sólo cabe esperar nuevas dosis de esa corrupción que ya practicó, sin remilgos, el FLN en sus treinta años de monopolio del poder. Lo que debilitará pronto al régimen y abrirá, en un futuro acaso cercano, una nueva ocasión al pueblo argelino de elegir la libertad.

Mi amigo Gabriel y yo les recordamos que esta oportunidad la tuvo, precisamente, el pueblo argelino el 26 de diciembre de 1991, en la primera vuelta de los comicios legislativos —los más libres y abiertos que se hayan celebrado jamás en un país árabe— y que su elección fue inequívoca: entre 49 partidos que competían, muchos con programas democráticos, una abrumadora mayoría de votantes escogió al FIS. Y que, al verse burlada por los tanques, la adhesión popular al movimiento integrista islámico se fortalecerá y extenderá bajo la dictadura castrense. ¿Habría, pues, que justificar una perpetua dictadura militar en Argelia para librar a los argelinos de la opresión integrista que una mayoría desea?

Esto sólo puede sostenerlo quien cree que la democracia consiste en votar siempre *bien*, por opciones que refuerzan y regeneran el Estado de Derecho, y que, como la democracia es el sistema mejor, o el menos malo, debe incluso imponerse por la fuerza a las naciones, hasta que éstas se vuelvan democráticas. En verdad, no ocurre así. Por el contrario, una de las razones por las que las sociedades árabes son tan alérgicas a las prácticas democráticas es que muchas de ellas asocian el pluralismo, el parlamentarismo, la libertad de prensa, la alternancia en el poder a las potencias colonizadoras que antaño las tuvieron subyugadas. Lo que sirve de maravilla a los demagogos que predican el nacionalismo o el fundamentalismo religioso en nombre de la tradición propia, de la cultura aborigen que los invasores europeos quisieran pervertir. No sólo las masas ignorantes y enajenadas por el hambre y la explotación son sensibles a estas falacias; estamos viendo, y muy cerca, cómo pueblos muy bien comidos, bebidos y leídos se dejan embaucar por ellas.

A esas sociedades árabes mi amigo Gabriel las conoce al dedillo, pues las estudia desde que era adolescente, con esa constancia y minucia que revelan un profundo amor. Sobre todo, a Sudán. Cómo llegó Gabriel a convertirse en especialista en este desdichado país, víctima hoy de una de las más crueles formas de despotismo, es una historia que me maravilla. La he ido conociendo gracias al helado invierno de Berlín, que nos echó de los parques donde solíamos correr y nos confinó en un pequeño gimnasio en el que, tres veces por semana, sudamos la gota gorda juntos.

Recién graduado, Gabriel se presentó, en Oxford, a la cátedra de Bernard Lewis: quería hacer sus estudios de postgrado sobre Egipto. Pero el célebre arabista lo persuadió de que investigara, más bien, el Sudán, sobre el cual la Universidad acababa de adquirir una impresionante masa de documentos. Treinta años después, Gabriel es tal vez la persona que mejor conoce en el Occidente la historia, la cultura y la problemática de ese país. Los gobiernos lo consultan, la cátedra y la revista a su cargo le han ganado renombre internacional. Sus libros versan sobre problemas políticos, pero también la etnología, el folclore, la diversidad étnica, los matices del árabe y la geografía sudanesa. En una conferencia que le oí, hace algunos meses, sobre la aplicación de la *sharia* por el presidente Jaafar al-Numayri (que se inauguró, en 1983, vaciando todas las botellas de whisky y demás bebidas alcohólicas que existían en Sudán en las barrosas aguas del Nilo), su enciclopédico conocimiento del paisaje, los accidentes naturales, la historia y los métodos productivos de las pequeñas aldeas perdidas en los desiertos, indicaban que aquel profesor se había pasado allí toda la vida, oliendo, tocando y escrutando cada pulgada del país de sus amores.

Pero Gabriel no ha puesto nunca los pies en el Sudán. Y, como judío e israelí, es muy probable que no vea nunca con sus ojos aquel mundo al que ha dedicado sus noches y sus días a estudiar. Me imagino que esta perspectiva debe infundirle una nostalgia profunda. Me cuenta que, a veces, en los congresos, o en sus viajes, celebra clandestinos encuentros con colegas sudaneses que, tomando inmensas precauciones —a veces, incluso, disfrazándose—, se arriesgan a entrevistarse con él, para discutir por unas horas eruditos asuntos de religión o de filología.

Su tesis es que, si los países árabes rechazan, en elecciones libres, la democracia representativa por regímenes integristas islámicos, esa decisión debe ser respetada. Yo también lo pienso así. Es una decisión lamentable, desde luego, que acarreará terribles sufrimientos a esos pueblos, pero es a éstos a quienes corresponde sacar las consecuencias del caso y corregir el daño, no a las democracias occidentales. Éstas tienen la obligación de impedir que aquellas dictaduras mesiánicas violenten el derecho internacional, ocupando a sus vecinos, como hizo Iraq con Kuwait, y, sobre todo, de no apoyar económica o militarmente a esos regímenes. Pero no tienen derecho a prohibirle, a pueblo alguno, por primitiva y terrible que parezca su elección a la hora de votar, el régimen político que quiere darse.

Es verdad que, en la inmensa mayoría de los países árabes, no hay manera de saber cuál es la verdadera voluntad de los electores, porque, o nunca hay elecciones o, cuando las hay, son una farsa, como las que organizan ritualmente Sadam Husein o Muammar el Gaddafi. En otros países árabes, de gobiernos más presentables, como Egipto o Marruecos, la manipulación electoral se hace de manera menos burda, con elegancia mexicana. Pero las elecciones argelinas del 26 de diciembre de 1990 fueron una excepción a la regla. Aunque atolondrado y muy corto, el país vivió, en la última etapa del presidente Chadli Benjedid, un auténtico proceso de apertura y una campaña electoral de veras libre en la que pudieron rivalizar todas las ideas.

La democracia es una anomalía en la historia de las naciones. La tradición de todas ellas es la de la violencia, la prepotencia y la arbitrariedad. Eso ocurre bajo el Islam y ocurría bajo la Cruz y también bajo esa forma moderna de religión dogmática representada por la Hoz y el Martillo. Algunos pueblos han roto con aquella tradición a través de un largo proceso económico y cultural, como Inglaterra o Francia, y, otros, gracias a más cortas pero feroces experiencias, como Alemania, o las sociedades que encorsetaba la ex Unión Soviética. Otros tardarán decenas de años o siglos todavía o no abandonarán nunca aquella tradición de estirpe intrínsicamente religiosa. La democracia es imposible sin un avanzado proceso de secularización, que, como ha ocurrido en Europa o en América Latina —donde el arraigo de la cultura democrática, aunque iniciado, es aún precario— disocie el poder político del religioso.

En los países mayoritaria o totalmente musulmanes la secularización no existe o está en pañales. Y al amparo de una religión dogmática y omnipresente en todas las manifestaciones de la vida, es inevitable que prosperen las dictaduras, expresión natural de aquella manera de pensar y creer. El cristianismo no fue menos dogmático y omnipresente que el islam y, sin la reforma protestante y lo que ella•trajo consigo —justamente, un irreversible proceso de secularización en Occidente— todavía estaría tal vez quemando herejes, censurando libros impíos y proveyendo una cobertura moral y filosófica para el absolutismo de los príncipes.

El aprendizaje —o, más bien— la creación de esa preciosa libertad, que ahora es también patrimonio de rusos, letones, ucranianos, bolivianos, nicaragüenses, españoles o polacos, ha costado a esos pueblos formidables sacrificios. Gracias a ellos fueron descubriendo la mejor manera, no de ser más felices, sino de ser menos infelices, a través de un sistema, que, pese a sus enormes deficiencias, por su debilidad misma frente al individuo, es el más apto para reducir la violencia, garantizar la coexistencia y crear oportunidades de prosperidad. Por eso se aferran a él ahora, aun cuando estén descubriendo que los beneficios de la democracia tardan en llegar y exigen, también, grandes esfuerzos. Cuando el pueblo argelino descubra, en la sangre, el sudor y las lágrimas, esta grisácea verdad comprenderá tal vez que no son los imanes intolerantes armados del libro sagrado y vociferando contra los sacrílegos los que le resolverán los muy terrestres problemas que enfrenta. Sólo entonces será propicia Argelia para esa libertad que tan resueltamente rechazó en las urnas.

Berlín, febrero de 1992

RUIDO DE SABLES

Cuando el sha fue derrocado y se instaló en Irán el régimen de los ayatolás, hubo un suspiro de satisfacción en el mundo: había caído un tirano y nacido un gobierno popular. Pocos se percataron en ese momento de una incómoda verdad. Que la razón decisiva para el levantamiento del pueblo iraní contra Rehza Palevi no fue su megalomanía y sus locos dispendios, ni la corrupción, ni los crímenes de la SAVAK, su siniestra policía secreta, sino la reforma agraria encaminada a acabar con el feudalismo y transferir las tierras de la Iglesia a una masa de nuevos propietarios y sus esfuerzos por occidentalizar Irán, emancipando a la mujer y secularizando parte de la vida pública. Fueron estas medidas las que exacerbaron a los imanes, quienes convirtieron a todas las mezquitas en centros de rebelión contra el «sacrílego» y el «impío». El sha no cayó por los muchos males que causó a su pueblo sino por las cosas buenas que intentó.

Algo parecido hubiera podido decirse del presidente Carlos Andrés Pérez si la tentativa golpista del 5 de febrero hubiera tenido éxito. No menos megalómano y dispendioso que el último sha, Carlos Andrés Pérez gobernó entre 1974 y 1979, en medio de una corrupción indescriptible, llevando el populismo, ya firmemente enraizado en Venezuela, a extremos de delirio: nacionalizaciones —entre ellas la del petróleo—, subsidios masivos, reglamentarismo e intervencionismo generalizado en la vida económica, inversiones astronómicas del Estado para crear una industria nacional y fuertes barreras aduaneras para protegerla contra la competencia extranjera. La política de «sustitución de importaciones» fue aplicada en Venezuela por todos los gobiernos, antes y después de este primero de Carlos Andrés Pérez, pero en ninguno alcanzó los excesos vertiginosos que con él. El control de precios por la burocracia política no sólo concernía a los llamados «productos sociales», como el pan y las medicinas, sino incluso al papel higiénico, y a las tazas de café, que el gobierno decidió, en esos años, que tuviera dos tarifas: una, si se tomaba de pie y otra si sentado...

Esa forma degenerada y perversa del capitalismo que es el *mercantilismo* la ha vivido Venezuela de manera más intensa que ningún otro país latinoamericano, en gran parte por culpa de la política de Carlos Andrés Pérez entre 1974 y 1979. Sus sucesores no la enmendaron; socialcristianos y adecos discrepaban en muchas cosas, pero los dos grandes partidos venezolanos parecían convencidos de que siempre habría suficiente oro negro en las entrañas del país, y bastantes créditos en los bancos extranjeros, para seguir subsidiando industrias artificiales, la ineficiencia de los monopolios y oligopolios que enriquecían de manera extravagante a un puñado de empresas e individuos con influencia, la gasolina barata, el pan barato, las medicinas baratas, es decir el miliunanochesco despilfarro y la efervescente corrupción congénitas a este sistema.

Cuando el barco comenzó a hacer agua, el pueblo venezolano, muy mal educado políticamente, ¿a quién volvió los ojos como opción salvadora? ¡A Carlos Andrés Pérez! Quedaba, sin duda, en la memoria colectiva una fuerte nostalgia de aquellos años pródigos de su primer gobierno, los de la Venezuela saudita, donde había tanto para repartir que a cada grupo de presión en el país le llegaba una prebenda, algún privilegio. Habilidoso hasta los tuétanos, en su campaña electoral Carlos Andrés Pérez se guardó muy bien de decir lo que pensaba hacer en su segundo gobierno. Sólo habló, prudentemente, de la necesidad de «modernizar al país».

Lo que hizo, ya en el poder, fue lo único que puede hacerse con un organismo al que el exceso de droga o de alcohol han puesto a orillas de la muerte: una desintoxicación radical. Y, como ocurre con los síntomas de retiro del intoxicado, el pueblo venezolano, sorprendido de la noche a la mañana con la tremenda subida del costo de vida que trajo el plan de estabilización —la desaparición de los subsidios y la liberación de los precios— sufrió un verdadero trauma y salió a las calles a protestar y a asaltar tiendas. El resultado: varios cientos de muertos.

Pero el antiguo populista parecía haber aprendido bien la lección de lo ocurrido a su compadre y amigo Alan García, quien estuvo a punto de desintegrar el Perú entre 1985 y 1990 y, pese a la reacción popular —el llamado *Caracazo*— tuvo la responsabilidad de perseverar en el programa de saneamiento de la economía elaborado por el grupo de tecnócratas que llevó al gobierno: redujo el gasto fiscal, inició las privatizaciones, reestructuró la deuda externa de treinta mil millones de dólares y obtuvo para ello el apoyo entusiasta del Fondo Monetario y el Banco Mundial.

Los resultados de esta política sensata (aunque insuficiente) han sido ya positivos, gracias a los inmensos recursos de que Venezuela está dotada. Aunque la inflación se ha mostrado rebelde —34% para 1991— el crecimiento de la economía fue el año pasado uno de los más altos del mundo: cerca del 10%. ¿Por qué, entonces, esa pasividad o, incluso, secreta simpatía de tantos venezolanos con los militares *putchistas*? ¿Por qué no salieron en masa a defender la democracia cuando vieron los tanques en las calles, como lo hicieron en otras oportunidades? La respuesta a estas preguntas entraña una importante lección para los otros países de América Latina que, al igual que Venezuela, han comenzado en estos años a tratar de corregir varias décadas de desvaríos políticos y económicos.

La primera conclusión es que la picardía criolla de los politicastros profesionales no sirve para hacer una reforma liberal en democracia. Pasar de una economía enajenada por el subsidio y los controles a una libre tiene un alto costo social que no puede imponerse por sorpresa —con nocturnidad y alevosía— sin que ello genere tremendas explosiones de descontento y frustración. Ni el pueblo venezolano ni pueblo latinoamericano alguno tiene la suficiente cultura política —impregnado como está de demagogia y prácticas populistas desde hace muchas décadas— para comprender que no hay otra solución, si quiere salir del embrollo en que sus gobernantes anteriores lo pusieron, que los sacrificios que ahora le inflige el actual (sin haberlo prevenido ni haberle pedido un mandato para ello). Ello requiere de los gobernantes, no picardía y tretas, sino docencia y transparencia para con los electores desde la campaña electoral.

Esto es importante por razones de principio —en una democracia un presidente no es elegido para que haga lo que le dé la gana sino para que ponga en práctica aquella política que fue convalidada por el voto—; y, también, porque una reforma liberal tiene muchas posibilidades de frustrarse si ella se ve enfrentada a la oposición resuelta de aquellos sectores de la población a quienes se les piden los mayores esfuerzos para que ella tenga éxito.

La segunda conclusión es que una «reforma liberal», si se limita, como en Venezuela —o Argentina, México, Bolivia, Perú, etcétera— a combatir la inflación, bajar las tarifas, reducir el gasto público y estimular las inversiones, sin remover las barreras que mantienen discriminada a una mayoría de la población, impidiéndole el acceso a la propiedad y al mercado, puede fortalecer la moneda, equilibrar el presupuesto, elevar la producción, pero sus beneficios se confinarán en sectores muy minoritarios, en tanto que la mayoría recibirá sólo migajas (y a veces ni siquiera eso) del saneamiento y desarrollo de la economía del país.

Por eso, sin transformaciones profundas de estructura, que extiendan la propiedad privada y den acceso a la empresa y a la iniciativa económica dentro del sector legal a quienes los sistemas mercantilistas imperantes han privado de todo ello, serán reformas «liberales» con pies de barro, pues no habrán hecho avanzar un ápice aquella justicia social —la igualdad de oportunidades— que es, junto con la libertad política y la economía de mercado, principio básico de una democracia liberal. En ningún país de América Latina —con la excepción, tal vez, de la Reforma Previsional chilena de José Piñera— ha habido alguna privatización de empresas públicas que, como aquellas que se hicieron en Gran Bretaña bajo el gobierno de la señora Thatcher, permitieran a millones de obreros y empleados de esas mismas empresas volverse sus accionistas.

Dentro de esas reformas olvidadas por los flamantes gobiernos «liberales» de América Latina se halla la moralización. Ninguno de ellos ha tenido la entereza de sancionar a quienes, al amparo del poder político, se enriquecieron, pillando descaradamente los recursos públicos y abusando hasta la náusea del tráfico de influencias. Los antiguos ladrones siguen allí, nadando en la abundancia, exonerados de toda culpa por indignos Parlamentos o Cortes Supremas corrompidas, haciendo tiempo para volver al gobierno si la amnesia y la estupidez humana lo permiten (en Venezuela lo permitieron).

Este espectáculo no es el más adecuado para mantener la confianza de un pueblo en sus gobernantes y en el sistema democrático, en la hora difícil de una transición hacia la economía de mercado, sino, más bien, para desalentarlo e inducirlo a abrir las orejas ante quienes, como el novísimo aspirante a dictador de Venezuela ahora en la cárcel, le dice que ha llegado la hora de sacar el sable y cortarle el pescuezo de una vez a toda esa recua de políticos civiles que sólo sirven para hacer más ricos a los ricos, más pobres a los pobres y para llenarse ellos mismos los bolsillos.

Desde luego, hay que alegrarse de que el cuartelazo venezolano no triunfara porque, si ello hubiera ocurrido, Venezuela la habría pasado mucho peor. Y fue bueno, también, que Carlos Andrés Pérez recibiera el apoyo inmediato de los gobernantes del resto del Continente. Pero lo importante ahora es que todos ellos tomen nota de la seria advertencia que significa esa terrorífica imagen de la tanqueta embistiendo las puertas del Palacio de Miraflores, pues va dirigida a cada uno de ellos tanto como a Carlos Andrés Pérez. Nuestras democracias son frágiles y los pueblos que las hicieron posibles necesitan ser persuadidos con hechos concretos de las bondades del sistema y de que los sacrificios económicos se hacen en su beneficio, no en el de las pequeñas minorías privilegiadas de siempre. El apoyo popular a la democracia da síntomas de fatiga no sólo en Venezuela. El rumor de los sables desenvainados se escucha en otras partes. La responsabilidad de lo que ocurra, si algo malo ocurre, no será del Fondo Monetario Internacional, sino de quienes, teniendo, como nunca antes, todo en sus manos para cambiar el destino de América Latina, hicieron lo necesario para que éste permaneciera dentro del círculo vicioso tradicional de los tres seudos, los grandes protagonistas de nuestra historia: seudodemocracia, seudocapitalismo y seudorrevolución.

Berlín, febrero de 1992

ARTE DEGENERADO

Una comisión de especialistas, nombrada por el *Reichsminister für Volksaufklärung und Propaganda* de Hitler, Joseph Goebbels, recorrió en 1937 decenas de museos y colecciones de arte por toda Alemania y confiscó unas dieciséis mil pinturas, dibujos, esculturas y grabados modernos. De esa vasta cosecha fueron seleccionadas las 650 obras que parecían más obscenas, sacrílegas, antipatrióticas, projudías y probolcheviques. Con ellas se organizó una exposición titulada *Entartete Kunst* —Arte degenerado— que se inauguró en Múnich ese mismo año y que atrajo multitudes. A lo largo de cuatro años, la muestra recorrió trece ciudades austriacas y alemanas y fue visitada por unos tres millones de personas, entre ellas el propio *Führer*, autor, al parecer, de la idea de esta exhibición destinada a revelar los extremos de decadencia y putrefacción del «modernismo».

El Museo de Arte de Los Ángeles tuvo la idea de recrear aquella muestra y consiguió reunir unas doscientas obras supervivientes, pues los nazis, al terminar la exposición, sólo destruyeron parte de los cuadros. Los demás los vendieron a través de una galería suiza para procurarse divisas. Ahora ha llegado al Alten Museum, de Berlín.

Hay que hacer una larga cola para entrar, pero vale la pena, por las mismas razones que vale la pena sepultarse unos días en los sólidos volúmenes que don Marcelino Menéndez y Pelayo dedicó a los heréticos, apóstatas e impíos de la España medieval y renacentista: porque en esos «heterodoxos» estaba la mejor fantasía creadora de su tiempo. Los amanuenses de Goebbels eligieron con un criterio poco menos que infalible. No se les escapó nadie importante: desde Picasso, Modigliani, Matisse, Kandinsky, Klee, Kokoshka, Braque y Chagall hasta los expresionistas y vanguardistas alemanes, como Emil Nolde, Kirchner, Beckmann, Dix y Käthe Kollwitz.

Y algo parecido puede decirse de los libros, las películas y la música que el Tercer Reich quemó o prohibió y a los que la exposición dedica tambíén algunas salas: Thomas Mann, Hemingway, Dos Passos, el jazz, Anton Webern, Arnold Schönberg.

A mí esta muestra de *Entartete Kunst* me ha venido como anillo al dedo, por la predilección que siento por el «degenerado» arte alemán de principios de siglo y la posguerra y porque hace tiempo tomo notas para un pequeño ensayo sobre George Grosz, la más original y estridente figura de los fecundos años veinte berlineses. Él fue, claro está, estrella de aquella exposición y uno de los artistas con cuya obra se encarnizó el régimen. En la famosa ceremonia inquisitorial del 10 de mayo de 1932, ante la Universidad de Humboldt, más de cuarenta libros suyos o ilustrados por él fueron quemados y Max Pechstein, en sus *Memorias,* calcula que 285 cuadros, dibujos y grabados de Grosz desaparecieron en las inquisiciones nazis. En 1938 le quitaron la nacionalidad alemana y como a él no tenían qué quitarle, confiscaron los bienes de su mujer.

Pero, por lo menos, Grosz salvó la vida. En 1932 un comando de camisas pardas se presentó en su estudio con intenciones inequívocas. Sus aptitudes histriónicas le fueron de gran ayuda: los matones creyeron que era el sirviente del caricaturista. Partió a Estados Unidos apenas semanas antes del incendio del Reichtag y ya no volvería a Berlín sino a morir —alcohólico, frustrado y domesticado como artista— en 1959. Su amigo y compañero de generación, el gran Otto Dix, permaneció en Alemania durante el nazismo y la guerra, prohibido de pintar y de exponer. Cuando volvió a hacerlo, ya no había en sus telas ni sombra de la virulencia y la imaginación de antaño; en vez de los vistosos horrores que solían engalanarlas, ahora parecían estampitas: apacibles familias bajo la protección del buen Jesús. A muchos artistas que no llevó al campo de concentración, al exilio, al silencio o al suicidio, el nazismo los convirtió —como a Grosz y Dix— en sombras de sí mismos.

Todo eso pueden verlo y aprenderlo, de manera muy vívida, los jóvenes alemanes que visitan en estos días el Alten Museum. Pueden escuchar al *Führer* pronunciando el discurso con que inauguró el Museo de Arte Alemán y ver los musculosos desnudos de arios con cascos y las blondas, virtuosas, procreadoras walkirias del arte «sano» que el Tercer Reich quería oponer al de la decadencia de Occidente. Y comprobar que el parecido de esta estética monumentalista, patriotera y banal con la del realismo socialista que inundó las plazas y los museos de la extinta República Democrática Alemana es asombrosa: nada las distingue salvo la proliferación, en una, de esvásticas, y, en otra, de hoces y martillos. Una persuasiva lección de que los totalitarismos se parecen y de que cuando el Estado regula, orienta o decide en materia de creación intelectual o artística el resultado es el embauque y la basura.

Esto vale también para las democracias, por supuesto, y hay ejemplos contemporáneos al respecto, aunque no sean toscos y directos como los del comunismo y el fascismo sino mucho más sutiles. Pasé dos horas espléndidas en la muestra de *Entartete Kunst* pero, luego, me sentí incómodo y desagradado, porque advertí que la exposición tiene, también, el efecto lateral de alimentar el fariseísmo y una errónea buena conciencia en las gentes que la visitan. La peor conclusión que puede sacarse de esta experiencia es decirse: «Eso era la pura barbarie, por supuesto. ¡Cómo han mejorado ahora las cosas para el arte! En nuestros días, ¿qué gobierno democrático europeo se atrevería a ridiculizar o perseguir los experimentos y audacias de los artistas?».

En efecto, ningún gobernante occidental se atrevería a llamar «degenerado» a cuadro, escultura, película o libro alguno, para no ser equiparado a los salvajes hitlerianos o estalinistas, y eso, en el sentido del respeto a la libertad de creación, está muy bien. Lo está menos, sin embargo, si aquella prudencia expresa, al mismo tiempo una total incapacidad para discernir lo bueno, lo malo o lo deplorable en materia artística y una irresponsable frivolidad.

Entre el Wissenchaftskolleg y mis clases de alemán yo debo recorrer dos veces al día la alegre y próspera avenida de las *boutiques* y los restaurantes de Berlín: la Kurfürstendamm. Nada más salir de Grunewald me doy de bruces, en la Rathenauplatz, con un bloque de cemento gris en el que hay sepultados dos automóviles, y que no tengo manera de no ver. Cuando dije una vez que era una lástima que una ciudad tan atractiva como ésta tuviera tantas esculturas espantosas sueltas por las calles, y cité como ejemplo la de los coches empotrados, alguien me reconvino, explicándome que se trataba «de un alegato contra el consumismo». ¿Contra qué alegará el bodrio tubular encorreado que me sale al encuentro unas manzanas después? ¿Las salchichas? ¿Los malos humores de la digestión? ¿Las correas con que pasean a sus perros los berlineses? Sus tripas grisáceas se levantan, se curvan y desaparecen, sujetas al suelo por una cuerda de metal. Cruzo varias esculturas más en mi diario recorrido y casi todas tan sin gracia y tan faltas de ideas, ingenio y destreza como aquellas dos.

Están allí porque ganaron concursos y fueron aprobadas por comisiones y jurados donde, seguramente, había críticos muy respetables que las explicaban con argumentos tan iridiscentes como el del ataque a la sociedad de consumo o la desconstrucción de la metafísica burguesa. En realidad, están allí porque, en la sociedad abierta y avanzada de nuestros días, la absoluta benevolencia para con todo lo que en materia de arte parece nuevo u osado ha llevado a un relativismo y confusionismo babélicos en el que ya nadie se entiende, ya nadie sabe qué es creación o impostura, y, si lo sabe, tampoco se atreve a hacerlo público para no ser considerado un «filisteo» o un «reaccionario». Éste es el estado de cosas ideal para que los gatos pasen por liebres. Es lo que ha estado ocurriendo hace ya bastante tiempo no sólo en Berlín, sino también en ciudades a las que una sólida tradición de consenso público en torno a valores estéticos y criterio artístico, como París, parecía poder defender mejor contra ese riesgo. ¿Cómo explicar, si no, la tranquila resignación de los franceses ante las columnas de colores que convirtieron el patio del Palais Royal en un damero y la acristalada pirámide que desbarató la simetría del Louvre?

A diferencia de los nazis y de los comunistas, convencidos de que el arte y la literatura eran «peligrosos» y debían ser por eso controlados e instrumentalizados por el poder político, la sociedad democrática y liberal ha conseguido volver al arte algo totalmente inocuo, cuando no fraudulento y risible, un quehacer disociado de la vida y los problemas, de las necesidades humanas, una prestidigitación sin alma, una mercancía con la que los mercaderes especulan y los políticos se publicitan a sí mismos y se autootorgan diplomas de mecenazgo y espíritu tolerante y progresista. Ésa es también una manera, muy barroca, de «degenerar» la vida cultural.

La libertad, valor seguro en todos los órdenes, resuelve problemas fundamentales pero crea otros, que exigen soluciones audaces y grandes esfuerzos de imaginación. En lo que concierne al arte, la sociedad abierta garantiza al artista una tolerancia y unas disponibilidades ilimitadas, que, paradójicamente, han servido con frecuencia para privarlo de fuerza y originalidad. Como si en los artistas, al sentir que lo que hacen ya no asusta ni importa a nadie, se marchitaran la convicción, la voluntad de crear, un cierto sentido ético frente a la vocación, y prevalecieran el manierismo, el cinismo y otras formas de la irresponsabilidad.

Por eso, aunque me alegra mucho que el pueblo alemán oriental se haya librado del régimen totalitario, yo no celebro que se demuelan tantas estatuas de Marx, Engels y compañía en la ex República Democrática Alemana, entre ellas, ese colosal Lenin de piedra al que ha costado fortunas traer abajo. Su portentosa presencia tenía el involuntario humor de una construcción *kitsch*. Entre fealdades, siempre será preferible aquella que no se vale de sofismas intelectuales, como el heroico combate contra el consumismo, para hacerse aceptar.

En mi camino cotidiano a enfrentarme con los entreveros y declinaciones del idioma alemán, la escultura que me alegra encontrar es una especie de serpiente de aluminio que sobrevuela la avenida, a manera de un arco agazapado. En su pesada y obvia naturaleza hay algo simpático, que congenia muy bien con los apresurados transeúntes, los altos edificios y el tráfago que la rodea. De cuando en cuando aparecen en ella pintarrajeados lemas góticos o ríos de color. ¿Que no es una escultura sino la cañería gigantesca de la manzana que ha debido ser desplazada mientras se echan los cimientos de un futuro rascacielos? Sí, lo es. Es una escultura transitoria y casual, un *ready made* que materializa las potencialidades creativas de la industria, un monumento ferozmente sarcástico, como aquellos que inmortalizaron a Grosz en esta misma ciudad en los años veinte, del subconsciente colectivo berlinés contra la complaciente degeneración del quehacer artístico en estas últimas boqueadas del milenio.

Berlín, marzo de 1992

MUERTE Y RESURRECCIÓN DE HAYEK

Si tuviera que nombrar los tres pensadores modernos a los que debo más, no vacilaría un segundo: Popper, Hayek e Isaiah Berlin. A los tres comencé a leerlos hace veinte años, cuando salía de las ilusiones y sofismas del socialismo y buscaba, entre las filosofías de la libertad, las que habían desmenuzado mejor las falacias constructivistas (fórmula de Hayek) y las que proponían ideas más radicales para conseguir, en democracia, aquello que el colectivismo y el estatismo habían prometido sin conseguirlo nunca: un sistema capaz de congeniar esos valores contradictorios que son la igualdad y la libertad, la justicia y la prosperidad.

Entre esos pensadores ninguno fue tan lejos ni tan a fondo como Frederich von Hayek, el viejo maestro nacido en Viena, nacionalizado británico, profesor en la London School of Economics, en Chicago y en Friburgo —en verdad, ciudadano universal— que acaba de morir, en sus luminosos noventa y dos años, y a quien el destino deparó acaso la mayor recompensa a que puede aspirar un intelectual: ver cómo la historia contemporánea confirmaba buena parte de sus teorías y hacía añicos las de sus adversarios.

De estas tesis, la más conocida, y hoy tan comprobada que ha pasado a ser poco menos que una banalidad, es la que expuso en su pequeño panfleto de 1944, *The Road to Serfdom* (Camino hacia la servidumbre): que la planificación centralizada de la economía mina de manera inevitable los cimientos de la democracia y hace del fascismo y del comunismo dos expresiones de un mismo fenómeno, el totalitarismo, cuyos virus contaminan a todo régimen, aun el de apariencia más libre, que pretenda «controlar» el funcionamiento del mercado.

La famosa polémica de Hayek con Keynes no fue nunca tal cosa, sino el alegato solitario, y transitoriamente inútil, de un hombre con convicciones contra la cultura de su época. Las teorías intervencionistas del brillante Keynes, según el cual el Estado podía y debía regular el crecimiento económico, supliendo las carencias y corrigiendo los excesos del *laissez-faire*, eran ya un axioma incontrovertible de socialistas, socialdemócratas, conservadores y aun supuestos «liberales» del viejo y nuevo mundo, cuando Hayek lanzó aquel formidable llamado de atención al gran público, que resumía lo que venía sosteniendo en sus trabajos académicos y técnicos desde que, en los años treinta, junto a Ludwig Von Mises, inició la reivindicación y actualización del liberalismo clásico de Adam Smith. Aunque *The Road to Serfdom* alcanzó cierto éxito, sus ideas sólo tuvieron eco en grupos marginales del mundo académico y político y, por ejemplo, el país en el que fue escrito el libro, Gran Bretaña, inició en esos años su marcha hacia el populismo laborista y el Estado-benefactor, es decir hacia la inflación y la decadencia que sólo vendría a interrumpir el formidable (pero, por desgracia, trunco) sobresalto libertario de Margaret Thatcher.

Como Von Mises, como Popper, Hayek no puede ser encasillado dentro de una especialidad, en su caso la economía, porque sus ideas son tan renovadoras en el campo económico como en los de la filosofía, el derecho, la sociología, la política, la historia y la ética. En todos ellos hizo gala de una originalidad y un radicalismo que no tienen parangón dentro de los pensadores modernos. Y, siempre, manteniendo el semblante de un escrupuloso respeto de la tradición clásica liberal y de las formas rigurosas de la investigación académica. Pero sus trabajos están impregnados de fiebre polémica, irreverencia contra lo establecido, creatividad intelectual y, a menudo, de propuestas explosivas, como la de privatizar y confiar al mercado la fabricación del dinero de las naciones.

Su obra magna es, tal vez, *Constitution of Liberty* (La constitución de la libertad), de 1960, a la que vendrían a enriquecer los tres densos volúmenes de *Derecho, Legislación y Libertad* en la década de los setenta. En estos libros está explicado, con una lucidez conceptual que se apoya en un enciclopédico conocimiento de la práctica, de lo vivido en el curso de la civilización, lo que es el mercado, ese sistema casi infinito de relación entre los seres que conforman una sociedad, y de las sociedades entre sí, para comunicarse recíprocamente sus necesidades y aspiraciones, para satisfacerlas y materializarlas, para organizar la producción y los recursos en función de aquéllas, y los inmensos beneficios en todos los órdenes que trajo al ser humano aquel sistema que *nadie* inventó, que fue naciendo y perfeccionándose a resultas del azar y, sobre todo, de la irrupción de ese accidente en la historia humana que es la libertad.

Sólo para los ignorantes y para sus enemigos, empeñados en caricaturizar la verdad a fin de mejor refutarla, es el mercado un sistema de libres intercambios. La obra entera de Hayek es un prodigioso esfuerzo científico e intelectual para demostrar que la libertad de comerciar y de producir no sirve de nada —como lo están comprobando esos recién venidos a la filosofía de Hayek que son los países ex socialistas de Europa central y de la ex Unión Soviética y las repúblicas mercantilistas de América Latina— sin un orden legal estricto que garantice la propiedad privada, el respeto de los contratos y un poder judicial honesto, capaz y totalmente independiente del poder político. Sin estos requisitos básicos, la economía de mercado es una pura farsa, es decir, una retórica tras de la cual continúan las exacciones y corruptelas de una minoría privilegiada a expensas de la mayoría de la sociedad.

Quienes, por ingenuidad o mala fe, esgrimen hoy las dificultades que atraviesan Rusia, Venezuela y otros países que inician (y, a menudo, *mal)* el tránsito hacia el mercado, como prueba del fracaso del liberalismo, deberían leer a Hayek. Así sabrían que el liberalismo no consiste en soltar los precios y abrir las fronteras a la competencia internacional, sino en la reforma integral de un país, en su privatización y descentralización a todos los niveles y en la transferencia a la sociedad civil —a la iniciativa de los individuos soberanos— de todas las decisiones económicas. Y en la existencia de un consenso respecto a unas reglas de juego que privilegien siempre al consumidor sobre el productor, al productor sobre el burócrata, al individuo frente al Estado y al hombre vivo y concreto de aquí y de ahora sobre aquella abstracción: la humanidad futura.

El gran enemigo de la libertad es el «constructivismo», aquella fatídica pretensión (así se titula el último libro de Hayek, *Fatal Conceit*, de 1989) de querer organizar, desde un centro cualquiera de poder, la vida de la comunidad, sustituyendo las formas espontáneas, las instituciones surgidas sin premeditación ni control, por estructuras artificiales y encaminadas a objetivos como «racionalizar» la producción, «redistribuir» la riqueza, imponer el igualitarismo o uniformar al todo social en una ideología, cultura o religión.

La crítica feroz de Hayek al constructivismo no se detiene en el colectivismo de los marxistas ni en el Estado-benefactor de socialistas y socialdemócratas, ni en lo que el socialcristianismo llama el principio de la «supletoriedad», ni en esa forma degenerada del capitalismo que es el mercantilismo, es decir, las alianzas mafiosas del poder político y empresarios influyentes para, prostituyendo el mercado, repartirse dádivas, monopolios y prebendas.

No se detiene en nada, en verdad. Ni siquiera en el sistema del que ha sido, acaso, el más pugnaz valedor de nuestro tiempo: la democracia. A la que, en sus últimos años, el indomable Hayek se dedicó a autopsiar de manera muy crítica, describiendo sus deficiencias y deformaciones, una de las cuales es el mercantilismo y, otra, la dictadura de las mayorías sobre las minorías, tema que lo hizo proclamar que temía por el futuro de la libertad en el mundo en los precisos momentos en que se celebraba, con la caída de los regímenes comunistas, lo que a otros parecía la apoteosis del sistema democrático en el planeta.

Para contrarrestar aquel «monopolio» del poder que las mayorías ejercen en las sociedades abiertas y garantizar la participación de las minorías en el gobierno y en la toma de decisiones , Hayek imaginó un complicado sistema —que no vaciló en llamar «utopía»— llamado la *Demarquía*, en el que una Asamblea legislativa, elegida por quince años, entre ciudadanos mayores de cuarenta y cinco años y por hombres y mujeres de esa misma edad, se encargaría de velar por los derechos fundamentales, en tanto que un Parlamento, semejante a los existentes en los países democráticos, estaría dedicado a los asuntos corrientes y a los temas de actualidad.

La única vez que conversé con Hayek alcancé a decirle que, leyéndolo, había tenido a ratos la impresión de que algunas de sus teorías (no la *Demarquía*), materializaban aquel ambicionado fuego fatuo: el rescate, por el liberalismo, del ideal anarquista de un mundo sin coerción, de pura espontaneidad, con un mínimo de autoridad y un máximo de libertad, enteramente construido alrededor del individuo. Me miró con benevolencia e hizo una cita burlona de Bakunin, por quien, naturalmente, no podía tener la menor simpatía.

Y, sin embargo, en algo se parecen el desmelenado príncipe decimonónico de vida aventurera que quería romper todas las cadenas que frenan o ciegan los impulsos creativos del hombre y el metódico y erudito profesor de mansa vida que, poco antes de morir, afirmaba en una entrevista: «Todo liberal debe ser un agitador». En la fe desmedida que ambos profesaron siempre a esa hija del azar y la imaginación que es la libertad —la más preciosa criatura que el Occidente haya regalado al mundo— para dar soluciones a todos los problemas y catapultar la aventura humana siempre a nuevas y riesgosas hazañas.

París, 31 de marzo de 1992

REGRESO A LA BARBARIE

El *golpe de Estado* es un típico producto latinoamericano, como el tabaco y la cocaína, pero bastante más mortífero. Adopta variadas formas y la elegida, el domingo 5 de abril, por Alberto Fujimori, para destruir la democracia peruana, se llama «Bordaberrización», por el presidente uruguayo de ese nombre que, aunque no la inventó, la actualizó y patentó. Consiste en que un presidente elegido clausura, con apoyo de militares felones, todos los organismos de contrapeso y fiscalización del Ejecutivo —el Congreso, la Corte Suprema, el Tribunal de Garantías, la Controlaría—, suspende la Constitución y comienza a gobernar por decretos-leyes. La represión acalla las protestas, encarcela a los líderes políticos hostiles al golpe, y amordaza, intimida o soborna a los medios de prensa, los que muy pronto empiezan a adular al flamante dictador.

Las razones que ha dado Fujimori para justificar el *autogolpe* son las consabidas: las «obstrucciones» del Congreso a las reformas y la necesidad de tener manos libres para combatir con eficacia el terrorismo y la corrupción. Al cinismo y a la banalidad se añade en este caso el sarcasmo. Pues quien ahora se proclama dictador para «moralizar» el país protagonizó, en las últimas semanas, un escándalo mayúsculo en el que su esposa, su hermano y su cuñada se acusaban recíprocamente de hacer negocios sucios con los donativos de ropa hechos por el Japón a «los pobres del Perú». La familia Fujimori y allegados podrán en adelante administrar el patrimonio familiar sin riesgo de escándalo.

Hay ingenuos en el Perú que aplauden lo ocurrido con este argumento: «¡Por fin se puso los pantalones "el chino"! ¡Ahora sí acabarán los militares con el terrorismo, cortando las cabezas que haya que cortar, sin el estorbo de jueces vendidos o pusilánimes y de los partidos y la prensa cómplices de Sendero Luminoso y del MRTA!». Nadie se ha enfrentado de manera tan inequívoca a la subversión en el Perú como lo he hecho yo —y, por eso, durante la campaña electoral, ella trató por lo menos en dos ocasiones de matarme— y nadie desea tanto que ella sea derrotada y sus líderes juzgados y sancionados. Pero la teoría del «baño de sangre», además de inhumana e intolerable desde el punto de vista de la ley y la moral, es estúpida y contraproducente.

No es verdad que los militares peruanos tengan las manos «atadas» por la democracia. El Perú ha sido declarado por organismos como Amnistía Internacional y America's Watch el primer país del mundo en lo que concierne a violaciones de derechos humanos, ejecuciones extrajudiciales, empleo de la tortura, desapariciones, etcétera, y hasta ahora ni un solo oficial o soldado ha sido siquiera amonestado por alguno de esos abusos. A los horrendos crímenes cometidos por los terroristas se añaden, también, por desgracia, horrendos crímenes de la contrainsurgencia contra inocentes en esa guerra que ha causado ya cerca de veinticinco mil muertos.

Dar carta libre a las fuerzas armadas para luchar contra el terrorismo no va a acabar con éste; lo va a robustecer y extender a aquellos sectores campesinos y marginales, víctimas de abusos, ahora sin posibilidad de protestar contra ellos por las vías legales o a través de una prensa libre, a quienes Sendero Luminoso y el MRTA vienen diciendo hace tiempo: «La única respuesta a los atropellos de la policía y el Ejército son nuestras bombas y fusiles». Al perder la legitimidad democrática, es decir, su superioridad moral y jurídica frente a los terroristas, quienes mandan hoy día en el Perú han perdido el arma más preciosa que tiene un gobierno para combatir la subversión: la ayuda de la sociedad civil. Es verdad que nuestros gobiernos democráticos apenas la consiguieron; pero ahora, al pasar el gobierno a la ilegalidad, surge el riesgo de que la colaboración civil se vuelque más bien a quienes lo combaten con las armas.

Es también inexacto que una dictadura pueda ser más eficiente en el combate contra el narcotráfico. El poder económico que éste representa ha hecho ya estragos en el Perú, poniendo a su servicio a periodistas, funcionarios, políticos, policías y militares. La crisis económica, que ha reducido los ingresos de empleados públicos y de oficiales a extremos lastimosos —el sueldo de un general no llega a 400 dólares mensuales— los hace vulnerables a la corrupción. Y, en los últimos meses, ha habido denuncias muy explícitas en el Perú de colusión entre los narcotraficantes del Alto

Huallaga y alguno de los oficiales felones que encabezan el disimulado golpe militar. No se puede descartar, por eso, lo que la revista *Oiga*, de Lima, venía denunciando hace tiempo: una conspiración antidemocrática fraguada por el entorno presidencial y militares comprometidos con los narcos del oriente peruano.

A algunos han impresionado las encuestas procedentes del Perú según las cuales más del 70% de los limeños aprobarían el asesinato de la legalidad. No hay que confundir desafecto por instituciones defectuosas de la democracia con entusiasmo por la dictadura. Es verdad que el Congreso había dado a veces un espectáculo bochornoso de demagogia y que muchos parlamentarios actuaban sin asomo de responsabilidad. Pero eso es inevitable en países donde la democracia está dando sus primeros pasos y en los que, aunque haya libertad política y elecciones libres, la sociedad aún no es democrática y donde casi todas las instituciones —partidos y sindicatos incluidos— siguen impregnadas de los viejos hábitos de caciquismo, corruptelas y rentismo. No se cura un dolor de cabeza decapitando al enfermo. Clausurando un Congreso representativo y fabricando uno *ad hoc,* fantoche, como hacen todas las dictaduras y como el ingeniero Fujimori promete hacer, no van a mejorar las costumbres ni la cultura democrática del Perú: van a empeorar.

El desencanto de los peruanos con el Poder Judicial es grande, desde luego. Los jueces, que ganan sueldos de hambre —menos de 200 dólares al mes, como promedio— no se atreven a condenar a los terroristas ni a los narcos, por temor o porque se doblegan al soborno. Y tampoco a políticos como el ex presidente García Pérez, a quien la Corte Suprema, en una decisión escandalosa, hace poco se negó a juzgar pese a la solicitud del Congreso y de haber muy serias evidencias de millonarios negociados mientras ejercía la Presidencia. (Los jueces habían sido nombrados por él, en previsión de esta eventualidad).

¿Va a moralizar la Administración de Justicia el gobierno dictatorial? La va a degradar aún más. Así ocurrió durante la dictadura militar que gobernó el Perú desde 1968 hasta 1980, entre cuyas justificaciones figuraba, por supuesto, acabar con la corrupción de los jueces. La reforma judicial que hizo aquella dictadura menoscabó aún más los restos de competencia y decencia que quedaban en los juzgados peruanos, los que, desde entonces, han sido instrumentalizados de una manera inescrupulosa por el poder político. Me apena la fantástica inocencia de mis compatriotas que se ilusionan con la idea de que el nuevo *führer* de Palacio de Gobierno vaya, a golpe de ucases, a materializar por fin su anhelo de tribunales competentes y jueces incorruptibles en todo el Perú.

No me apenan, en cambio, sino me irritan —porque en ellos no hay la excusa de la ignorancia, del hambre y la desesperación— esos empresarios y dueños de periódicos y canales que se han precipitado a aplaudir el golpe, convencidos de que por fin tienen en casa al Pinochet con el que soñaban. Después de todo lo que les ocurrió con la dictadura del general Velasco, a quien celebraron y festejaron y que luego los nacionalizó y expropió, todavía no han aprendido. Siguen creyendo que los tanques en las calles, la censura en la prensa y los generales en Palacio son mejores garantías para la empresa y la propiedad privada que una genuina democracia. No es de extrañar que con gentes como ellos el capitalismo jamás haya podido despegar en el Perú y haya sido sólo su caricatura mercantilista, de industriales sin imaginación y sin espíritu, a quienes aterra la sola idea de la competencia y cuyos esfuerzos, en vez de producir, se orientan a conseguir privilegios, prebendas y monopolios.

Ojalá los países democráticos de Occidente reaccionen frente a lo ocurrido en el Perú como lo hicieron cuando el golpe militar de Haití y sigan el ejemplo de Estados Unidos, cortando toda relación económica con el ilegítimo gobierno peruano mientras no se reabra el Congreso y se restablezca el imperio de la Constitución. Sólo una resuelta respuesta de la comunidad internacional puede poner fin a un mal ejemplo que de cundir retrocedería a los países latinoamericanos a una época de barbarie que ya parecía superada. En todos ellos hay nostálgicos del cuartelazo que, como se vio hace poco en Venezuela, sólo esperan el momento propicio para dar el zarpazo.

Aunque aún no esté en condiciones de funcionar, hay un *gobierno legítimo* en el Perú. De acuerdo a la Constitución vigente, una mayoría absoluta de parlamentarios, representantes de todos los partidos —incluido Cambio 90, el de Fujimori— reunidos en semiclandestinidad, aprobaron el 9 de abril una resolución legislativa declarando la vacancia de la presidencia por incapacidad moral de Alberto Fujimori para ejercer el cargo y reemplazándolo por el segundo vicepresidente, doctor Carlos García y García, hasta que el primer vicepresidente, Máximo San Román, que se halla en el extranjero, pueda pisar territorio nacional. Es preciso repetir que *todo el espectro político peruano*, deponiendo las rivalidades que separan entre sí a comunistas, socialistas, apristas, acciopopulistas, libertarios, popular-cristianos, etcétera, están unidos en la condena del golpe y en el reconocimiento al nuevo mandatario.

Si los organismos internacionales y los gobiernos democráticos actúan de manera consecuente, reconocen al gobierno del doctor García y García y a sus representantes y sancionan a los usurpadores que ocupan Palacio de Gobierno, desconociéndolos y cortando toda relación con ellos, el golpe de Estado peruano tiene los días contados. Si no lo hacen y sucumben también a la ilusión de que «un hombre fuerte» puede ser la solución a los problemas del subdesarrollo, la trapera puñalada a la democracia de la madrugada del 5 de abril, en Lima, inaugurará otra larga noche de brutalidad y salvajismo políticos para toda América Latina.

Desde que salí del Perú, el 12 de junio de 1990, dos días después de perder las elecciones ante quien ha traicionado ahora esa democracia gracias a la cual llegó a la Presidencia, me prometí no volver a opinar sobre política peruana, ni dejarme arrastrar nunca más por una ilusión como la que me llevó a ser candidato. Rompo ahora aquella promesa para dejar constancia de mi condena a lo que me parece un crimen contra una de las pocas cosas buenas que le quedaban al Perú —la libertad— y de la tristeza y la vergüenza que me da saber —si las encuestas no mienten— que el autor del crimen tiene tantos cómplices.

Berlín, 9 de abril de 1992

EL «PUEBLO» Y LA «GENTE DECENTE»

El escritor Abraham Valdelomar solía decir: «En este bárbaro país, a la delicada libélula llaman *chupajeringas*». El surrealista César Moro compuso este aforismo: «En todas partes se cuecen habas pero en el Perú *sólo* se cuecen habas». Y, según una anécdota, un viejo alcalde socarrón de principios de siglo tranquilizaba a los limeños asustados por la *gripe española* que avanzaba hacia el Perú causando estragos por América: «Aquí, hasta la gripe se acojuda» (es decir, atonta o idiotiza).

Hay que desconfiar del chauvinismo al revés o patrioterismo masoquista que dichas burlas esconden, pero, la verdad, estos últimos días, a la luz de los recientes acontecimientos, me he preguntado si no le toca ahora al Perú ser lo que eran, hace algún tiempo, la Uganda de Idi Amín o la República Centroafricana del «emperador» Jean Bédel Bokassa: la excentricidad pintoresca del mundo. Cuando en el planeta entero los regímenes despóticos que parecían más indestructibles se desmoronan y por todas partes gobiernos civiles y democráticos reemplazan a las dictaduras, en el Perú, un presidente elegido en buena ley se las arregla para asesinar la democracia y convertirse en dictador, sin mayores dificultades y con el beneplácito «de todo "el pueblo" y toda la gente decente del país», como dijo un distinguido caballero que llamó a mi casa a acusarme de traidor a la Patria por pedir que la comunidad internacional asfixie a los golpistas con sanciones económicas (pedido que ahora reitero).

El apoyo del «pueblo» a la dictadura no es excusable, desde luego, pero sí comprensible: esos millones de peruanos a los que desde hace ya varias décadas las nefastas políticas populistas de los gobiernos militares o civiles han empobrecido a extremos de horror, y que, además del hambre, el cólera, el desempleo y la mugre, deben defenderse del terrorismo y del contraterrorismo y vivir expuestos a la quiebra de toda forma de legalidad y seguridad en sus miserables barriadas, difícilmente pueden tener ideas muy claras sobre las consecuencias a mediano y largo plazo de un golpe de Estado ni principios democráticos muy arraigados. El año 48 se ilusionaron con el general Odría y el 68 con el general Velasco, y salieron a vitorearlos como lo han hecho ahora con el flamante «hombre fuerte», al que, igual que ocurrió con aquéllos, pasarán a detestar apenas descubran que quienes se han hecho con el poder no son sus salvadores sino una pandilla de cínicos (varios de los cuales, por lo demás, medraron a la sombra del pasado régimen militar).

Más misterioso es el apoyo al golpe de la «gente decente», es decir, de esos empresarios de la CONFIEP que, luego de un comunicado fariseo, han pasado a formar parte orgánica de la dictadura, la que ha puesto en sus manos la cartera de Industrias. Esos caballeros delatan una ceguera monumental, pues identificándose con un régimen que más pronto o más tarde va a ser rechazado por el pueblo peruano con el mismo desprecio con que ha terminado por repeler a *todas* las dictaduras a lo largo de la historia, no es sólo su suerte la que ponen en juego, sino algo más importante y que costó ímprobos esfuerzos, en estos últimos años, defender y hacer respetar en el Perú: las nociones de propiedad y de empresa privada, de economía de mercado y de capitalismo liberal.

La formidable batalla contra la estatización del sistema financiero por parte del gobierno anterior la libramos y la ganamos con este argumento, que una significativa porción de la sociedad peruana llegó a aceptar: que la libertad política y la democracia representativa son inseparables del respeto a la propiedad y a la empresa privadas y que defender a éstas es también una manera de defender a aquéllas. Los empresarios que, desdiciéndose de todo lo que dijeron a favor de la democracia cuando temían ser despojados, se han precipitado ahora a hacer de *geishas* del nuevo dictador, para arrancarle las prebendas mercantilistas de las que siempre vivieron, han prestado un magnífico servicio a esos promotores del estatismo y el colectivismo que parecían haber perdido la partida. Ahora, con bríos renovados, éstos pueden volver a la carga y levantar un dedo acusador: ¿acaso ser «capitalista» no es sinónimo de golpista y de militarista en el Perú?

Sí, ahora lo es, y también tener la memoria averiada y el seso corto. Porque, cuando lo que ellos representan —la empresa privada— se vio amenazado en una democracia, en 1987, fue posible, utilizando las instituciones y los derechos que ella garantiza, movilizarse, defender y salvar algo que, si hubiera caído en las fauces del Estado, hubiera funcionado muchísimo peor que en sus manos. En cambio, cuando una dictadura, la del general Velasco, decidió expropiarles sus haciendas, sus periódicos, sus compañías pesqueras, sus radios, sus canales de televisión, etcétera, tuvieron que aceptar los despojos dócilmente, sin poder mover un dedo para impedirlo.

¿Cómo, después de semejante experiencia, creen todavía que una dictadura militar —porque eso es lo que hay en el Perú, aunque el fantoche que por el momento la preside no lleve galones— es una garantía más firme para la propiedad y la empresa privada que un Estado de Derecho, con libertad de prensa e instituciones que, por defectuosas que sean, como un Congreso elegido y un Poder Judicial independiente, pueden servir de freno a los abusos y excesos de quienes tienen el poder? En realidad, no lo creen. No piensan en ello. No se demoran en reflexionar un momento sobre las incalculables sorpresas que puede acarrearles, a ellos y a todos los peruanos, abrir esa caja de Pandora que es un régimen basado en la pura fuerza bruta. Están embriagados con la ilusión de que, ahora sí, los militares «pondrán en vereda» a los terroristas, matando a todos cuantos haya que matar, sin que esas siniestras asociaciones de derechos humanos vengan a fregar la paciencia, y que el amado *Chichonet* sabrá manejar a los sindicatos con puño firme y que ese ministro de Economía con bucles y cara de amorcillo que tanto han cultivado —el Pinochito Boloña— comenzará ahora a protegerlos —mejor dicho, a proteger a la «industria nacional»— contra la desalmada competencia de afuera. Ni siquiera cabe esperar que, cuando, el día de mañana, descubran que el desplome de la democracia ha incrementado el terrorismo, y el desencanto del «pueblo» con la dictadura que no le ha dado lo que espera de ella, multiplicó la violencia social, aprendan la lección. ¿Acaso la aprendieron con Velasco?

Lo más extraordinario, para mí, de lo que ocurre en estos días en el Perú es el servilismo o la complacencia hacia la dictadura que muestran algunos medios de comunicación expropiados por el régimen militar anterior y que volvieron a sus dueños gracias a la democracia (fue la primera medida del presidente Belaúnde Terry al volver al gobierno, en 1980). En la pluma de algunos periodistas que, además de estar entre los más competentes del país, parecían los más comprometidos con la libertad, leo las más churriguerescas argumentaciones para justificar el golpe o para blanquearlo, presentándolo como «un golpe diferente», al que, debido a las circunstancias atenuantes que lo rodean, habría que darle su oportunidad. De creerles, la elevada popularidad del «golpe» en las encuestas de opinión de los primeros días tiene más peso que todas las consideraciones abstractas sobre una democracia que, en los hechos, funcionaba muy mal en el Perú. ¿Acaso el Parlamento no parecía a veces un circo? ¿No eran corruptos los jueces? ¿No necesitaban las instituciones una limpieza y moralización en regla? Eso es lo que anhela «el país real», del que se había divorciado el «Perú formal» de los partidos políticos, y eso es lo que legitima la acción de Fujimori y el Ejército. Lamentable que tuviera que ocurrir así. Pero ya ocurrió y es tarde para volver atrás, reabriendo el Congreso y restableciendo el imperio de la Constitución. Pues ello podría provocar «un desborde popular».

Si todo acto dictatorial aprobado por «el pueblo» y la «gente decente» según las encuestas de opinión debiera ser irreversible, el director del diario *Expreso* de Lima —que oficia poco menos que como vocero oficioso del golpe desde el 5 de abril— debería seguir en el exilio y privado de la nacionalidad peruana y el diario que dirige en manos del Estado que lo confiscó, pues esos atropellos, según los famosos «mastines» intelectuales del régimen militar que los cometió, no podían haber sido más populares. Pero, en verdad, no lo eran, sino una farsa montada por unos medios de comunicación irresponsables, como los que ahora, en lugar de salir a defender a la democracia contra sus defenestradores, les buscan excusas y se acomodan con ellos.

Yo tenía (ingenuamente) a gentes como Manuel d'Ornellas y Patricio Ricketts —para citar a los que han mostrado más servilismo con el golpe— por personas incapaces de apoyar una dictadura en busca de favores o lucro personal. Si periodistas como ellos, que parecían batallar con tanto empeño porque el Perú dejara de ser el país bárbaro y atrasado en que lo han vuelto sobre todo los dictadores e hiciera suya de una vez por todas la cultura de la libertad, aprueban lo que pasa e incluso tratan de sacar provecho de ello, ¿qué se puede esperar de los que no tienen ni su preparación ni su experiencia? ¿Cómo pueden reaccionar lúcidamente los incultos si los cultos se engañan y engañan a aquéllos con falsas razones para defender lo indefendible?

Lo que lleva a muchos, como ellos, en el Perú a hacerlo es la sensación de impotencia que da a veces una democracia política en un país donde ni las instituciones ni los partidos ni las costumbres son todavía muy democráticas, y donde la corrupción y la arbitrariedad hacen a menudo burla de las leyes. Y la exasperación y la indignación moral que provocan, a menudo, quienes, actuando desde dentro del sistema democrático, parecen servirse de éste sólo para impedirle que funcione. Sin embargo, la historia —y sobre todo la peruana, tan prístina— debería haberles enseñado que una dictadura es un remedio muchísimo peor que los males que quisieran curar. Porque esos defectos —la corrupción, la ineficiencia, la incultura— no son de la democracia, sino de la sociedad, y encuentran siempre en los regímenes arbitrarios y prepotentes un maravilloso caldo de cultivo para desarrollarse y agravarse. Siempre ha sido así. Y, por eso, después de cada dictadura, hemos tenido que empezar en el Perú desde más abajo y más atrás ese difícil —pero irreemplazable— camino de hacer el aprendizaje de la democracia desde la misma democracia. El retroceso de ahora nos devuelve al fondo del pozo de donde emergimos, tan maltrechos, hace doce años.

«¿Cómo puede usted atacar a un gobierno que va a cortarle la cabeza al Apra y a los comunistas? ¿Ya se olvidó de que eran sus enemigos?», me han mandado decir. En efecto, el Apra y los comunistas son mis adversarios políticos; he tenido con ellos una dura pugna, ideológica y política. Pero para mí ese combate sólo puede librarse en la igualdad de condiciones que permite la libertad y el juez de la lid sólo puede ser el pueblo peruano, no un árbitro tramposo y matón, que opone tanques a razones. Una de las pocas noticias alentadoras procedentes del Perú ha sido saber que todos los partidos políticos han depuesto sus diferencias y enconos para reaccionar, unidos, contra el golpe y en favor del restablecimiento de esa democracia que es una sola, formal y real al mismo tiempo, que permite la coexistencia en la diversidad y es capaz, por lo tanto, de armonizar en un sistema vivible a tantas culturas, grupos étnicos, intereses sociales diversos, como los que conforman la explosiva sociedad peruana. Es bueno que, de uno a otro extremo del abanico político, todos los partidos hayan entendido que defender esa convivencia dentro de la ley es ahora la primera prioridad para todo peruano consciente, sin dejarse atemorizar por las encuestas de opinión ni por esa alianza bufa del «pueblo» y la «gente decente».

Berlín, 25 de abril de 1992

LA DICTADURA PERFECTA

Por haber llamado «una dictadura perfecta» al sistema político del PRI —en el Encuentro de Intelectuales que organizó la revista *Vuelta*, en México, en septiembre de 1990— recibí numerosos jalones de oreja, incluido el de alguien que yo admiro y quiero mucho como Octavio Paz, pero, la verdad, sigo pensando que aquella calificación es defendible. Creado en 1929 por el general Plutarco Elías Calle, el Partido Revolucionario Institucional estabilizó una sociedad donde, desde las convulsiones revolucionarias de 1910, los asuntos políticos se dirimían a balazos, y se posesionó de un Estado al que, a partir de entonces, modela y administra en su provecho, confundido con él de una manera tan sutil como las tres famosas personas en la Santísima Trinidad.

Para todos los efectos prácticos, México es ahora el PRI, y lo que no es el PRI, incluidos sus más enérgicos críticos e impugnadores, también sirve, de una manera misteriosa, genial y horripilante, a perpetuar el control del PRI sobre la vida política y la sociedad mexicana. Durante mucho tiempo, el PRI fabricaba y subsidiaba a sus partidos de oposición, de manera que esos extraordinarios *happenings* de la vida del país —las elecciones— tuvieran cierto semblante democrático. Ahora ni siquiera necesita el esfuerzo de ese dispendio, pues, como Eva de una costilla de Adán, ha generado una excrecencia rival, el PRD, de Cuauhtémoc Cárdenas, partido que, con prodigiosa ceguera, ha hecho suyas todas las lacras y taras ideológicas —populismo, estatismo, socialismo, nacionalismo económico— de las que el camaleónico PRI necesitaba desprenderse a fin de mostrarse renovado —democrático, internacionalista, promercado y liberal—, y permeable a los vientos que corren. Si ésa es la alternativa que se le presenta al pueblo mexicano —el viejo PRI camuflado bajo el nombre de PRD o el de la cara modernizada que encarna Salinas de Gortari—, no es de extrañar que el partido en el poder no haya necesitado amañar las últimas elecciones para ganarlas.

No niego que este sistema haya traído algunos beneficios a México, como una estabilidad que no han tenido otros países latinoamericanos y librarlo de la anarquía y brutalidad del caudillismo militar. Y es, también, un hecho que, gracias a la Revolución y la política educativa seguida desde entonces, México ha integrado su pasado prehispánico al presente y avanzado en el mestizaje social y cultural más que ningún otro país del Continente (incluido Paraguay). Pero las desventajas son enormes. En seis décadas y media de hegemonía absoluta, el PRI no ha sido capaz de sacar a México del subdesarrollo económico —pese a los gigantescos recursos de que su suelo está dotado— ni de reducir a niveles siquiera presentables las desigualdades sociales, que son allí todavía más feroces que en muchos países de América Latina, como Argentina, Chile, Uruguay, Venezuela o Costa Rica. En cambio, la corrupción resultante de este monopolio político ha sido internalizada por las instituciones y la vida corriente de una manera que no tiene parangón, lo que ha creado uno de los más irreductibles obstáculos para una genuina democratización del país.

A favor del sistema priísta suele señalarse la política del régimen con los intelectuales, a los que siempre ha sabido reclutar y poner a su servicio, sin exigirles a cambio la cortesanía o el servilismo abyectos que un Fidel Castro o un Kim el Sung piden a los suyos. Por el contrario, dentro del exquisito maquiavelismo del sistema, al intelectual le compete un rol que, a la vez que sirve para eternizar el embauque de que México es una democracia pluralista y de que reina en ella la libertad, a aquél lo libera de escrúpulos y le da buena conciencia: el de criticar al PRI. ¿Alguien ha conocido a un intelectual mexicano que *defienda* al Partido Revolucionario Institucional? Yo, nunca. Todos lo critican, y, sobre todo, los que viven de él, como diplomáticos, funcionarios, editores, periodistas, académicos o usufructuando cargos fantasmas creados por el régimen para subsidiarlos. Sólo en casos de díscolos extremos, como el de un José Revueltas, se resigna a mandarlos a la cárcel. Generalmente, los soborna, incorporándolos a su magnánimo y flexible despotismo de tal manera que, sin tener ellos que degradarse demasiado y a veces sin darse cuenta, contribuyan al objetivo esencial de perpetuar el sistema.

También de esta «preocupación por la cultura» del PRI han resultado beneficios considerables: editoriales, revistas, instituciones académicas y una actividad intelectual y artística bastante más intensa que en los otros países latinoamericanos, de gobiernos casi siempre semianalfabetos. Pero la contrapartida ha sido una merma notoria de soberanía y autenticidad en la clase intelectual, la que, por razones de mala conciencia y por la invisible presión del sistema imperante, sigue aún hoy día, después del desplome del totalitarismo en tres cuartas partes del mundo, enfeudada a aquellos estereotipos «revolucionarios» —el socialismo, el colectivismo, el nacionalismo, el Estado-benefactor, el antiimperialismo, etcétera— que, desde hace décadas, han sido su mejor coartada, la cortina de humo que servía para disimular su condición de pieza instrumental de una de las más astutas y eficientes creaciones antidemocráticas de toda la historia.

Escribo estas líneas bajo el efecto de un libro que recomiendo a todos a quienes, como a mí, deslumbre (sin dejar de aterrar) el caso mexicano: *Textos heréticos*, de Enrique Krauze[2]. Se trata de una colección de artículos y ensayos aparecidos en la revista *Vuelta*, que dirige Octavio Paz, y de la que Krauze es subdirector, en los que se reivindica una tradición liberal, coetánea a la de la Revolución, cuyo punto de arranque es el gobierno de Francisco Ignacio Madero, a la que Krauze sigue la soterrada pista en todos los años de hegemonía priísta, y en la que ve la única alternativa aceptable a la del régimen presente. Aquella tradición, aunque fuera desalojada del poder político desde los años del cataclismo revolucionario, ha tenido rebrotes periódicos en el campo intelectual, en figuras como Daniel Cossío Villegas o el propio Paz, quienes, aun en los momentos de peor oscurantismo ideológico populista, no vacilaron en ir contra la corriente y defender los valores democráticos y las denostadas libertades «formales». Ésta ha sido la línea de *Vuelta*, verdadero oasis en las publicaciones del género en América Latina, donde no es casual que hayan aparecido, en los últimos años, en las plumas de Paz, de Gabriel Zaid, de Krauze y otros los más originales análisis sobre los acontecimientos históricos acaecidos en la última década.

El libro incluye la muy severa crítica de Krauze a Carlos Fuentes —«La comedia mexicana de Carlos Fuentes»— que,

---

2 Enrique Krauze, *Textos heréticos*. México, Editorial Grijalbo, 1992.

como es sabido, ha desencadenado una polémica que no cesa de dar coletazos a diestra y siniestra, el último de los cuales fue el escándalo suscitado hace pocos meses, con motivo de un encuentro intelectual auspiciado por el régimen y por intelectuales de la oposición de su majestad al PRI, del que —en represalia— fueron excluidos Paz, Zaid, Krauze y demás heréticos. Aunque muchas de las observaciones a las posiciones políticas de Fuentes que hace Krauze parecen fundadas —como a esa cuidadosa simetría de abjuraciones a la democracia y al socialismo, a Estados Unidos y a la difunta URSS, y a la reivindicación del régimen *sandinista* desde una postura democrática— hay un aspecto de esa crítica con la que no estoy de acuerdo: el reproche de que Fuentes sea poco mexicano y que ello se refleje en sus novelas.

La literatura no describe a los países: los inventa. Tal vez el provinciano Rulfo, que rara vez salió de su tierra, tuviera una experiencia más intensa de México que el cosmopolita Carlos Fuentes, que se mueve en el mundo como por su casa. Pero la obra de Rulfo no es por ello menos artificial y creada que la de aquél, aunque sólo fuera porque los auténticos campesinos de Jalisco no han leído a Faulkner y los de *Pedro Páramo* y *El llano en llamas* sí. Si no fuera así, no hablarían como hablan ni figurarían en construcciones ficticias que deben su consistencia más a una destreza formal y a una aprovechada influencia de autores de muchas lenguas y países que a la idiosincrasia mexicana. Dicho esto, el ensayo de Krauze está lejos de ser una diatriba. Recuerdo haber envidiado a Carlos Fuentes cuando lo leí: ojalá, en el gran basural de impugnaciones que mis libros han merecido, hubiera alguna que revelara tan escrupulosa y tan atenta lectura, tanto esfuerzo por hablar con conocimiento de causa y no desde la envidia y el odio, efervescentes estímulos de la vocación crítica en nuestros predios.

Los demás textos del libro cubren un vasto abanico de temas, trabados por la voluntad de mostrar la profunda enajenación que el sistema político mexicano ha ocasionado en el establecimiento cultural del país. Krauze no se ha contentado con revisar y anotar lo que dijeron los medios de comunicación durante la guerra del Golfo, por ejemplo —en la que algunos llegaron a la idolatría revolucionaria de Sadam Husein—; también, ha expurgado lo que decían hace medio siglo de Hitler y de Stalin y la manera como, en todos estos años, quienes representaban el pensamiento y la cultura, guiaron a la opinión pública sobre lo que ocurría dentro y fuera de las fronteras de México. Las conclusiones resultan estremecedoras porque, una vez más, vemos, con ejemplos concretos, cómo la alta cultura puede estar reñida con la lucidez y el sentido común, y la inteligencia abocarse furiosamente a defender el prejuicio, el crimen y las más innobles imposturas políticas. Lo ha dicho Steiner: las humanidades no humanizan.

Discípulo y admirador del gran Isaiah Berlin, Krauze sabe que incluso la tolerancia y el pluralismo son peligrosos, si nadie los refuta, si no deben hacer frente a contestaciones y desafíos permanentes. Por eso, aunque se proclama un liberal, partidario del mercado, de la sociedad civil, de la empresa privada, del individuo frente al Estado —tema al que dedica el más creativo estudio de la compilación: «Plutarco entre nosotros»— añora la existencia de una izquierda mexicana de nuevo cuño, como la que en España contribuyó a modernizar el país y a fortalecer la democracia. Una izquierda que rompa el autismo en que está confinada y pase de los soliloquios ventrílocuos a la polémica y al diálogo, que en vez de ucases y excomuniones se valga de razones e ideas para combatir al adversario, y renuncie para siempre a las tentaciones autoritarias.

Mucho me temo que esta izquierda democrática que Krauze añora tarde más en llegar a su país que a otros países latinoamericanos. Porque en México, para que ella sea realidad existen, fuera de los consabidos obstáculos, que su libro autopsia con mano de cirujano, el obstáculo del PRI y lo que está haciendo en estos momentos el gobierno de Salinas de Gortari. Éste ha llevado a cabo una privatización muy avanzada y desregulado la economía, a la vez que bajaba los aranceles, abría el país a la competencia internacional y negociaba la incorporación de México al Tratado de Libre Comercio con Estados Unidos y Canadá. Medidas todas ellas positivas y que ya han traído un notable saneamiento e impulso económico a México. Con el reflejo automático tradicional, la oposición de izquierda rechaza todo aquel proceso de liberación en nombre de los viejos ídolos populistas: la soberanía amenazada por las trasnacionales, el patrimonio vendido al imperio, etcétera. De este modo, establece un maniqueísmo en la vida política mexicana que sólo favorece al régimen, el que, ante semejantes posturas anacrónicas, puede ufanarse con razón de encarnar el progreso.

No, la verdadera alternativa al PRI no puede venir de esa izquierda, que es, en verdad, hechura y expresión del régimen. Sino de quienes, como Krauze, no temen defender la libertad económica, aunque el PRI parezca ahora ponerla en práctica, porque saben que aquélla, llevada hasta sus últimas consecuencias, haría estallar la armazón mercantilista en que reside toda la fuerza de lo que él llama la «dictablanda» mexicana. Sin prebendas que repartir, con una genuina economía de mercado en la que el poder político sea incapaz de decidir el éxito o el fracaso económico de personas y empresas, el sistema priísta se vendría abajo como un castillo de naipes. Ése es el insuperable límite de las reformas que ha iniciado Salinas de Gortari, a quien, si sigue por el camino que va, muy pronto veremos en la disyuntiva trágica de tener que liquidar al PRI o de ser liquidado por el paquidermo al que su política acerca a un peligroso despeñadero. Ése puede ser el momento milagroso para la democracia en México. A condición de que haya entonces muchos otros mexicanos convencidos, como Krauze, de que la libertad es una e indivisible y la libertad política y la económica la cara y el sello de una moneda.

Berlín, mayo de 1992

Y AL TERCER DÍA ¿RESUCITARÁ?

Emmanuel Terray, discípulo de Althusser, antropólogo y militante maoísta, examina su pasado y el presente y futuro de la revolución, en un ensayo de título desafiante: *Le troisième jour du communisme* (Actes Sud, 1992). El libro lleva una cita bíblica («Lo matarán, y al tercer día resucitará», Mateo, 17-23) y se abre con esta pregunta dramática: «¿Hemos perdido nuestra vida?».

Él no lo cree, por supuesto, aunque está muy consciente de los cataclismos experimentados por el movimiento comunista desde 1989 y su estado calamitoso en el mundo de hoy. Como muchos jóvenes, Terray no llegó a la militancia por razones ideológicas sino sentimentales y éticas —disgusto de la sociedad y de su propio medio, lecturas de Malraux, elección de aliados y amigos que quería tener— y lo salvó del estalinismo, el maoísmo o, mejor dicho, el mito maoísta, en el sentido soreliano del término, la creencia en una gran purificación y democratización del marxismo por acción de las masas, algo que para él y los *maos* franceses encarnó en los años sesenta la Revolución Cultural.

El mito pudo estar muy divorciado de lo que en realidad ocurrió en China Popular en aquella época, pero Terray reivindica aspectos centrales de aquel sobresalto sísmico en el partido comunista más numeroso de la tierra, mediante el cual, dice, por primera vez se intentó de manera concreta quebrar la dictadura de una cúpula burocrática, devolver la iniciativa a las masas, establecer una auténtica libertad de expresión y de crítica en la base —los *dazibao*— y, aunque a un costo muy alto, abolir la tradicional jerarquía entre trabajadores manuales e intelectuales, de modo que el igualitarismo pasara por fin de fórmula retórica a realidad social.

En nombre del comunismo, Terray defiende al comunismo de sus taras, excesos, errores y horrores, los cuales, afirma, no estaban implícitos en la doctrina marxista, así como la Inquisición no fue consecuencia inevitable de los evangelios ni del cristianismo primigenio. Fue el espíritu religioso que impregna la cultura occidental lo que desnaturalizó el marxismo de los fundadores, convirtiéndolo en la religión secular del siglo XX. Al apartarse de la ciencia, de la mano de la cual había dado sus primeros pasos, y pretender convertirse él mismo en ciencia, el marxismo se volvió una dogmática y se inmunizó contra disciplinas y conocimientos fundamentales, como los que aportaron Freud y el psicoanálisis, que hubieran impedido la disolución del individuo en la noción de clase y que aquél fuera tratado por los regímenes colectivistas como una pieza dispensable del organismo social.

Su metamorfosis en religión laica fue apartando al marxismo del mundo real y tornándolo un sistema de ilusiones. E hizo del partido una Iglesia de rígidas jerarquías en las que el vértice —Comité Central, Buró Político, secretario general— tenía el atributo de la infalibilidad. El militante debía obedecer, con la fe del carbonero, las directivas, tesis e interpretaciones de los guardianes de la verdad absoluta, aun en contra de la razón y del simple sentido común. De este modo, el espíritu religioso —la superstición, en el lenguaje del siglo de las luces— consiguió sobrevivir y aun fortalecerse a través de un movimiento nacido, según el designio de Marx, para poner fin al reino de la fe e instaurar el de la razón en la historia.

Aunque las iniquidades del *gulag* soviético y de los campos nazis de exterminio son igualmente condenables, Emmanuel Terray pide que no las confundamos. Si lo he entendido bien —es la única página oscura para mí de su diáfano ensayo—, las primeras serían menos graves en un plano moral por la naturaleza del sistema que las produjo: el comunismo es una filosofía inspirada, en teoría al menos, en la fraternidad universal, algo éticamente superior al nazismo antisemita y propugnador de la supremacía racial de los arios. Semejante distingo no puede ser más religioso, ya que valoriza los actos humanos por las intenciones secretas de las almas y resulta paradójico encontrarlo en una crítica tan empeñosamente racionalista como la de este libro. Lo atroz en Auschwitz o en Siberia no son las *motivaciones* de los verdugos, sino los cadáveres de los exterminados.

Para que el comunismo reviva, dice Terray, hay que purgarlo de vicios capitales, como asimilar el marxismo a la idea de una ciencia, y reemplazar el espíritu religioso que lo ha animado por el espíritu científico; librarlo del determinismo económico y sociológico y de la utópica ambición de establecer alguna vez la sociedad armoniosa y sin contradicciones, que tanto se parece al paraíso terrenal de los creyentes. ¿Qué queda, entonces? Las categorías del análisis económico y social; la teoría de la lucha de clases; la crítica del capitalismo; la alternativa socialismo o barbarie y una preferencia por la acción colectiva sobre la individual.

Pero la propuesta revolucionaria de Terray es política. Para que el comunismo vuelva a vivir debe renunciar a la conquista del poder, es decir, a ser un partido y a ocupar jamás el Estado. Porque el Estado es en sí mismo fuente de discriminación y de injustas jerarquizaciones sociales —esa división de la sociedad en una élite que manda y una masa que obedece— y no se puede, a la vez, gobernar y trabajar por «una reducción masiva de las prerrogativas del Estado» y, en última instancia, por «su disolución», requisito insustituible para que haya una auténtica justicia social.

Terray afirma que la noción leninista del partido, como una vanguardia esclarecida y férreamente militarizada, pervirtió al comunismo, inoculando en él la semilla antidemocrática y autoritaria, tal como lo denunciaron Rosa Luxemburgo y otros espartaquistas alemanes, cuyas críticas deben ser reivindicadas por los comunistas del futuro, los que deberán restaurar aquella tradición democrática y libertaria que Lenin interrumpió. Y éstos deben, también, hacer suyos aquellos llamados a la acción directa de la clase obrera con que los anarquistas atronaron los Congresos de la II Internacional, oponiéndose a las tesis de la «vanguardia». El revolucionario de mañana actuará sin el temor de que su libertad sea expropiada por la dirección burocrática del partido, pues ya no habrá partido, sólo acciones individuales y de grupos coordinadas por muy amplios y flexibles colectivos creados para metas específicas. Y no correrá riesgo alguno de que su acción se aparte y desentienda de la clase obrera, y abandone el recinto de la fábrica por el de la oficina sindical o el cónclave de la dirigencia, pues su único campo de batalla serán la propia fábrica o el taller, donde militará al mismo tiempo que comparte con sus hermanos de clase los rigores del trabajo obrero y padece día a día la explotación clasista.

En verdad, lo que Emmanuel Terray propone como proyecto de acción a los futuros comunistas lo llevaron a la práctica algunos de sus camaradas *maos*, luego de las fiestas revolucionarias del 68 en las calles de París. La casualidad ha hecho que yo haya leído, al mismo tiempo que su libro, el testimonio de uno de aquellos militantes, Daniel Rondeau (*L'Enthousiasme*, Quai Voltaire, 1988). En su elegante y melancólico relato, Rondeau recuerda cómo abandonó la Universidad y la capital y, para cambiar su piel burguesa por la de un obrero, emprendió el camino de la provincia y de la fábrica. Durante algunos años intentó propagar el maoísmo entre aquellos compañeros que le enseñaron a servirse de sus manos para ganarse la vida y cuyas rutinas, sordideces y diversiones compartió, hasta que la organización a la que pertenecía, *La Cause du Peuple*, decidió autodisolverse.

En esos años, Daniel Rondeau descubrió que la injusticia social no era menos severa de lo que consignan los manuales y la teoría de la revolución. Sino que categorías como las de «clase» y «condición obrera» son demasiado crudas y abstractas para abarcarlas en toda su complejidad y sutileza, para apresar a todos sus niveles y manifestaciones los abusos, discriminaciones y atropellos que los fuertes y poderosos infligen a los débiles siempre que pueden y en todos los estamentos y niveles de la vida social. Para combatir de manera más o menos eficaz la injusticia, omnipresente en la sociedad capitalista moderna, la teoría de la lucha de clases es inservible pues aquella injusticia recorre todo el organismo social y echa raíces donde encuentra un terreno propicio, que es por doquier. Desde luego que también en la injusticia hay jerarquías. No se puede poner en el mismo plano moral los tres mil millones de dólares que le robó al pueblo filipino Ferdinando Marcos y los menudos latrocinios del estibador que «vende» su derecho de trabajar en el puerto a un infeliz que carece de aquel privilegio y debe, por lo tanto, compartir el salario con un parásito. Pero lo importante es que la fuente de la injusticia está en un sistema que reproduce a todos los niveles el abuso, sin distinción de «clases».

La realidad económica contemporánea ha desvanecido casi por completo aquellas nítidas fronteras entre «obrero» y «burgués» que pudo trazar Marx en el siglo XIX, en función de la propiedad de los «medios de producción». Daniel Rondeau descubrió que uno de los mayores obstáculos para convencer a sus camaradas de trabajo, en las fábricas, de que asumieran su condición obrera, era que existía entre los obreros una heterogeneidad tan vasta y compleja como la que reina en ese ampuloso conglomerado que quiere uniformar la metafísica categoría marxista de «burgués».

Así, me temo que en ese valeroso *strip-tease* al que Emmanuel Terray somete al comunismo para que, como el Ave Fénix, renazca de sus cenizas, tendrá también que desasirlo de esa última prenda con la que aún lo viste: la lucha de «clases». ¿Significa eso que, una vez arrojada la última antigualla, despojado de todo aquello que lo cubrió y engalanó a lo largo de siglo y medio, sólo habrá un vacío desolador, el nimbo de un fantasma donde estuvo el poderoso cuerpo de la religión laica de la civilización moderna que derrumbó imperios, cambió la historia del mundo, produjo tragedias y sacrificios vertiginosos y encandiló a muchas generaciones de idealistas?

No. Porque lo que Terray se empeña todavía en llamar comunismo no es una doctrina sino una aspiración ética e intelectual que, por debajo de cualquier vestidura teórica, conserva intacta su razón de ser: la necesidad de eliminar la explotación económica y los abusos y discriminaciones sociales. Pero, debido a su terrible trayectoria, mucha agua deberá correr antes de que la sola palabra «comunismo» parezca de nuevo compatible con la idea de una sociedad en la que todas las injusticias puedan ser remediadas y alcance a todos una vida decente.

Berlín, junio de 1992

LA MORAL DE LOS CÍNICOS

En una conferencia sobre la vocación política («Politik als Beruf») ante una Asociación de Estudiantes, en Múnich, en 1919, Max Weber distinguió entre dos formas de moral a las que se ajustarían todas las acciones humanas «éticamente orientadas»: la de la convicción y la de la responsabilidad. La fórmula, que se hizo célebre, contribuyó casi tanto como sus estudios anticipadores sobre la burocracia, el líder carismático o el espíritu de la reforma protestante y el desarrollo del capitalismo al merecido prestigio del sociólogo alemán.

A primera vista cuando menos, aquella división parece nítida, iluminadora e irrefutable. El hombre de convicción dice aquello que piensa y hace aquello que cree sin detenerse a medir las consecuencias, porque para él la autenticidad y la verdad deben prevalecer siempre y están por encima de consideraciones de actualidad o circunstancias. El hombre responsable sintoniza sus convicciones y principios a una conducta que tiene presente las reverberaciones y efectos de lo que dice y hace, de manera que sus actos no provoquen catástrofes o resultados contrarios a un designio de largo alcance. Para aquél, la moral es ante todo individual y tiene que ver con Dios o con ideas y creencias permanentes, abstractas y disociadas del inmediato quehacer colectivo; para éste, la moral es indisociable de la vida concreta, de lo social, de la eficacia, de la historia.

Ninguna de las dos morales es superior a la otra; ambas son de naturaleza distinta y no pueden ser relacionadas en un sistema jerárquico de valores, aunque, en contados casos —los ideales— se complementen y confundan en un mismo individuo, en una misma acción. Pero lo frecuente es que aparezcan contrastadas y encarnadas en sujetos diferentes, cuyos paradigmas son el intelectual y el político. Entre estos personajes aparecen, en efecto, quienes mejor ilustran aquellos casos extremos donde se vislumbra con luminosa elocuencia lo diferente, lo irreconciliable de las dos maneras de actuar.

Si fray Bartolomé de las Casas hubiera tenido en cuenta los intereses de su patria o su monarca a la hora de decir su verdad sobre las iniquidades de la conquista y colonización de América no habría escrito aquellas denuncias —de las que arranca la «leyenda negra» contra España— con la ferocidad que lo hizo. Pero, para él, típico moralista de convicción, la verdad era más importante que el imperio español. También a Sartre le importó un comino «desprestigiar» a Francia, durante la guerra de Argelia, acusando al Ejército francés de practicar la tortura contra los rebeldes, o ser considerado un antipatriota y un traidor por la mayoría de sus conciudadanos cuando hizo saber que, como la lucha anticolonial era justa, él no vacilaría en llevar «maletas con armas» del FLN (Frente de Liberación Nacional Argelino) si se lo pedían.

El general De Gaulle no hubiera podido actuar con ese olímpico desprecio a la impopularidad sin condenarse al más estrepitoso fracaso como gobernante y sin precipitar a Francia en una crisis aún más grave que la que provocó la caída de la Cuarta República. Ejemplo emblemático del moralista responsable, subió al poder, en 1958, disimulando detrás de ambiguas retóricas e inteligentes malentendidos sus verdaderas intenciones respecto al explosivo tema colonial. De este modo, pacificó e impuso orden en una sociedad que estaba al borde de la anarquía. Una vez en el Elíseo, el hombre en quien una mayoría de franceses confiaba para que salvase Argelia, con suprema habilidad fue, mediante silencios, medias verdades y medias mentiras, empujando a una opinión pública al principio muy reacia, a resignarse a la idea de una descolonización, que De Gaulle terminaría por llevar a cabo no sólo en Argelia sino en todas las posesiones africanas de Francia. El feliz término del proceso descolonizador que logró, retroactivamente mudó lo que podían parecer inconsistencias, contradicciones y engaños de un gobernante, en coherentes episodios de una visión de largo alcance, en la sabia estrategia de un estadista.

En los casos de Bartolomé de las Casas, Sartre y De Gaulle, y en otros como ellos, todo esto resulta muy claro porque, debajo de las formas de actuar de cada uno, hay una integridad recóndita que contribuye a dar consistencia a lo que hicieron. El talón de

Aquiles de aquella división entre moralistas convencidos y moralistas responsables es que presupone, en unos y otros, una integridad esencial, y no tiene para nada en cuenta a los inauténticos, a los simuladores, a los pillos y a los frívolos.

Porque hay una distancia moral infranqueable entre el Bertrand Russell que fue a la cárcel por excéntrico —por ser consecuente con el pacifismo que postulaba— y la moral de la convicción de un Dalí, cuyas estridencias y excentricidades jamás lo hicieron correr riesgo alguno y, más bien, servían para promocionar sus cuadros. ¿Debemos poner en un mismo plano las extravagancias «malditas» que llevaron a un Antonin Artaud a una suerte de calvario y al manicomio y las que hicieron de Cocteau el niño mimado de la alta sociedad y miembro de la Academia de los inmortales?

Pero es sobre todo entre los políticos donde aquella moral de la responsabilidad se bifurca en conductas que, aunque en apariencia se asemejen, íntimamente se repelen. Las mentiras de De Gaulle a los activistas de la *Algerie Française* —«Je vous ai compris»— cobran una cierta grandeza, en perspectiva, juzgadas y cotejadas dentro del conjunto de su gestión gubernamental. ¿Se parecen ellas, en términos morales, a la miríada de mentiras que tantos gobernantes profieren a diario con el solo objetivo de durar en el poder o de evitarse dolores de cabeza, es decir, por razones menudas y sin la menor sombra de trascendencia histórica?

Esta interrogación no es académica, tiene que ver con un asunto de tremenda actualidad: ¿cuál va a ser el futuro de la democracia liberal en el mundo? El desplome del totalitarismo en Europa y parte del Asia ha insuflado, en teoría, nueva vitalidad a la cultura democrática. Pero sólo en teoría, pues, en la práctica, a lo que asistimos es a una crisis profunda del sistema aun en países, como Francia o Estados Unidos, donde parecía más arraigado e invulnerable. En muchas sociedades emancipadas de la tutela marxista, la democracia funciona mal, como en Ucrania, o es una caricatura, como en Serbia, o parece pender de un hilo, como en Rusia y Polonia. Y en América Latina, donde parecía haber sido vencida, la bestia autoritaria ha vuelto a levantar cabeza, en Haití y Perú, y acosa sin descanso a Venezuela.

Una triste comprobación es que, en casi todas partes, para la mayoría de las gentes la democracia sólo parece justificarse por contraste con lo que anda peor, no por lo que ella vale o pudiera llegar a valer. Comparada con la satrapía fundamentalista de Irán, la dictadura de Cuba o el régimen despótico de Kim il Sung, la democracia parece preferible, en efecto. Pero ¿cuántos estarían dispuestos a meter sus manos al fuego —a defender con sus vidas— un sistema que, además de mostrar una creciente ineptitud para resolver los problemas, parece en tantos países paralizado por la corrupción, la rutina, la burocracia y la mediocridad?

En todas partes y hasta el cansancio se habla del desprestigio de la clase política, la que habría expropiado para sí el sistema democrático, gobernando en su exclusivo provecho, a espaldas y en contra del ciudadano común. Esta prédica, que ha permitido a Jean Marie Le Pen y al neofascista Front Nacional echar raíces en un espacio considerable del electorado francés, se halla en boca del aprendiz de dictador peruano, Fujimori, quien despotrica contra la *partidocracia* y es el caballito de batalla del tejano Ross Perot, quien podría dar la gran sorpresa en las elecciones de Estados Unidos, derrotando, por primera vez en la historia de ese país, a los partidos tradicionales.

Excluido todo lo que hay de exageración y de demagogia interesada en esas críticas, lo que queda de verdad es todavía mucho, y muy peligroso para el futuro de un sistema que, pese a sus defectos, es el que ha traído más prosperidad, libertad y respeto a los derechos humanos a lo largo de la historia. Y lo más grave que queda es la distancia, a veces grande y a veces enorme, entre gobernantes y gobernados en la sociedad democrática. La razón principal de este alejamiento e incomunicación entre el ciudadano común y aquellos que, allá arriba, en los alvéolos de la administración, en los gabinetes ministeriales o en los escaños parlamentarios, deciden su vida (y a veces su muerte) —la clase política— no es la complejidad creciente de las responsabilidades de gobierno, y su consecuencia inevitable, tan bien analizada por Max Weber, la burocratización del Estado, sino la pérdida de la confianza. Los electores votan por quienes legislan y gobiernan, pero, con excepciones cada vez más raras, no creen en ellos. Van a las urnas a depositar su voto cada cierto tiempo, de manera mecánica, como quien se resigna a un ritual despojado de toda sustancia, y a veces ni siquiera se toman ese trabajo: el abstencionismo, fenómeno generalizado de la democracia liberal, alcanza en algunos países cotas abrumadoras.

Esta falta de participación es ostensible en ocasión de los comicios; pero es aún más extendida, y ciertamente más grave, en el funcionamiento cotidiano de esas instituciones claves de una democracia, que son los partidos políticos. Aquélla no es concebible sin éstos, instrumentos nacidos para segurar, de un lado, el pluralismo de ideas y propuestas, la crítica al poder y la alternativa de gobierno, y, de otro, para mantener una comunicación permanente entre gobernados y gobernantes, a escala local y nacional. Los partidos democráticos cumplen cada vez menos con esta última función porque en casi todas partes —democracias incipientes o avanzadas— se van quedando sin militantes, y el desafecto popular los convierte en juntas de notables o burocracias profesionalizadas, con pocas o nulas ataduras al grueso de la población, de la que un partido recibe el flujo vital que le impide apolillarse.

Se esgrimen muchas explicaciones de este desgano colectivo para con unas instituciones de cuya renovación y creatividad permanentes depende en buena medida la salud de una democracia, pero muchas de ellas suelen confundir el efecto con la causa, como cuando se dice que los partidos políticos no atraen adhesiones porque carecen de líderes competentes, de dirigentes dotados de aquel *carisma* de que hablaba Weber (sin imaginar qué clase de líder carismático le sobrevendría muy pronto a Alemania). La verdad es la inversa, claro está: aquellos dirigentes no aparecen porque las masas ciudadanas se desinteresan de los partidos. Y de la vida política, en general. (No hace mucho leí una encuesta, sobre el destino de los jóvenes graduados con los calificativos más altos en las universidades norteamericanas: la gran mayoría elegía las corporaciones y, después, distintas profesiones liberales; la política era elección de una insignificante minoría).

La falta de fe, la pérdida de confianza del ciudadano común en sus dirigentes políticos —cuyo resultado es la pérdida de autoridad de la clase política en general— se debe, básicamente, a que la realidad ha convertido en un simulacro bochornoso aquella moral de la responsabilidad, supuestamente connatural al político, que Max Weber distinguió con sutileza de la moral de la convicción, lujo de irresponsables. Una suerte de consenso se ha establecido que hace de la actividad política, en las sociedades democráticas, una mera representación, donde las cosas que se dicen, o se hacen, carecen del respaldo de las convicciones, obedecen a motivos y designios opuestos a los confesados explícitamente por quienes gobiernan, y donde las peores picardías y barrabasadas se pueden justificar en nombre de la eficacia y del pragmatismo. En verdad la sola justificación que tienen es la tácita aceptación a que ha llegado la sociedad de que la política es un espacio reservado y aparte, parecido a aquel que definió Huizinga para el juego, con sus propias reglas y su propio discurso y su propia moral, al margen y a salvo de las que regulan las del hombre y la mujer del común.

Es esta cesura entre dos mundos impermeabilizados entre sí lo que está empobreciendo a la democracia, desencantando de ella a muchos ciudadanos y volviéndolos vulnerables a los cantos de sirena xenófobos y racistas de un Le Pen, a la chamuchina autoritaria de un Fujimori, a la demagogia nacionalista de un Vladímir Meciar o al populismo antipartidos de Ross Perot, y lo que mantiene todavía viva la romántica solidaridad en muchos beneficiarios de la democracia con dictaduras tercermundistas.

Por eso conviene, como primer paso para el renacimiento del sistema democrático, abolir aquella moral de la responsabilidad que, en la práctica —donde importa— sólo sirve para proveer de coartadas a los cínicos, y exigir de quienes hemos elegido para que nos gobiernen, no las medias verdades responsables, sino las verdades secas y completas, por peligrosas que sean. Pese a los indudables riesgos que implica para un político no mentir, y actuar como lo hizo Churchill —ofreciendo sangre, sudor y lágrimas a quienes lo habían llamado a gobernar— los beneficios serán siempre mayores, a mediano y largo plazo, para la supervivencia y regeneración del sistema democrático. No hay dos morales, una para los que tienen sobre sus hombros la inmensa tarea de orientar la marcha de la sociedad, y otra para los que padecen o se benefician de lo que aquéllos deciden. Hay una sola, con sus incertidumbres, desafíos y peligros compartidos, en la que convicción y responsabilidad son tan indisociables como la voz y la palabra o como el ojo y la mirada.

Berlín, julio de 1992

VIOLENCIA Y FICCIÓN

En el año 1975 coincidí, en el jurado de un festival de cine, con el poeta libanés de lengua francesa Georges Schéhadé. Era un viejecillo alerta y delicado, al que la ración de cuatro o cinco películas diarias producía vértigos. Un día nos confesó a sus colegas del jurado que hasta entonces sólo iba al cine un par de veces al año.

Las violencias en el Líbano acababan de comenzar y una tarde le oí decir algo que, desde entonces, vuelve de manera recurrente a mi memoria. «Yo creí que conocía mi país. Era un modelo para el Medio Oriente. Las razas, las culturas y las religiones convivían en el Líbano sin problemas y todos se beneficiaban de la prosperidad general. Ahora, de pronto, todos se odian y se matan unos a otros, incluso en el seno de las familias. No reconozco nada ni entiendo ya nada de lo que pasa allí, salvo que la civilización es una delgadísima película que en cualquier momento se puede quebrar».

Cuando las primeras acciones de Sendero Luminoso estallaron en el Perú, en 1980, nadie las tomó muy en serio y los voceros del gobierno solían minimizarlas así: «¿Terrorismo? No. Petardismo...». Los perros colgados en los faroles de Lima con insultos a Deng Xiaoping, la carga de dinamita que averiaba un puente, el asesinato de un oscuro alcalde en una remota aldea de los Andes, parecían las extravagantes brutalidades de un puñado de fanáticos sin el menor futuro, a las que pondría fin, en un dos por tres, una patrulla de la Guardia Civil.

Doce años después, el número de víctimas a consecuencia de la subversión debe rondar los treinta mil muertos y los daños materiales ascienden cuando menos a veinte mil millones de dólares, una suma próxima a toda la deuda externa del Perú. Pero estas cifras, aunque enormes, no dan ni una vaga idea del deterioro generalizado de la vida, del desplome de la moral cívica y de los supuestos básicos de la convivencia que esconden esas frías estadísticas.

La historia de César y Chelo, en cambio, tal vez sí. A él lo conocí en el colegio, en mi infancia piurana. Era un gordito amiguero y palomilla, al que sus padres mandaban a clases como endomingado. Dejé de verlo siglos, y, un día, ya tirando para hombres maduros los dos, me lo volví a encontrar, siempre en Piura. Yo andaba recorriendo el interior del departamento para ambientar una novela, y él, que vendía y compraba productos agrícolas en las cooperativas, me fue de gran ayuda. En su camioneta dimos mil vueltas y revueltas por los poblados del desierto y arañamos también las estribaciones de la sierra norteña.

Estaba casado con una esbelta y alegre piurana y tenían tres hijos adolescentes. Una típica familia de clase media, sana y magnífica, luchando con empeño y sin perder el humor para salir adelante, en medio del sistemático colapso de la economía que el populismo trajo al Perú en las últimas décadas, un período en el que, con raras excepciones, los ricos se volvieron menos ricos, la clase media se encogió y proletarizó y los pobres se volvieron pobrísimos y miserables.

Durante la campaña electoral de 1987 a 1990, vi mucho a Chelo y César. Nunca habían hecho antes política y estoy seguro de que ambos desconfiaban de la política como de algo ruin y peligroso; pero, como muchas otras parejas de clase media, en aquella ocasión se ilusionaron con la idea de un cambio para su desventurado país y con tanta generosidad como idealismo y desinterés, entregaron su tiempo y su energía a trabajar para hacerlo posible. Me alegraba verlos, cada vez que iba a Piura, por la limpieza de su esfuerzo y por la cálida y estimulante simpatía que emanaba de toda esa familia.

Después fui sabiendo de ellos muy de rato en rato. Dos de sus hijos, un varón y una muchacha, terminado el colegio partieron a Lima, a la universidad. Vivían en un departamento, en Miraflores, y la noche aquélla estaba allí también Chelo y un compañero de sus hijos. La explosión los borró a los cuatro en un segundo. Mató también a decenas de personas más, en el mismo edificio, que quedó en escombros y causó centenares de heridos en el barrio. La onda expansiva de la carga fue tan poderosa que pulverizó casi todos los vidrios del edificio donde vive mi madre, a diez manzanas del lugar.

El atentado no tenía un blanco específico, su objetivo era indeterminado, genérico: destruir lo máximo, matar al mayor número.

Se habla de un atentado «clasista», semejante al de Ravachol, quien, al lanzar aquella bomba contra los comensales del «Café de la Paix», en París, gritó: «Nadie es inocente». Miraflores es un barrio de clase media, es verdad, pero entre las víctimas abundan peruanos de los sectores más humildes: cuidadores de coches, guardianes, sirvientes, mendigos. Leo que «Sendero quería levantar la moral de sus combatientes con una acción espectacular». O que, en esta nueva etapa de su lucha, alcanzado el «equilibrio estratégico con las Fuerzas Armadas», se trata de sembrar el caos y el pánico en la capital, en espera del asalto decisivo.

El hecho concreto sin embargo es más iluminador que todas las interpretaciones y teorías. Hoy hay peruanos convencidos de que, volando en pedazos edificios y viviendas y pulverizando a familias como la de Chelo y sus hijos, se repara injusticias y se mejora la condición de los pobres. Eso ya no tiene nada que ver con la política. Es el triunfo de lo irracional, el retorno a ese estadio primario de salvajismo del que el hombre partió, hace millones de años, a conquistar la razón, el sentido común, los valores primordiales de la supervivencia y la convivencia, en una palabra, a humanizarse.

Pero acaso lo más terrible de todo lo que ocurre en el Perú es que la helada crueldad con que Sendero Luminoso perpetra sus crímenes parece estar dando exactamente los frutos previstos: la gradual barbarización del conjunto de la sociedad. No de otra manera se explica que, si las encuestas no mienten, una inmensa mayoría de peruanos haya celebrado como una bendición del cielo que el ingeniero Fujimori, en complicidad con una cúpula de generales, pusiera fin al sistema democrático, clausurara el Congreso e instalara un régimen basado, como todas las dictaduras, no en la ley sino en la fuerza bruta.

La razón profunda de este apoyo no es la inoperancia del Parlamento y del Poder Judicial ni los avances de la corrupción. Estos son meros pretextos, pues todos saben que, si ineficiencia y corrupción prosperan en el Perú en los períodos democráticos, con los dictadores lo hacen de una manera geométrica. La verdadera razón es la creencia de que a un enemigo de la ferocidad de Sendero Luminoso no lo puede derrotar una «débil» democracia; sólo un régimen de hierro, como el de los generales argentinos, que acabó con el ERP (Ejército Revolucionario del Pueblo) y los montoneros, o el de Pinochet, que, luego de un baño de sangre, trajo a Chile paz y desarrollo.

Quienes piensan así coinciden milimétricamente con los designios de Sendero Luminoso. Desde que desató la guerra, cuando el país se aprestaba a volver a la democracia, luego de doce años de régimen militar, Sendero buscó por todos los medios el golpe de Estado. Por eso sus campañas de intimidación a los campesinos para que no votaran en las elecciones (incluso cortándoles los dedos) y sus asesinatos masivos de candidatos y de autoridades elegidas. Con un certero instinto de lo que conviene a sus intereses, Sendero ha hecho cuanto ha podido para que la «débil» democracia se desintegre y sea reemplazada por un gobierno fuerte, una autocracia sin bridas ni frenos, libre de cometer todas las tropelías sin rendir cuentas a nadie. Gracias al señor Fujimori, a un puñado de militares irresponsables, y con el beneplácito de gran número de peruanos, Sendero Luminoso ya tiene lo que tanto deseó. Por eso en los últimos tres meses ha habido más acciones terroristas, víctimas y estragos que en todo el año anterior.

Esta escalada terrorista debería desvanecer la insensata fantasía según la cual una dictadura es el mejor remedio contra la subversión. En el terreno de la pura violencia, tiene todas las de ganar no el que en el papel luce más tanques, sino el más fanático, el que se siente más armado de razones y argumentos para justificar el crimen. Por más lejos que vaya en este camino, la dictadura sólo conseguirá, debido a la inevitable matanza de inocentes que implica, el repudio de la comunidad internacional y enajenarse cada vez más sectores de los que ahora la apoyan. En la espiral de la violencia, éstos irán pronto descubriendo que un gobierno que pierde la legitimidad, no importa por cuanto tiempo guarde las apariencias, acaba siempre por representar una forma de barbarie semejante a la de quienes lo combaten con asesinatos y atentados. La decepción de aquéllos, que esperan de la dictadura más trabajo y encontrarán más desempleo, de los que confían en que traiga la paz y se descubrirán inermes frente a los peores abusos, robustecerá las filas del extremismo mucho mejor que todas las escuelas ideológicas de Maoísmo y del Pensamiento Gonzalo de las barriadas. Nunca en la historia de América Latina, una revolución derrocó a un gobierno democrático. Las cuatro que pueden aspirar a este calificativo (las de México, Bolivia, Cuba y Nicaragua) triunfaron porque se enfrentaron a dictaduras.

Eso lo sabe Sendero Luminoso y deberían aprenderlo de una vez mis insensatos compatriotas partidarios del «baño de sangre». El que siembra vientos cosecha tempestades —dice el refrán— y éste es el rumbo que ha tomado el Perú desde el 5 de abril, trizando esa delgada película que separa la civilización de la ley de la jungla, aceptando que lo que era el enfrentamiento de la legalidad contra el terror, de la libertad contra el totalitarismo, se convirtiera en la lucha entre dos formas de arbitrariedad y prepotencia, entre dos encarnaciones del salvajismo. Ese camino no conduce a la pacificación del país, sino a lo que hasta hace poco parecía impensable: una victoria de Sendero y su probable corolario, la intervención militar extranjera y la desintegración del Perú.

Todavía en los comienzos de la violencia política en el Perú, escribí una novela, *Historia de Mayta*, fantaseando una situación poco menos que apocalíptica, de guerra civil, terrorismo generalizado y ejércitos extranjeros invadiendo el territorio peruano. No quería proponer una anticipación histórica sino explorar las consecuencias de la ficción en la vida, cuando ella se vuelca en la literatura o cuando, disfrazada con el ropaje de la ideología, se empeña en modelar la sociedad a su imagen y semejanza. Pero, desde 1984, he visto con espanto cómo aquella fabulación delirante iba dejando de serlo y se iba convirtiendo en una ficción realista y —casi casi— en un reportaje de actualidad.

Nada parece ser imposible en la historia moderna, convertida poco menos que en ramal de la literatura fantástica. Ella es capaz de materializar la pesadilla, pero también felizmente algunos sueños de tecnicolor. Que la historia reproduzca la ficción en el Perú es hasta ahora cierto sólo en el sentido de los más escalofriantes extremos. Pero también podría serlo en la otra dirección, la del desarrollo y el progreso, algo que pasa inevitablemente por el fortalecimiento de la ley y la expansión de la libertad, por el triunfo de la democracia. El restablecimiento de esa suma de principios, instituciones y hábitos, que dan vida a un Estado de Derecho, es el requisito primero para que el Perú pueda parar su caída libre hacia una suerte de holocausto histórico y emprenda la ardua recuperación.

Fuschl, Austria, agosto de 1992.

EN LA TIERRA DE LOS PUROS

Entre Peshawar y Torkham, ciudad fronteriza afgano-paquistaní, hay unos sesenta kilómetros de tierra abrupta y estéril, calcinada por un sol de espanto, en cuyas cumbres menudean los fuertes de barro y piedra construidos por los británicos en el siglo pasado para proteger el tren que iba a Jalabad y Kabul. Éste es el famoso *Khyber Pass*, escenario de feroces carnicerías durante las guerras imperialistas y de hermosas historias de Rudyard Kipling. La comarca se llama ahora Provincia Fronteriza Noroccidental *(North-West Frontier Province)*, de Pakistán, pero es, en verdad, una tierra de tribus soberanas que viven del contrabando, la guerra y la heroína, y que aún gobiernan, como en los tiempos en que Alejandro Magno las invadió, jefezuelos de horca y cuchilla.

Todo el mundo está armado con Kaláshnikov, hasta los camelleros y pastores de cabras que, acuclillados como aves zancudas, se defienden del sol bajo las secas ramas de unos árboles que parecen algarrobos. En todos los mercadillos y tiendas del camino nos ofrecen armas —desde modernas metralletas hasta mosquetes prehistóricos— junto con los mismos quepis, gorras, correajes, uniformes, medallas y símbolos del extinto Ejército soviético que yo he visto vender en la puerta de Brandeburgo, de Berlín. Pero los *muyahidin* que los arrebataron y trajeron ya no están aquí. Han retornado a Afganistán, donde, después de guerrear once años contra los invasores soviéticos, ahora guerrean entre sí.

Las matanzas de los últimos días en Kabul, a la que los *muyahidin* fundamentalistas de Gulbuddin Hekmatyar bombardean sin misericordia, frustran mi propósito de ir a ver el trabajo de los voluntarios que, como parte del programa de asistencia de la ONU llamado Operación Salam, tratan de desactivar los diez millones de minas que, se calcula, sembraron guerrilleros y soviéticos en el suelo de Afganistán. En medio de la monumental estupidez de esta guerra, que ha dejado ciegos, cojos, mancos e inválidos de mil maneras a dos millones de afganos —uno de cada siete u ocho sobrevivientes del cataclismo—, el empeño de estos voluntarios por hacer de nuevo hospitalaria y laborable esa tierra en la que todavía siguen —y seguirán por un buen tiempo— saltando en pedazos niños, mujeres, chivos, perros y todo lo que se aventura por ella, me ha conmovido. Desde que el espigado coronel australiano que dirige el programa me lo explicó, en Islamabad —mostrándome fotos de los pastores alemanes amaestrados para olfatear los explosivos y el delicadísimo trabajo de cada desactivador—, he querido verlo con mis propios ojos. Tengo los permisos necesarios pero la frontera está cerrada, porque las autoridades paquistaníes temen un reflujo masivo del millón de refugiados afganos que en los últimos meses, esperanzados con las perspectivas de paz, regresó a su país.

Torkham es un atolladero humano indescriptible, por las encontradas corrientes de refugiados que quieren partir o regresar y que afluyen en ambas direcciones hacia esta frontera, una escuálida valla en la que una compañía de infantes paquistaníes, tocados con pañuelos de colores, intenta poner orden. A las escasas nativas de la región que se muestran por allí se las reconoce al instante, pues andan sumergidas en la *burqa*, especie de tienda de campaña que las cubre de pies a cabeza, con una minúscula rejilla bordada a la altura de los ojos, que les da una apariencia de ciencia-ficción. Las afganas son tan pobres que apenas llevan una *dupatta* para los cabellos. Pero si Gulbuddin Hekmatyar se sale con la suya tendrán también que asfixiarse debajo de la *burqa* las raras veces que consigan franquear los muros de su casa.

Esto es la Edad Media, sin duda, pero incrustada en el siglo XX. En todas las esquinas polvorientas de Torkham se cambian rupias paquistaníes por dinero afgano, con ayuda de calculadoras japonesas, y los puestos del mercado lucen una impresionante colección de radios, televisores y electrodomésticos fabricados en Europa y Asia y metidos aquí de contrabando, junto a las inevitables alfombras y cacharros de artesanía.

Regreso a Peshawar y me extravío en el dédalo de callecitas de la ciudad vieja, dando mil vueltas y revueltas en busca del llamado Bazar de los Contadores de Historias. Aparece, al fin, y hay en él Mercedes Benz junto a carritos tirados por caballos y camiones y autobuses maquillados y engalanados como damiselas: con collares, aretes y minuciosos tatuajes de frutos y flores en toda la carrocería. Aquí venían, al parecer, desde hace siglos, narradores orales de todo el Oriente a deslumbrar a la gente con su arte suasorio y sus fantasías. La tradición no se ha perdido del todo, pero ahora, en vez de oírlos de viva voz, aquellos cuentos y recitales se oyen en casetes, pregonadas en todos los puestos. Compro una, por solidaridad profesional, pero me quedo en la luna, pues las historias se cuentan en *pashto*.

Durante la guerra de Afganistán, Peshawar hervía de periodistas occidentales y de espías de todas las potencias mundiales. Por aquí pasaron los cientos de millones de dólares que Estados Unidos gastó apoyando a los *muyahidin* y el modernísimo armamento que permitió a éstos resistir a los invasores, derrotarlos, y que les permite, ahora, matarse entre ellos. Desde que los soviéticos se retiraron del vecino país, en 1988, la ciudad recuperó su aislamiento y letargo. Pero la guerra le dejó como sedimento a buena parte de los dos millones y pico de refugiados a los que las luchas entre las facciones rivales impiden aún el retorno a Afganistán.

He leído y escuchado cosas tan terribles sobre los campos donde se hacinan aquellos desarraigados, que la mañana que paso en uno de ellos me llevo una sorpresa. La pobreza es enorme, desde luego, y las condiciones de existencia dificilísimas, pero, con todo, no hay allí el aniquilamiento moral, ese desplome del instinto de vida que he visto, por ejemplo, en algunas comunidades de los Andes devastadas por la miseria y el terror. Por el contrario, la esquelética chiquillería atruena el día con sus juegos y denota una vitalidad a flor de piel, mientras se revuelca en el barro o corretea detrás de una pareja de búfalos. Viven en el infierno, pero no están derrotados.

Esta impresión se confirma en la vivienda a la que nos introduce el afgano que nos guía hasta allí, un hombre alto y de ojos claros, con una barba luenga y una túnica blanca, que habla un inglés muy masticado. Esta casa de barro la construyó con sus manos, hace diez años, y en ella nacieron cuatro de sus ocho hijos, de los cuales han muerto tres. Nos presenta a un pariente recién llegado, desertor del ejército afgano, y se empeña en que compartamos con ellos un pedazo de pan. Luego, nos lleva a un pozo de agua que él mismo excavó. Nos dice que ése es «un lugar sólo para mujeres», pero cuando nosotros pretendemos retirarnos nos retiene y llama a su mujer y a una hija, y nos las presenta. Mi acompañante me asegura que se trata de un gesto excepcional.

¿Cómo es posible que la presencia de un cuerpo forastero tan numeroso, tres millones y medio de refugiados, no haya provocado animadversión y rechazo en la población paquistaní? Mi interlocutor es categórico: aquí, en Peshawar, la cohabitación de ambas comunidades ha sido pacífica y amistosa y los afganos no se han sentido jamás discriminados. Buen ejemplo, sin duda, para aquellas sociedades poderosas del Occidente a las que las relativamente pequeñas migraciones del este europeo, o del norte africano, convulsionan y aterran. Pero es verdad que la digestión de la gran marea foránea, en el caso de Peshawar, ha sido facilitada por la religión, la lengua y las costumbres comunes.

La tolerancia, por lo demás, no es una virtud generalizada en Pakistán. En los guetos cristianos de Islamabad y Lahore que visito, los testimonios que recibo sobre el desprecio y la marginación de que son víctimas sus moradores resultan penosos. Se trata de comunidades muy pequeñas, de hombres y mujeres que se ganan la vida con los oficios más desdeñados —sirvientes, barredores de calles, mandaderos—, autorizados a practicar su religión pero que no accederán jamás a puestos importantes en la burocracia o el Ejército.

Pakistán, la «tierra de los puros», es una república islámica. Su fundador, Jinnah, soñaba hacer de ella una sociedad secular y moderna, donde habría una clara delimitación de lo religioso y de lo público. Pero, tanto por culpa de los regímenes despóticos como de los fugaces gobiernos democráticos que ha tenido, ha ido siendo empujada, cada vez más, al integrismo religioso. Ahora, en teoría al menos, impera en ella la ley coránica. Me aseguran que la amputación de las manos a los ladrones y otros castigos corporales dictados por los tribunales casi no se aplican, debido a la renuncia de los cirujanos del país a oficiar de verdugos. La influencia de los *mullahs* es omnipresente, y también su prepotencia, como le consta a mi mujer, a quien uno de ellos casi se come viva, al salir de la visita a la gigantesca mezquita del rey Faysal, en Islamabad, por haberse quitado el pañuelo de la cabeza. En la televisión un implacable censor distorsiona la imagen cada vez que aparece un tobillo o un hombro de mujer, pero, en cambio, en la prensa paquistaní de lengua inglesa leo editoriales y artículos que critican al gobierno con mucha libertad.

¿Quién imaginaría, paseando por la ancha y elegante avenida de Jinnah, en la modernísima ciudad de Islamabad, que aquí comenzaron, en febrero de 1989, los primeros motines callejeros por *Los versos satánicos*, que culminarían con la condena a muerte, por el ayatolá Jomeini, de Salman Rushdie? Nadie ha podido averiguar quién o quiénes incitaron aquella mañana a esa muchedumbre de analfabetos (el 75% del país), luego de las plegarias matutinas, a avanzar por esta avenida pidiendo a gritos su cabeza y a atacar el American Centre. Una decena de personas murió en aquella asonada y desde entonces, por esa misma razón, ha seguido muriendo gente en distintos países del mundo, se han asaltado librerías y quemado libros, aterrorizado a editores y traductores y se tiene viviendo en capilla, a salto de mata, al autor de aquella ficción que —se puede meter por ello las manos al fuego— ninguno de sus perseguidores siquiera leyó.

Nada de esa barbarie se percibe a simple vista, en esta capital de calles pulquérrimas y parques incontables, sin mendigos y, aparentemente, sin ladrones, donde un amigo diplomático me asegura que nunca echa llave a su casa. Pero, como en Brasilia o Canberra, capitales de las que es más o menos contemporánea, hay en Islamabad algo artificial, un contraste cronológico demasiado grande con el profundo y antiguo país que le toca presidir. En cambio, en la oleaginosa Lahore, el peso de la historia transpira por todos los poros de la ciudad. Como todo el mundo, cumplo mi deber de visitante escalando las murallas de la fortaleza de los remotos emperadores y aspiro la fragancia de los geométricos jardines que rodean sus sepulcros. Y, luego, hago una peregrinación más personal, en pos de las huellas, ya casi inexistentes, de un contador de historias que encandiló muchas noches de mi juventud. Todavía existe el museo del que su padre fue curador, y, con un poco de fantasía y voluntad es posible, recorriendo el pesado edificio de piedra donde se editaba el *Lahore and Military Gazette*, imaginarse bajo estas calurosas bóvedas al joven Rudyard Kipling, hilando con la destreza de los tejedores nativos de alfombras, la trama de sus primeras ficciones.

Islamabad, septiembre de 1992

EL PRESO 1.509

La captura del tristemente célebre Abimael Guzmán, alias *Presidente Gonzalo*, ha significado un serio revés y, acaso, el lento principio del fin para Sendero Luminoso, fanática organización terrorista, responsable de una guerra revolucionaria de trece años que ha causado unas treinta mil muertes y daños por cerca de veinte mil millones de dólares en el Perú.

Aunque se declara marxista-leninista y, sobre todo, maoísta, Sendero Luminoso practica el culto de la personalidad de manera cuasi religiosa y ha divinizado a su líder, «la cuarta espada del marxismo», a extremos que sólo Stalin y Mao alcanzaron en sus períodos de gloria. Este hecho y la estructura vertical, rígidamente centralizada, de Sendero, traerá como consecuencia inmediata que, ahora que el inspirador y jefe supremo del que todo dependía está entre rejas, cunda la desmoralización entre muchos senderistas, los organismos supervivientes queden semiparalizados y sean mucho más vulnerables. Si las autoridades actúan con rapidez, podrían darle el golpe de gracia.

Pero el gobierno *de facto* de Alberto Fujimori parece empeñado en desaprovechar esta oportunidad con operaciones publicitarias oportunistas de muy dudoso tino, como exhibir a Abimael Guzmán en una jaula de fieras, con un traje a rayas y numerado, y hacerlo desnudarse ante las cámaras de televisión, en humillantes y circenses ceremonias, que, además de constituir una flagrante violación de los derechos humanos inherentes a cualquier reo (aun el de prontuario más sangriento), sólo servirán para dotarlo de una aureola de martirio y galvanizar a sus fanáticos seguidores. La sangre que las apocalípticas teorías y consignas de Abimael Guzmán han hecho correr, sobre todo entre los peruanos de condición más humilde, y los estragos económicos y políticos que ellas causaron al Perú, requieren una sanción ejemplar, desde luego. Pero una sanción *legal,* resultado de un proceso digno de este nombre, ante un tribunal competente y según normas jurídicas civilizadas, algo que sólo un Estado de Derecho está en condiciones de aplicar.

Las disposiciones dadas por el gobierno *de facto* para juzgar a los acusados de terrorismo —jueces invisibles, audiencias secretas, prohibición a la defensa de llamar testigos y de apelar las sentencias— están más cerca de esas aberraciones jurídicas que son los «juicios populares» con que Sendero Luminoso justifica sus crímenes, que, digamos, de los procesos judiciales que se siguen en España a los acusados de ETA o en Gran Bretaña a los terroristas del IRA. Esto puede parecer *eficaz* en el corto plazo, pero en el mediano y en el largo no lo es, pues si una sociedad, para combatir mejor al terrorismo, adopta sus métodos, es aquél el que gana la guerra, aunque parezca perder todas las batallas. (Esto no lo dice un simpatizante de Sendero, desde luego, sino alguien que combatió a esa organización desde el primer día, dentro y fuera del Perú, a quien los terroristas intentaron matar en dos ocasiones y muchos de cuyos amigos y colaboradores fueron blanco de sus crímenes. Pero éstos murieron porque querían acabar para siempre con el salvajismo en el Perú, no reemplazar la barbarie del terror con la de una dictadura). La captura de Guzmán ha despertado grandes ilusiones en un país ya harto de los dinamitazos y apagones cotidianos, del toque de queda, de vivir en la inseguridad y el miedo. Por eso, millares de peruanos, al conocer la noticia, salieron a las calles, exultantes, a cantar el himno nacional y embanderaron sus casas. Pero, por desgracia, es improbable que la terrible violencia política y social que vive el Perú desde hace algunos años desaparezca en un futuro inmediato. Porque las circunstancias que ganaron una cierta audiencia a la prédica apocalíptica de Guzmán, y el odio, resentimiento y frustración que empujaron a muchos estudiantes, maestros, campesinos, intelectuales y desarraigados *(lumpen)* a poner las bombas y cometer los salvajes asesinatos de Sendero siguen allí y pueden servir de fermento a nuevos cataclismos.

Se trata de una vieja historia que comenzó hace casi cinco siglos, con el trauma de la conquista. Ella estableció, en la sociedad peruana, una división jerárquica entre la pequeña élite occidentalizada y próspera y una inmensa masa de origen indio, miserable, a la que aquélla discriminó y explotó sin misercordia a lo largo de toda la Colonia y de la República. A diferencia de otros países latinoamericanos, como Argentina, Venezuela o México, donde el crecimiento de la clase media y el mestizaje amortiguaron de manera considerable los antagonismos sociales y permitieron una modernización de vastos sectores del país, en el Perú aquella ezquizofrenia histórica ha continuado: hay dos naciones, casi impermeables la una a la otra, que conviven en una tensa y recelosa animadversión recíproca.

Los forasteros que recorren la hermosa geografía peruana, o visitan sus maravillas arqueológicas (pocos, en los últimos años) quedan espantados al advertir la vertiginosa distancia que hay entre los niveles de vida de la alta clase media y de los ricos peruanos y los de esas inmensas masas de las barriadas o de las aldeas de los Andes, entre las que epidemias como la del cólera hacen estragos, que viven sin agua, sin luz, sin trabajo, sin las más elementales condiciones de higiene y, lo peor de todo, sin esperanza.

El Perú es un país rico, porque su suelo está lleno de riquezas (tanto que, en España y Francia, aún se usa una expresión del siglo XVIII, ¡Vale un Perú!, para dar idea de lujo y opulencia), pero la mayoría de peruanos siempre han sido pobres. En los últimos treinta años su suerte se agravó y empezaron a ser pobrísimos y miserables y a hundirse, cientos de miles de ellos, en un abismo de desesperación que hizo, a algunos, receptivos al mensaje nihilista y autodestructivo de Sendero Luminoso.

Acaso peor que la falta de solución para los problemas económicos y sociales de un país son las soluciones equivocadas, aquellas que empeoran lo que pretenden corregir. Es lo que ocurrió en el Perú durante la dictadura militar izquierdista del general Velasco (1968-1980), que nacionalizó cerca de doscientas empresas, colectivizó las tierras y reemplazó a los antiguos hacendados y empresarios por burócratas o mafias políticas, y cuadruplicó el número de empleados públicos. Sin la catástrofe que significó esa experiencia para el Perú, Sendero Luminoso jamás hubiera llegado a ser lo que fue; su destino, probablemente, se confundiría con el de tantos grupúsculos ultraextremistas efímeros que jamás salieron de la catacumba y murieron sin pena ni gloria, en tantos países de América Latina, en la década del radicalismo, los sesenta.

La dictadura de Velasco, que se proclamaba socialista y revolucionaria, reclutó al Partido Comunista prosoviético y a otras fuerzas de izquierda —sobre todo la izquierda intelectual— que la apoyaron resueltamente a cambio de una participación (limitada, por lo demás) en el poder, sobre todo en los grandes entes burocráticos que aquélla erigió para administrar el magnificado sector público. Esta colaboración con el régimen militar provocó una radicalización frenética en ciertos sectores marxistas y trotskistas, que denunciaban el oportunismo «revisionista» de los colaboradores y, para desmarcarse de ellos y mostrar su diferencia, se confinaban en una ortodoxia «maoísta» delirante. Éste es el contexto político que está detrás del fundamentalismo ideológico de Abimael Guzmán y de sus dicterios, de aliento inquisitorial, contra esa izquierda que llama de «cretinos parlamentarios», y la explicación de que el Perú haya sido el único país latinoamericano en el que el maoísmo más radical llegara a convertirse en una fuerza política de cierto arraigo popular. Esta prédica no hubiera encontrado eco, por lo demás, sin el empobrecimiento atroz de grandes sectores del pueblo peruano que trajo consigo la política populista y colectivista de la dictadura militar.

Esta política de nacionalismo económico, hostigamiento a la empresa privada, desaliento a la inversión extranjera, socialización de la economía, alcanzaría nuevas cimas durante el gobierno de Alan García Pérez (1985-1990), quien, con su declaratoria de guerra al Fondo Monetario Internacional, su intento de estatizar los bancos y seguros y la coruscante corrupción precipitaría el aislamiento y el desmoronamiento económico del Perú. El país fue declarado «inelegible» para recibir créditos por el sistema financiero mundial y la inflación acumulada en los cinco años del presidente García superó el millón por ciento. En ese período los salarios reales de los trabajadores se redujeron en dos tercios y el sueldo de los empleados en un 50%.

Pero, por tremendas que sean, esas estadísticas no revelan la magnitud de la catástrofe. Ella se mide, sobre todo, en la pérdida de la confianza en el país, de los peruanos que en todos estos años sacaron su dinero al exterior, y en el miedo de los empresarios a hacer planes a mediano o largo plazo, en la migración masiva de jóvenes y profesionales al extranjero, en el aumento de la delincuencia, de los secuestros, de la escalofriante pillería gubernamental, del narcotráfico, que pasó a ser la industria más eficiente del país, y en el colapso de los servicios públicos.

A esos males se ha añadido, desde el 5 de abril de este año, la desaparición de la democracia. El presidente Fujimori, que, en el campo económico había comenzado a corregir la nefasta política anterior, de pronto cerró el Congreso, suspendió la Constitución y, amparado en la fuerza militar, comenzó a gobernar por decreto. Desde entonces, responsabiliza a la *partidocracia* de todos los males peruanos. Como uno de los argumentos utilizados para justificar el autogolpe fue la lucha contra la subversión, la captura de Abimael Guzmán ha fortalecido a la dictadura y favorece sus planes inmediatos. Aunque, en realidad, aquella captura no es obra de Fujimori, ni de la cúpula militar coludida con él, sino de la DINCOTE (Dirección contra el Terrorismo), un organismo preterido por el régimen, y del trabajo paciente, profesional y eficaz de su jefe, el general de policía Antonio Ketin Vidal, para una buena parte de la opinión pública hay una relación de causa-efecto entre la captura y el reemplazo de la democracia por un «gobierno fuerte».

Éste, a fin de alcanzar el reconocimiento internacional, convocó a una Asamblea Constituyente, el 22 de noviembre, en unas elecciones que los principales partidos políticos —de izquierda, el centro y la derecha— (no todos, desafortunadamente) decidieron boicotear por la naturaleza obviamente instrumental con que ha sido concebido aquel organismo (el Congreso de las *geishas*), cuya función consistirá en dar un barniz de legalidad a todos los caprichos de Fujimori (incluida su reelección).

Al parecer, esta perspectiva es vista con simpatía por una mayoría de peruanos. Esto es, al menos, lo que dicen las encuestas y proclaman unos medios de comunicación que, con excepción de tres revistas, se han puesto todos al servicio del régimen *de facto*. ¿La destrucción del imperfecto sistema democrático que tenía traerá por fin al Perú la prosperidad y la justicia social? ¿O, por el contrario, el restablecimiento de aquella tradición autoritaria, de caudillos amparados por una casta militar, que lo llevó donde está, alejará todavía más al Perú real de ese *Vale un Perú* del mito? Para mí, lo que está ocurriendo en este momento en mi país no significa una verdadera derrota sino, en cierta forma, una retorcida victoria de Abimael Guzmán, el demagogo criminal ahora en la cárcel que despreciaba la democracia burguesa y afirmaba que todos los métodos son buenos para hacerse con el poder, ya que, fuera de éste, como decía Lenin, «todo es ilusión».

Ayer, al salir de dictar mi clase en esta Universidad, me encontré en la bulliciosa y próspera Harvard Square con unas aguerridas señoras que enarbolaban carteles a favor de Sendero Luminoso y pedían *Free President Gonzalo*. Cuando me acerqué para curiosear los folletos e insignias de propaganda senderista que además vendían —¡aquí, entre los universitarios más privilegiados de este país!—, divisé a un guitarrista de largos pelos y muchos tatuajes que compartía ese rincón de la calle con las susodichas revolucionarias y entonaba este adecuado estribillo: «Todo, todo en el mundo es confusión...».

Cambridge, Mass., octubre de 1993

LA MUERTE DEL CHE

Nada ilustra mejor el extraordinario cambio de la cultura política de nuestro tiempo que la manera casi furtiva con que ha transcurrido el aniversario de la muerte de Ernesto Guevara, asesinado hace veinticinco años —el 9 de octubre de 1967— por un sargento obediente y asustadizo en una aldea perdida del oriente boliviano.

El legendario comandante de largos cabellos y boina azul, con la metralleta al hombro y el habano humeando entre los dedos, cuya imagen dio la vuelta al mundo y fue durante los sesenta símbolo de la rebeldía estudiantil, inspirador de un nuevo radicalismo y modelo para las aspiraciones revolucionarias de los jóvenes de cinco continentes, es ahora una figura semiolvidada que a nadie inspira ni interesa, cuyas ideas se han petrificado en libros sin lectores y al que la historia contemporánea desdibujó hasta confundirlo con esas momias históricas de tercera o de cuarta arrumbadas en un lugar oscuro del panteón.

Ocurre que en estos cinco lustros los acontecimientos sociales y políticos han desmentido con rudeza todo lo que el Che predicó, y empujado a la humanidad por un rumbo exactamente opuesto al que él quería. Del socialismo sólo la versión aburguesada y democrática sobrevive; la que él defendió, ha sido borrada del planeta por acción de las masas que la padecían, como en Rusia y Europa central, o ha degenerado y mutado en un extraño híbrido, como en China Popular, donde el Partido Comunista acaba de aprobar, triunfalmente, en su último congreso, la marcha indetenible del país hacia el mercado y el capitalismo bajo la dirección esclarecida —¡y única!— del marxismo-leninismo-maoísmo. En América Latina, en África, los escasos focos revolucionarios se extinguen y los supervivientes negocian la paz y se convierten en partidos políticos dispuestos —por lo menos de boca para afuera— a convivir con los adversarios dentro de sistemas multipartidarios. Es verdad que la democracia liberal no se ha extendido por todo el mundo, pero parece difícil negar que sea, hoy en día, el sistema político más expansivo y pujante, el que gana más adeptos en todos los continentes, aun cuando entre los recién convertidos a la filosofía de la libertad abunden las versiones defectuosas y las caricaturas. Pero quien rivaliza con la democracia como alternativa ya no es el socialismo, por el que el Che fue a combatir a Bolivia con un puñado de compañeros cubanos, sino los regímenes fundamentalistas musulmanes y los rebrotes y forúnculos fascistas en las viejas o nuevas sociedades abiertas.

La figura del «guerrillero» ha perdido su aureola romántica de antaño. Ahora, detrás de las barbas y las melenas al viento de aquel prototipo que hace veinte años parecía un generoso idealista se vislumbra la fanática y cobarde silueta del terrorista que, emboscado en las sombras, vuela coches y asesina inocentes. Encender «dos, tres Vietnam» pareció a muchos, entonces, una consigna apasionada para movilizar a toda la humanidad doliente contra la explotación y la injusticia; ahora, un auténtico delirio psicópata y apocalíptico del que sólo podría resultar más hambre y violencia de los que ya sufren los pobres del mundo.

Su teoría del «foco», esa punta de lanza móvil y heroica cuyos golpes irían creando las condiciones para la revolución no funcionó en ninguna parte y sirvió, sí, en América Latina, para que millares de jóvenes que la adoptaron y pretendieron materializarla se sacrificaran trágicamente y abrieran la puerta de sus países a despiadadas tiranías militares. Su ejemplo y sus ideas contribuyeron más que nada a desprestigiar la cultura democrática y a arraigar en universidades, sindicatos y partidos políticos del Tercer Mundo el desprecio de las elecciones, del pluralismo, de las libertades formales, de la tolerancia, de los derechos humanos, como incompatibles con la auténtica justicia social. Ello retrasó por lo menos dos decenios la modernización política de los países latinoamericanos.

La revolución cubana que el Che Guevara ayudó a forjar, luego de una gesta de la que fue el segundo gran protagonista, ofrece ahora un aspecto patético, de pequeño enclave opresivo y retrógrado, cerrado a piedra y lodo a toda forma de cambio, donde la brutal caída de los niveles de vida de la población parece ir en relación directamente proporcional con el aumento de las purgas internas y la represión contra el menor síntoma, ya no de disidencia, sino de mera inquietud del ciudadano común cara al futuro. La sociedad que en su tiempo pareció a muchos faro y espejo de una futura humanidad emancipada del egoísmo, el lucro, la discriminación, la explotación, se ha convertido en un anacronismo histórico al que a corto o medio plazo espera un desplome dramático.

Por todo ello, y mucho más, el balance político y moral de lo que Ernesto Guevara representó —y de la mitología que su gesta y sus ideas generaron— es tremendamente negativo y no debe sorprendernos la declinación acelerada de su figura. Ahora bien, dicho todo esto, hay en su personalidad y en su silueta histórica, como en las de Trotski, algo que siempre resulta atractivo y respetable, no importa cuán hostil sea el juicio que nos merezca la obra. ¿Se debe ello a que fue derrotado, a que murió en su ley, a la rectilínea coherencia de su conducta política? Sin duda. Porque en todos los campos del quehacer humano es difícil encontrar personas que digan lo que creen y hagan lo que dicen, pero ello es, sobre todo, excepcionalmente raro en la vida política donde la duplicidad y el cinismo son moneda corriente, indispensables instrumentos del éxito y, a veces, de la mera supervivencia de los actores.

Pero, además, hubo en su caso un desprendimiento e incluso desprecio hacia el poder —cuando disfrutaba de él— que es todavía más infrecuente en dirigentes políticos de cualquier filiación. Se ha especulado mucho sobre las diferencias que el Che tuvo con Fidel sobre los estímulos «morales» a los trabajadores que él privilegiaba, en contra de los «materiales» que la revolución adoptó en los años inmediatamente anteriores a su salida de Cuba, así como sus críticas públicas a la Unión Soviética durante su gira por el África que pusieron en una situación delicada al gobierno cubano con un país que había comenzado ya a subsidiarlo con un millón de dólares diarios (1964). Pero aun si todo este contencioso precipitó la partida del Che, es obvio que la forma que ésta adoptó sólo es concebible a partir de un compromiso muy firme con las tesis guerrilleras que había defendido. El ingenuo voluntarismo agazapado detrás de ellas se hizo trizas cuando, en el oriente boliviano, los campesinos ayudaron al Ejército a aniquilar a la guerrilla de internacionalistas que venía a salvarlos. Pero ello no resta audacia y consecuencia al gesto.

A pesar de haber estado un par de veces en Cuba cuando aún él ocupaba allí cargos directivos —ministro de Industria, director del Banco Nacional—, nunca vi ni oí hablar al Che Guevara. Pero el año 1964 tuve una prueba inequívoca de los pocos privilegios que aportaba el poder al hombre número dos de la revolución cubana. Yo vivía entonces en París, en un apartamento muy modesto, de dos estrechos cuartos (que Carlos Barral, a quien alguna vez alojé allí, degradaba aún más con el calificativo de *la pissotière*), en la rue de Tournon. Y allí me llegó un día un mensaje desde La Habana, de Hilda Gadea, la primera mujer del Che, pidiéndome que diera hospitalidad en mi casa a una amiga suya que regresaba de Cuba a la Argentina y, debido al bloqueo, estaba obligada a hacerlo por Europa. La señora en cuestión, que no tenía dinero para pagarse un hotel, resultó ser Celia de la Serna, la madre del Che. Estuvo unas semanas en mi casa, antes de regresar a Buenos Aires (mejor dicho, a la cárcel y a morir poco después). Siempre me ha quedado en la memoria el recuerdo de aquel episodio: la progenitora del todopoderoso comandante Guevara, segundo hombre de una revolución que dilapidaba ya entonces mucho dinero financiando partidos, grupos y grupúsculos revolucionarios de medio mundo, no tenía con qué costearse un hotel y debía recurrir a la solidaridad de un polígrafo medio insolvente.

Es bueno que el iluminismo revolucionario y el ejemplo nihilista y dogmático del Che Guevara se hayan desprestigiado y que ya no movilice a los jóvenes de este tiempo la convicción que a él lo animó, según la cual la justicia y el progreso no dependen de los votos y las leyes aprobadas por instituciones representativas sino de la eficacia bélica de una esclarecida y heroica vanguardia. Pero no lo es que el desencanto con el mesianismo y el dogma colectivista haya traído consigo, también, la desaparición del idealismo y aun del mero interés y la curiosidad por la política en las nuevas generaciones, sobre todo en esas sociedades que dan ahora sus primeros pasos en la experiencia de la libertad. Pues no hay nada que deteriore y corrompa tanto a un sistema político como la falta de participación popular, el que la responsabilidad de los asuntos públicos quede confinada —por abandono del resto— en una minoría de profesionales. Si eso ocurre —y está ocurriendo ya, sorprendentemente, en países donde la lucha contra la dictadura de un partido fue tan larga y heroica—, de la democracia queda sólo el nombre, un cascarón vacío, pues en aquella sociedad, como en una dictadura, todos los asuntos principales se urden y ejecutan al arbitrio de una cúpula, a espaldas de las mayorías.

Sólo cuando ha desaparecido o se la añora como un hermoso ideal ha sido capaz el sistema democrático de inspirar el tipo de entrega y sacrificio extremos que no son infrecuentes en las filas de quienes, como el Che, combaten por un dogma mesiánico. En cambio, cuando el ideal democrático se hace realidad, y se vuelve rutina y problema, dificultad y frustración, cunde la desesperanza, la resignación pasiva o indiferencia cívica del grueso de los ciudadanos. Por eso, paradójicamente, ese sistema de legalidad, racionalidad y libertad que es la democracia, pese a haber ganado últimamente tantas batallas, sigue siendo precario y susceptible a mediano y largo plazo de verse enfrentado a nuevos y más peligrosos desafíos.

Cambridge, Mass., octubre de 1992

CLINTON Y LOS OTROS

Los temas internacionales apenas han figurado en la campaña presidencial norteamericana, que estuvo centrada en los problemas domésticos de Estados Unidos: la crisis económica y la caída del empleo. Y la esperanza que abriga esa vasta coalición que ha dado el triunfo a Bill Clinton se cifra, de manera poco menos que exclusiva, en asuntos locales: que el gobernador de Arkansas sea capaz de acabar con el astronómico déficit fiscal, reducir los impuestos a las clases medias, crear puestos de trabajo, impulsar la inversión, aumentar los programas sociales y devolver a las empresas su competitividad en los mercados mundiales. Estas metas son incompatibles entre sí y, cuando lo adviertan, muchos electores que viven hoy momentos de euforia y se sienten en el umbral de una nueva era, corren el riesgo de verse frustrados. Por eso, con olfato de buen político, el flamante presidente ha empezado a insinuar delicadamente a sus partidarios que deben rebajar aquellas expectativas que su habilísima campaña electoral ayudó a forjar.

Paradójicamente, ha sido en buena parte su victoria en la guerra fría, el quedarse sin adversarios a nivel mundial, lo que ha eclipsado en Estados Unidos el interés del ciudadano promedio por la problemática internacional. Sin embargo, esta indiferencia reposa también sobre una ilusión. El «peligro comunista» puede haber desaparecido, pero, incluso si se lo propusiera, Estados Unidos no podría dar la espalda a lo que ocurre en el resto del mundo y confinarse en los problemas «nacionales». Porque en ningún campo y, sobre todo, en el económico, existen ya realmente problemas nacionales: los problemas de todos los países están interconectados y se afectan recíprocamente, para bien o para mal. Esto vale tanto para los países pequeños y débiles como para las grandes sociedades industriales, cuyas crisis o bonanzas repercuten de inmediato, provocando a veces cataclísmicas consecuencias en el resto del mundo. Y, entre estas últimas, Estados Unidos sigue siendo aún (pues ese liderazgo podría perderlo si se empeñara en mirarse el ombligo) la primera. Ello conlleva responsabilidades, sacrificios y gastos que numerosos norteamericanos —como el señor Perot y muchos de los casi veinte millones que votaron por él— piensan que, ahora, con el final del comunismo, son prescindibles, pues conspiran contra los más urgentes intereses del país: recuperar la prosperidad y el bienestar.

¿Qué piensa al respecto el nuevo presidente? La verdad es que es difícil saberlo, pues sus declaraciones y tomas de posición sobre asuntos políticos internacionales han sido escasas y, a menudo, vagas. Salvo sobre el tema de los derechos humanos y la necesidad de que Estados Unidos adopte una posición más firme que la de la Administración Bush ante gobiernos, como el de China Popular, que llevan a cabo medidas represivas y antidemocráticas. Bill Clinton ha criticado, de manera explícita, la falta de energía del gobierno republicano contra los regímenes dictatoriales en América Latina, de manera que cabe esperar que, con él en la Casa Blanca, Estados Unidos establezca una política firme de aislamiento y sanciones contra gobiernos *de facto* como los de Haití y Perú, destructores de un Estado de Derecho, y de solidaridad activa con las democracias jaqueadas por intentonas militares golpistas, como Venezuela. Respecto a Cuba, el nuevo presidente ha declarado ser contrario a levantar el embargo hasta que no haya un proceso de democratización asegurado y respalda, incluso, la ley Torricelli (así llamada por el representante demócrata que la presentó), que extiende la prohibición de comerciar con el régimen castrista a las filiales extranjeras de firmas estadounidenses.

Así pues, en este dominio específico, la política de la nueva Administración parece bien definida: apoyo resuelto a las nuevas democracias y hostilidad activa a las dictaduras, sean de izquierda o de derecha. Dentro del contexto latinoamericano, esto no puede ser más oportuno. Porque, aunque la inmensa mayoría de los países de América Latina goza ahora de regímenes democráticos, la democracia es en muchos de ellos frágil, debido a la magnitud de los problemas económicos y sociales y a la ineficiencia de las instituciones civiles. La corrupción, sobre todo, es un cáncer que hace estragos en esas sociedades que hacen el aprendizaje de la legalidad y de la libertad. Pero no es cierto que, por primerizas, esas democracias sean incapaces de enfrentarse a aquellos males. Y lo ha probado admirablemente Brasil, destituyendo a un gobernante acusado de corrupto y sentándolo en el banquillo de los acusados, siguiendo los mecanismos constitucionales y sin necesidad de llamar a los cuarteles. Nada puede ser tan efectivo como antídoto para los militares y civiles que, en América Latina, quieran seguir el mal ejemplo haitiano o peruano, que la perspectiva de una cuarentena económica y diplomática de la comunidad internacional, liderada por Estados Unidos.

Pero este tipo de apoyo a las nuevas democracias serviría de poco si no va acompañado, por parte de Estados Unidos, de una política de puertas abiertas, que abra el mercado norteamericano a las exportaciones de sus vecinos del sur y fomente la cooperación y la integración económica hemisférica. En este campo, la política de la administración Bush ha sido buena y debería ser seguida por la nueva. Bill Clinton ha hecho saber que apoya el Tratado de Libre Comercio con México y Canadá, aunque este apoyo lo ha atenuado con ciertas reticencias inquietantes, el reclamo de enmiendas que parecen coincidir con las que exigen los grupos sindicales e industriales norteamericanos enemigos del tratado y que, de concretarse, lo convertirían en letra muerta. Y, durante los debates de la campaña electoral, tanto Clinton como Gore parecieron hacerse eco de quienes critican los programas de asistencia financiera que han permitido el establecimiento de nuevas industrias en América Central con el argumento de que éstas roban puestos de trabajo al mercado norteamericano.

Las presiones para que la nueva Administración aplique políticas proteccionistas, aísle cada vez más a Estados Unidos, frene o revierta el proceso de globalización de los mercados que ha permitido salir de la pobreza y desarrollar deprisa a muchos países en las últimas décadas va a ser enorme en los meses venideros, pues ni siquiera este país, cuya prosperidad y grandeza ha sido posible en gran parte gracias a la libertad económica y al internacionalismo del comercio, está inmunizado contra la fiebre nacionalista y autárquica que recorre el planeta y que amenaza con retrocederlo al siglo XIX. Si el gobierno de Clinton cede a ellas, la crisis económica norteamericana se agravaría. Y para América Latina sería una catástrofe.

Porque, aunque a primera vista lo parezca, no es cierto que cuando una fábrica de zapatos se cierra en Carolina del Norte para trasladarse a Costa Rica o El Salvador, Estados Unidos resulta damnificado. El desarrollo económico de América Central crea un mercado de consumo que se nutre en buena parte de productos norteamericanos, es decir, estimula la multiplicación de industrias —de empleos— en este país y resuelve de la única manera que es real y duradera el problema de la inmigración ilegal: ofreciendo medios de vida dignos en sus propios países a esas masas de hambrientos para los que, como ya ha quedado demostrado hasta el cansancio, no hay policía, aduana o alambres electrificados que pueda contener en la frontera texana o californiana. Y si los zapatos que se fabrican en Costa Rica y en El Salvador son de buena calidad y más baratos que los que se pueden fabricar en Carolina del Norte, eso beneficia también al consumidor estadounidense.

Esa libertad de invertir, producir y comerciar que, sumada al respeto a la propiedad privada y los contratos, es la base de todo desarrollo económico civilizado, constituye la filosofía que cimentó la grandeza del país que ha llevado a Bill Clinton a la Presidencia. Buena parte del mundo lo ha reconocido así y por eso hemos visto en estos últimos años a tantos países, en tantos continentes, adoptarla y empezar a ponerla en práctica. Con desigual fortuna, desde luego, pues no es fácil, sino dificilísimo, reconstruir un país de pies a cabeza en función de la libre competencia y el mercado, cuando se carece del *know how* indispensable, de la infraestructura básica, de los capitales y se está profundamente maleado por las prácticas adormecedoras del populismo y del colectivismo. Ésa es la explicación del fracaso de tantos intentos de modernización económica en Europa y en Asia y de las explosiones nacionalistas consiguientes.

Pero a diferencia de lo que está ocurriendo en Polonia, Rumania, Ucrania o Tajikistán, en América Latina la adopción simultánea de liberación económica y democratización política ha comenzado a funcionar y a dar, incluso, algunos resultados muy alentadores, como los de Chile y México. La incorporación de este último país al Tratado de Libre Comercio fue interpretada por el presidente Bush como la primera etapa de un proceso de integración continental, al que podrían irse sumando otros países latinoamericanos a medida que la modernización y progresos de sus economías lo permitieran (y Chile ya es aspirante calificado). Esta política, junto con la otra iniciativa del presidente Bush para alentar la inversión y el desarrollo de empresas privadas en el Continente —llamada de las Américas—, a fin de poner en movimiento una dinámica de la que pueda resultar, alguna vez, un mercado común hemisférico, tiene por fin, a diferencia con lo ocurrido en otras ocasiones con tantos proyectos de cooperación entre el norte y el sur, un terreno abonado para fructificar y traer, por fin, a América Latina, el desarrollo y bienestar de que ya gozan sus vecinos anglosajones.

Para que ello sea realidad hace falta que este nuevo gobierno de Estados Unidos, nacido en la esperanza y el entusiasmo de tanta gente, no cancele esta política sino la respalde y vigorice con nuevas iniciativas concretas, encaminadas a reforzar los intercambios y la integración económica entre los países ricos y pobres del Continente: ése es el único medio para que éstos prosperen y aquéllos sigan siendo prósperos. Y, también, de asegurar que las nuevas democracias se robustezcan y vayan sacudiéndose las lacras que las afean.

Cambridge, Mass., noviembre de 1992

NACIONES, FICCIONES

Desde que lo conozco, hace ya muchos años, el historiador chileno Claudio Véliz organiza congresos. En los sesenta tenía su oficina en Chatham House, junto a la de Arnold Toynbee, y llevaba a Londres ideológicos economistas y antropólogos latinoamericanos para que verificaran su incapacidad de entenderse con los pragmáticos ingleses. A mí me invitó a una de esas reproducciones de la Torre de Babel y me divertí muchísimo.

Como la historia a la que se dedica, Claudio Véliz se ha vuelto planetario y ahora dirige *La Conversazione*, certamen tricontinental que lleva y trae intelectuales por Oxford, Melbourne y Boston para que dialoguen sobre todos los temas imaginables. El que acaba de celebrarse versaba sobre el nacionalismo, tema al que confiere actualidad el que, de pronto, viejas naciones hayan comenzado a desintegrarse y otras a reconstruirse o a inventarse, en Europa, Asia y África, en una vuelta de tuerca más de este espectacular fin de milenio.

La exposición que me tocó comentar fue la del profesor Roger Scruton, ensayista sutil, que ha encontrado para defender la idea de nación argumentos más elaborados que los que habitualmente se escuchan en boca de sus valedores. Ella, según el profesor Scruton, resulta de un sentimiento comunitario parecido —aunque mucho más rico— al de la tribu, esa fraternidad de la primera persona plural, el «nosotros», que incorpora a los muertos y los aún no nacidos a la sociedad de los vivos como miembros de pleno derecho. El lenguaje, la religión y la tierra que se comparten fundan el sentimiento nacional. Pero lo enriquece e «inmortaliza» la escritura, cuando, como el latín, el hebreo, el árabe y el inglés en que se volcó la Biblia de King James I cuaja en textos religiosos representativos a través de los cuales los vivos dialogan con sus ancestros y descendientes. Una comunidad así cimentada se emancipa de la historia, adquiere una permanencia metafísica anterior y más profunda que la constitución del Estado, fenómeno moderno que —cierto que sólo en casos privilegiados— calza, como un guante que se ciñe a una mano, a la nación.

Pero todavía hay más argamasa para solidificar esta estructura, en el caso de Europa. Sus naciones heredaron el mayor logro del imperio romano, un sistema de leyes para la resolución de los conflictos, universal e independiente de la arbitrariedad de quienes gobiernan. Esta herencia ha sido particularmente fecunda en el caso británico, donde ha creado «una fuerza gravitacional de jurisdicciones territoriales» a cuyo amparo se resuelven los conflictos, se legalizan los contratos, se fortalecen las instituciones y se vive una seguridad y una libertad que establecen intensos vínculos solidarios entre los integrantes del «nosotros» nacional, un instinto para saberse y sentirse distintos de los demás, de «ellos».

Sospecho que al profesor Roger Scruton lo deja frío el que su delicado mecanismo conceptual para describir lo que es una nación pueda aplicarse sólo a una de ellas —Gran Bretaña— y que todas las otras del mundo resulten excepciones. Él es esa *rara avis* de nuestra época: un conservador inteligente y sin complejos de inferioridad. Siempre lo leo con interés, y a veces con admiración, aunque a menudo sus ensayos —y la provocadora revista que dirige, *The Salisbury Review*— me sirvan para comprobar las distancias que describió Hayek entre un conservador y un liberal.

Su tesis me parece un bello sofisma, una atractiva creación intelectual que, como ocurre con las ficciones, se hace trizas al pasar la prueba de la realidad. No tengo nada contra las ficciones, dedico mi vida a escribirlas y estoy convencido de que la existencia sería intolerable sin ellas para el común de los mortales. Pero hay ficciones benignas y malignas, las que enriquecen la experiencia humana y las que la empobrecen y son fuente de violencia. Por la sangre que ha hecho correr a lo largo de la historia, por la manera como ha contribuido a atizar los prejuicios, el racismo, la xenofobia, la incomunicación entre pueblos y culturas, por las coartadas de que ha provisto al autoritarismo, al totalitarismo, al colonialismo, al genocidio religioso y étnico, la nación me parece un ejemplo prístino de fantasía maligna.

Una nación es una ficción política impuesta sobre una realidad social y geográfica casi siempre por la fuerza, en beneficio de una minoría política y mantenida a través de un sistema uniformizador que, a veces con mano blanda y a veces dura, impone la homogeneidad al precio de la desaparición de una heterogeneidad preexistente e instala barreras y obstáculos a menudo insalvables para el desarrollo de una diversidad religiosa, cultural o étnica en su seno. Muchos se escandalizan ahora con las operaciones de limpieza racial y religiosa de serbios contra bosnios en la desaparecida Yugoslavia, pero la realidad es que la historia de todas las naciones está plagada de salvajismos de esa índole, que, luego, la historia patriótica —otra ficción— se encarga de ocultar. Esto ha ocurrido no sólo en Nueva Guinea y Perú —dos naciones que Scruton menciona con escepticismo—; también en las más antiguas y respetables «comunidades imaginarias», como las llama Benedict Anderson, aquellas que por su longevidad y poderío parecen haber nacido con la espontaneidad y rotundidad de un árbol o una tormenta.

Ninguna nación surgió *naturalmente*. La coherencia y fraternidad que algunas pocas todavía lucen esconden también, bajo las embellecedoras ficciones —literarias, históricas, artísticas— en que cifran su identidad, sobrecogedoras realidades. También en ellas fueron demolidas, sin piedad, aquellas «contradicciones y diferencias» —credos, razas, costumbres, lenguas y no siempre de minorías— a las que la nación, como el Calígula de Camus, necesita eliminar para sentirse segura, sin riesgo de fragmentación. Y no sólo esa multitud de naciones africanas y americanas resultantes de las estrambóticas demarcaciones impuestas a esos continentes por los imperios coloniales tienen una estirpe tan arbitraria y artificial como Jordania, país inventado por Winston Churchill «un sábado en la tarde, en primavera», según su célebre *boutade*.

La diferencia reside en que las viejas naciones parecen más serias, necesarias y realistas que las nuevas porque, como a las religiones, además de una abundante literatura, parecen convalidarlas los mares de sangre que vertieron e hicieron correr. Pero esto es un espejismo. Pues lo cierto es que, en contra de los supuestos en que apoya sus conclusiones Roger Scruton, lo extraordinario es que pese a los tremendos esfuerzos desplegados por las más antiguas naciones para crear ese denominador común, el «nosotros» protector y aislacionista, lo que resulta cada día más evidente en ellas son las irresistibles fuerzas centrífugas que desafían en todas ese mito. Ocurre en Francia, en España, no se diga en Italia y hasta en la mismísima Gran Bretaña. Y, por supuesto, en Estados

Unidos, donde el desarrollo del multiculturalismo espanta por igual a conservadores como Alan Bloom y progresistas como Arthur Schlesinger, que ven en aquel florecimiento de culturas diversas —africana, hispánica, nativa americana— una seria amenaza contra la «nacionalidad» (claro que lo es). Con pocas excepciones, las sociedades modernas exhiben una creciente mistura de «ellos» y «nosotros» de muy diversa índole —racial, religiosa, lingüística, regional, ideológica— que adelgaza y a veces volatiliza el denominador común geográfico e histórico —«la tierra y los muertos», según Charles Maurras— en que se asienta, desde el siglo de las luces, la idea de nación.

¿Es Gran Bretaña un caso aparte? La verdad, esa sociedad coherente, compacta, integrada, hechura del mar, el clima, el derecho consuetudinario, la religión reformada, el individualismo y la libertad que tan bellamente evocan los escritos de Roger Scruton, ¿existió alguna vez? Desde hace treinta años voy con frecuencia y paso largas temporadas en ese país —entre todos, el que más admiro— y lo observo y estudio con una devoción que nunca cesa. Pero, aquello que ve Scruton, esa albiónica patria metafísica, yo nunca la he visto. Y, por cierto, mucho menos ahora que en ese invierno de 1962 cuando, nada más cruzado el Canal y trepado al tren de Dover, me pusieron entre las manos una taza de té con una biscotela que remecieron mi tenaz incredulidad respecto a las psicologías nacionales.

Gran Bretaña es, hoy, el austriaco Popper y el letón Isaiah Berlin y los fundamentalistas islámicos que, en Brighton, queman *Los versos satánicos* y quieren matar a Salman Rushdie. Y es, también, el paquistaní Rushdie y el indio-trinitario V. S. Naipul, el más británico de los escritores británicos, no sólo por la elegancia de su inglés, sino, sobre todo, porque ninguno de sus colegas lo iguala en esas tradicionales virtudes literarias inglesas: la ironía, la socarronería, el suave escepticismo. ¿Podemos tomar en serio a un «nosotros» que hermana a Roger Scruton, cuya propuesta política para Europa es resucitar el imperio austrohúngaro, con el líder minero Arthur Scargill, que quisiera establecer la República Socialista Soviética de Gran Bretaña, y con esa barbarie beoda y pintarrajeada de los hinchas a la que he debido enfrentarme cuando he ido a ver jugar al Chelsea Football Club? Mucho me temo que, pese a sus ancestros celtas y normandos y a los míos —atroz mezcla de extremeños con catalanes y con incas— sea mucho más consistente el «nosotros» que nos acerca a él y a mí, los dos únicos escritores en el mundo que admiramos a Margaret Thatcher y despreciamos a Fidel Castro.

El nacionalismo es una forma de incultura que impregna todas las culturas y convive con todas las ideologías, un recurso camaleónico al servicio de políticos de todo pelaje. En el siglo XIX pareció que el socialismo acabaría con él, que la teoría de la lucha de clases, la revolución y el internacionalismo proletario permitirían disolver las fronteras y establecer la sociedad universal. Ocurrió al revés. Stalin, Mao fortalecieron la idea nacional hasta el chovinismo y, luego de la bancarrota comunista, es en nombre del nacionalismo que justifican ahora su existencia regímenes como el de Corea del Norte, Vietnam y Cuba. Ellos alegan que los rígidos sistemas de censura y el aislamiento que practican tienen como meta defender la cultura nacional amenazada por «ellos».

Debajo de estos pretextos anida una verdad. Todas las naciones —pobres o ricas, atrasadas o modernas— son hoy menos estables y homogéneas de lo que fueron. Hay un proceso de internacionalización de la vida que, a unas más rápido y a otras más despacio, las va erosionando, que va carcomiendo esas fronteras levantadas y preservadas a costa de tanto cadáver. No es el socialismo el que perpetra este desaguisado en el mundo. Es el capitalismo. Un sistema práctico —no una ideología— para producir y distribuir la riqueza al que, en un momento de su desenvolvimiento, las fronteras le resultaron obstáculos para el crecimiento de mercados, empresas y capitales. Entonces, sin vocearlo, sin jactarse de ello, sin disimular bajo mayúsculas palabras su propósito —la obtención de beneficios— el sistema capitalista, mediante la internacionalización de la producción, el comercio y la propiedad, ha ido superponiendo a las naciones otras coordenadas y demarcaciones que crean vínculos e intereses entre los individuos y las sociedades que, en la práctica, desnaturalizan cada día más la idea nacional. Creando mercados mundiales, empresas trasnacionales, diseminando el accionariado y la propiedad en sociedades que se ramifican por todas las extremidades del planeta, este sistema ha ido privando a las naciones, en el campo económico, de gran parte de las prerrogativas en que basaban su soberanía. Esto, que ha tenido ya un efecto extraordinario en el campo cultural, comienza a tenerlo, también, en el político, donde los pasos que, aquí y allá, se dan hacia la formación de vastos conjuntos supranacionales, como la Comunidad Europea y el Tratado de Libre Comercio en América, hubieran sido inconcebibles de otra manera.

Este proceso debe ser bienvenido. El debilitamiento y disolución de las naciones dentro de amplias y flexibles comunidades económicas y políticas, bajo el signo de la libertad, no sólo contribuirá al desarrollo y al bienestar del planeta, disminuyendo el riesgo de conflictos bélicos y abriendo oportunidades inéditas para el comercio y la industria; además, permitirá la diversificación y el surgimiento de culturas genuinas, aquellas que nacen y crecen de una necesidad de expresión de un grupo humano homogéneo, aunque no sirvan a una voluntad de dominio político. Paradójicamente, sólo la internacionalización puede garantizar el derecho a la existencia de esas pequeñas culturas que tradicionalmente la nación ha barrido para poder consolidar el mito de su intangibilidad.

Cambridge, Mass., noviembre de 1992

LA OEA Y LOS GOLPISTAS

Por segunda vez en menos de diez meses, el presidente Carlos Andrés Pérez ha derrotado una conjura militar para destruir la democracia venezolana. Esta vez, a diferencia de la intentona facciosa del 10 de febrero, cuyo saldo de víctimas fue pequeño, ha habido centenares de muertos y heridos, y traumas en la vida del país que tardarán en cicatrizar.

Pero, pese a la impopularidad del gobierno de Acción Democrática que señalan las encuestas, sólo dos grupúsculos ultraizquierdistas —Bandera Roja y Tercer Camino— apoyaron a los oficiales felones, en tanto que la sociedad civil en su conjunto —incluido el grueso de las Fuerzas Armadas— rechazó la aventura golpista.

Hay que felicitar por ello a los venezolanos. Hubiera sido una tragedia que una democracia que funciona sin interrupción desde 1958 retrocediera también, siguiendo los pasos de Haití y Perú, a los años oscuros del poder personal y la legitimidad nacida al amparo de los tanques. Un anticipo de lo que esperaba a Venezuela, si triunfaba el golpe, apareció en las pantallas de la televisión capturada por los insurrectos, en la perorata cuadrumana del teniente coronel Hugo Chávez, que un opositor de Carlos Andrés Pérez, Manuel Caballero, comentó en *El Diario de Caracas* con insuperable lucidez: «Si son esos cretinos quienes pretenden gobernarnos, es preferible arriesgar el infarto pasando las rabietas diarias que nos provoca el actual inquilino de Miraflores».

En efecto, un régimen civil y representativo, sustentado en elecciones libres, amparado por la ley y fiscalizado por la libertad de prensa, no importa cuán corrupto e ineficiente sea, será siempre preferible a una dictadura. Porque los electores pueden penalizar a un mal gobierno y librarse de sus hombres votando en las siguientes elecciones por candidatos alternativos y cerrando las puertas del Parlamento, gobernaciones y municipios a la formación política que fracasó o delinquió. Pero contra los estropicios de un régimen de fuerza un pueblo se halla inerme; y cuando se libra de él, siempre a costa de crueles padecimientos, descubre que, una vez más, debe partir a fojas cero, y aprender de nuevo a andar por los caminos de la coexistencia y la legalidad.

Los venezolanos han entendido que las deficiencias de una democracia deben corregirse dentro del sistema —como lo han hecho los brasileños, llevando ante la justicia a un mandatario sospechoso de corrupto— y es posible que la sociedad civil y la cultura democrática de la tierra de Bolívar, tan jaqueadas en estos últimos tiempos, salgan reforzadas de esta prueba. ¿Lo habrá entendido también la Organización de Estados Americanos (OEA)? Este organismo debe reunirse a mediados de diciembre, para pronunciarse sobre la tentativa de *putch* en Venezuela y no hay duda que aprobará una resolución de condena a los insurrectos y de entusiasta solidaridad con el gobierno de Carlos Andrés Pérez.

Pero nadie debería engañarse al respecto: serán lágrimas de cocodrilo y un entusiasmo a lo Pilatos. Actitudes oportunistas y *post factum* de una institución que, incumpliendo su razón de ser en estos momentos de la historia continental —la defensa de la democracia en el hemisferio— ha actuado, en el caso recientísimo del autogolpe y la quiebra institucional en el Perú, de una manera que sólo puede alentar a quienes, del río Bravo a Magallanes, sueñan con resucitar la vieja era de los cuartelazos y acabar con estos experimentos democráticos que, en palabras de un golpista, «han traído tanta inmoralidad y politiquería».

No es casual que los 93 militares insurrectos de Venezuela fueran a refugiarse en el Perú, que el gobierno *de facto* de ese país se apresurara a concederles el asilo y que el líder de los rebeldes haya declarado su admiración por el régimen de Fujimori que, según el general de aviación Francisco Visconti, «está haciendo las transformaciones que desea la sociedad peruana» (declaraciones a *Últimas Noticias* y *El Universal* de Caracas del 2 de diciembre de 1992). En efecto, el caso peruano no es sólo modélico sobre las tácticas que deben seguir quienes aspiran a sustituir las impopulares democracias latinoamericanas con populares dictaduras castrenses o semicastrenses, sino, principalmente, sobre cómo conseguirlo con los buenos auspicios y el celestinazgo de la OEA.

Cuando, el 5 de abril de 1992, el presidente Fujimori clausuró el Congreso, suspendió la Constitución, el Poder Judicial, el Tribunal de Garantías Constitucionales y demás órganos de control del Ejecutivo y comenzó a gobernar por decretos-leyes, la Organización de Estados Americanos pareció condenar el golpe. Y propuso una fórmula para restablecer la destruida democracia peruana que consistía en la apertura de conversaciones entre la dictadura y los partidos de oposición representados en el Congreso clausurado (*todos* los partidos políticos peruanos con excepción del oficialista Cambio 90, varios de cuyos parlamentarios renunciaron a raíz de lo sucedido) a fin de lograr un acuerdo que permitiera convocar elecciones para un nuevo Congreso, que tendría funciones constitucionales. Una misión de la OEA, presidida por el canciller uruguayo Gros Espiell, supervigilaría este proceso.

Ya se sabe en qué convirtió el gobierno *de facto* aquel diálogo del que, según la resolución de la OEA, dependía todo lo demás. Imponiendo condiciones inadmisibles y reconociendo personería cívica a agrupaciones fantasmas o esperpénticas, teledirigidas por el Servicio Nacional de Inteligencia —espina dorsal del poder y predio personal del ahora célebre Vladimiro Montesinos, ex capitán expulsado del Ejército, ex espía, ex recluso, ex abogado de narcotraficantes y ahora principal asesor y hombre fuerte del régimen—, aquellas conversaciones para encontrar una salida legal a la crisis peruana se convirtieron en una mojiganga que los partidos democráticos (de izquierda, de centro y de derecha) se negaron a convalidar con su presencia. Para entonces, el gobierno *de facto* ya había llamado a elecciones a un Congreso Constituyente, violando alegremente aquella decisión de la OEA, que vinculaba el diálogo con la convocatoria electoral. Por eso, las cuatro principales formaciones políticas del país —el Apra, Acción Popular, el PUM y el Movimiento Libertad— rehusaron participar en un proceso inequívocamente orientado, no a restablecer la democracia, sino a dar a la dictadura un barniz jurídico, cara a la comunidad internacional. Ésa es la función que compete ahora al Congreso de las *geishas*, resultante de los comicios del 22 de noviembre. Además, por supuesto, de poner en marcha la agenda que le ha fijado ya su factótum: restablecer la pena de muerte con carácter retroactivo para permitir el fusilamiento de los líderes terroristas capturados, autorizar la reelección presidencial y convalidar todos los actos del régimen desde el 5 de abril, incluidos los masivos despidos de jueces, oficiales y funcionarios sospechosos de tibieza u hostilidad.

¿Y la misión de la OEA, mientras tanto? Bailaba el minué de Paderewski, del brazo con el gobierno *de facto*. O poco menos, pues, cualquiera que haya seguido el sinuoso proceder del canciller Gros Espiell en todo este trance habrá advertido, de su parte, una sistemática benevolencia para con todo lo que decía y hacía la dictadura y una ceguera y sordera, también sistemáticas, para atender e incluso querer enterarse de las quejas, protestas y denuncias de irregularidades múltiples de que trataba de informarlo la oposición democrática. Como era previsible, el diplomático uruguayo, apenas celebrados los comicios del 22 de noviembre, se ha apresurado a darles su bendición. Y algo parecido ha hecho, en declaraciones a la prensa, quien lo acompañó como «observador» de las elecciones, el embajador estadounidense ante la OEA, Luigi Einaudi, un hombre con formación intelectual y que conoce América Latina, pero, me temo, no muy convencido de que la democracia sea tan indispensable a los países latinoamericanos como lo es para Estados Unidos, pues, en los años sesenta, se entusiasmó con la dictadura militar del general Velasco Alvarado, sobre la que, incluso, escribió un libro.

A ambos funcionarios no parece incomodarles lo más mínimo, a la hora de sacramentar este proceso, que cerca de un 45 % de peruanos —21% de ausentes y un 24% de electores que votaron en blanco o anularon su voto— lo recusaran. Que los principales partidos políticos del país lo consideren una farsa para mero consumo exterior. Que el general Jaime Salinas Sedó haya denunciado, desde la cárcel, la fraudulenta maquinación que precedió toda la operación, desde las firmas de los planillones en los cuarteles. Ni que, si las cifras finales de la supuesta contienda que ha dado el Jurado Nacional de Elecciones son ciertas —algo imposible de verificar pues los doscientos observadores de la OEA no pudieron saber lo que ocurría en sesenta mil mesas de votación, en la gran mayoría de las cuales sólo había personeros del régimen—, arrojen apenas un 37,7% de votos para la lista oficial, lo que reduce, en términos reales, el apoyo al régimen *de facto* a menos de una quinta parte de la población. ¿Cuál es, pues, ese «apoyo popular» en el que Gros Espiell y compañía justifican su complicidad con quienes, amparados en la fuerza bruta, acabaron con el Estado de Derecho en el Perú, estableciendo un precedente que, como acabamos de ver en Venezuela, puede tener trágicas consecuencias para un continente que parecía haberse sacudido por fin de aquel estigma?

La conducta del canciller uruguayo, que deshonra la vieja tradición democrática y jurídica del país que representa, no es, por desgracia, una rareza. Con las excepciones de Canadá, Venezuela, Costa Rica y Panamá, todos los otros países representados en la OEA han mostrado frente al autogolpe peruano una lenidad e hipocresía que llegará a su ápice, sin duda, cuando, en su próxima reunión, decreten que, luego de los comicios del 22 de noviembre, el Perú es, de nuevo, una democracia ejemplar. Uno se pregunta si esta Organización de Estados Americanos es, de veras, representativa de la gran transformación política que ha tenido lugar en América Latina en las últimas décadas, que reemplazó tantas autocracias militares por gobiernos civiles, el organismo encargado de consolidar ese proceso civilizador o una digna heredera de aquel bochornoso organismo que, en los años cincuenta, nos parecía una mala palabra.

De esa OEA solía decirse que servía para que los generalísimos Trujillo, Somoza y congéneres mandaran a ella, en premio, a sus servidores más adictos, a cebarse la cirrosis. No tenían otra cosa que hacer, en verdad. Estaban eximidos, sobre todo, de pensar y decidir nada. Pensaba y decidía por ellos, todo, el famoso secretario de Estado norteamericano, John Foster Dulles, un puritano que, por lo demás, merecidamente los despreciaba. Mucha agua ha corrido desde entonces y hubiera sido de esperar que, con la desaparición de aquellas satrapías, una mentalidad distinta en Washington y los progresos que la cultura de la libertad ha hecho en el hemisferio, la OEA mudara también de piel y se convirtiera en la punta de lanza de la democratización en el hemisferio.

En verdad, ha resultado más bien un lastre. Los verdaderos progresos que se han conseguido en América Latina en este campo han sido obra de la ONU directamente, como en la pacificación de El Salvador, o resultado de iniciativas particulares, como la del ex presidente Óscar Arias, que, en Esquipulas, disparó la transición de Nicaragua hacia la democracia. En ambos casos, la OEA actuó como mero remolque; la creatividad, la convicción, la audacia, fueron ajenas. A estas credenciales de simple mediocridad añade ahora la innoble de legitimadora del asesinato de la democracia peruana.

Cambridge, Mass., diciembre de 1992

LAS DOS CULTURAS

Gracias a la buena biblioteca de Harvard he podido leer los textos originales de la controversia de hace tres décadas entre C. P. Snow y F. R. Leavis sobre la cultura y algunas intervenciones que ella suscitó, de comentaristas tan solventes como Isaiah Berlin y Lionell Trilling.

Al pronunciar la *Rede Lecture* de 1959, el novelista y científico británico C. P. Snow señaló con alarma una división en el mundo occidental entre una «cultura literaria» y una «cultura científica», separadas por una infranqueable barrera de ignorancia y prejuicios recíprocos. Cada una de ellas habría generado no sólo dos tipos de saber, sino psicologías y sensibilidades diferentes, al extremo de dificultar extraordinariamente la simple comunicación entre «intelectuales» y «científicos».

Para C. P. Snow la «cultura científica» representa la modernidad, el futuro, y la «literaria» es la cultura tradicional, que, ciega y sorda ante las formidables transformaciones operadas en la vida social por los descubrimientos científicos y las innovaciones de la técnica, pretende ingenuamente encarnar ella sola la cultura con mayúsculas y «administrar la sociedad occidental». Los héroes del ensayo de C. P. Snow (*The Two Cultures and the Scientific Revolution*, Nueva York, Cambridge University Press, 1959) son los científicos, en especial los físicos, adelantados del progreso, y, en cambio, los que él indistintamente llama humanistas, literatos o intelectuales son más bien una curiosa rémora para la evolución de la humanidad y la universalización de la cultura, una falange arrogante de «especialistas» empeñados, en contra de la historia, en sostener la preponderancia del humanismo literario en pleno auge de la revolución científica, como alquimistas exorcizando la química o guerreros que optan por el caballo y la lanza en la era del tanque y la bomba atómica.

La respuesta del profesor Frank R. Leavis a C. P. Snow sorprendió a todo el mundo por su ferocidad. A mí me sorprende más bien aquella sorpresa. Leavis era en ese momento el más ilustre de los críticos literarios anglosajones y, desde su cátedra, en Cambridge, la revista que dirigía, *Scrutiny*, y sus investigaciones sobre la «gran tradición» de la novela inglesa y escritores como Joseph Conrad y D. H. Lawrence, había hecho de la poesía y la ficción la piedra de toque de la cultura, el mejor exponente y el barómetro más sutil de la espiritualidad, la moral, la fantasía y el grado de humanización de un pueblo. Aunque no lo mencionara y expusiera sus ideas con buena crianza, el severo ataque de C. P. Snow contra el humanismo literario —concebido como emblema de vetustez reaccionaria— era una recusación integral de todo lo que Leavis simbolizaba.

No es extraño, por eso, que su réplica (*Two Cultures? The Significance of C. P. Snow*, Nueva York, Ramdon House, 1963) fuera planfetaria y comenzara de la peor manera posible, es decir, por la descalificación *ad hominem*: «Como novelista (C. P. Snow) no existe; no ha comenzado aún a existir. Ni siquiera sabe lo que es una novela»; «Pensar es un arte difícil y requiere formación y práctica en alguna disciplina específica. Resulta una ilusión patética, cómica y amenazadora por parte de Snow creer que puede aconsejarnos sobre los asuntos que aborda».

Pero, además de insultos y exorcismos, el ensayo de Leavis contiene también ideas, expuestas con la rotundidad y la pasión con que acostumbraba ejercer la crítica literaria. De él se decía, en la Universidad de Cambridge, cuando yo fui allá en 1979, que para el reverenciado (y odiado) profesor Leavis cultura y literatura eran sinónimos, sí, pero a condición de que se entendiera que literatura y literatura inglesa lo eran también. (Pese a ello, escribió un libro sobre Tolstoi). En su ensayo no llega a tanto, pero lo que dice en él no puede ser más iconoclasta.

Para Leavis la noción de cultura, de actividad cultural, implica un enriquecimiento del espíritu, no la adquisición de nuevos conocimientos, algo que puede ser complementario de aquella experiencia espiritual o no serlo. Si no lo es, estos conocimientos no forman parte de la cultura, son meras informaciones que en sí mismas carecen de valor, algo que sólo alcanzan indirectamente, cuando —y si— la técnica las aprovecha para determinada función o servicio. Leer a Dickens, escuchar a Mozart y ver un Tiziano son actividades esencialmente distintas a averiguar qué significan la aceleración o la partición del átomo. Aquellas experiencias son de instantáneo y largo efecto a la vez, e imposibles de cuantificar de manera funcional, pues decir que producen placer a quien las vive y predisponen al espíritu para comprender mejor al resto del mundo, para soportarlo y soportarse a sí mismo no las agota; éstos, son conocimientos objetivos, cuya importancia depende exclusivamente del beneficio práctico que para una colectividad pueda extraer de ellos la técnica. Confundir cultura con información es cosa de gentes incultas, convencidas de que la cultura tiene o debería tener un valor de uso, semejante al de aquellos saberes que dan derecho a un título o el ejercicio de una profesión.

El doctor Leavis no estaba contra las profesiones liberales ni los oficios técnicos, pero, en las antípodas de C. P. Snow, que aspiraba a reformar la Universidad, acercándola cada vez más a la ciencia y a la técnica y alejándola de las humanidades, proponía, más bien, apartar a la Universidad de toda enseñanza práctica y concentrarla en la preservación y promoción de los conocimientos humanísticos más imprácticos, como las lenguas clásicas, las culturas y las religiones extinguidas, y, por supuesto, la literatura y la filosofía. Politécnicos y escuelas especializadas se encargarían de formar a los futuros abogados, ingenieros, médicos, economistas y expertos en las cada vez más numerosas variedades de la tecnología. Como en la Edad Media, o poco más o menos, la Universidad sería un recinto imperturbable a la solicitación de lo inmediato y pragmático, una permanencia espiritual dentro de la contingencia histórica, una institución entregada a la preservación y continuación de cierto saber, «inútil» desde una perspectiva funcional, pero vivificador y unificador de todos los otros conocimientos en el largo plazo y sustento de una espiritualidad sin la cual, a merced únicamente de la ciencia y la técnica, la sociedad se precipitaría tarde o temprano en «actualizadas» formas de barbarie.

En los treinta y pico años corridos desde aquella polémica, la sociedad occidental, y el resto del mundo a su remolque, han ido encaminándose por el rumbo que les señaló C. P. Snow y dando la espalda al irascible profesor Leavis, cuyas tesis suenan ahora todavía más excéntricas que entonces. Aunque sumida en una crisis de la que no se vislumbra la salida, resulta evidente que la Universidad es y seguirá siendo cada vez más «científica» y menos «literaria». Las sociedades modernas, incluidas las más prósperas, están cada vez menos dispuestas a invertir recursos, que distraerían de lo pragmático, para financiar en gran escala y de manera significativa aquellos quehaceres académicos o creativos sin valor de uso que, para el doctor Leavis, eran los únicos con derecho a representar la cultura. La manera literaria de entender la vida del espíritu ha pasado a ser un anacronismo de los países atrasados, los que perdieron el tren de la modernidad, e incluso en ellos éste es un estado de cosas transitorio: a medida que progresen, se volverán más realistas, es decir, más prácticos.

Sin embargo, cuando uno relee ahora los capítulos de aquel debate no es esta demorada victoria de C. P. Snow lo que más llama la atención. Sino el que en el interregno se haya hecho mucho más importante —e incluso dominadora— una tercera opción cultural, que algunos exigentes llamarían subcultural, y a la que, aunque ya era muy visible en esa época, ninguno de los polemistas concedió la menor importancia. Una cultura que no puede ser considerada ni literaria ni científica, y tal vez en sentido estricto ni siquiera cultura, pero sí algo que hace sus veces para una vasta porción de la humanidad, cuya vida intelectual y espiritual mayoritariamente ocupa y alimenta. Me refiero a aquella que fabrican, vulgarizan y diseminan los medios masivos de comunicación, todo ese polifórmico material que provee al gran público —ése que grafica la expresión: el lector o espectador promedio— de los conocimientos y también las experiencias, mitos, emociones y sueños que satisfacen sus necesidades prácticas y espirituales básicas para funcionar dentro de la sociedad moderna.

Es fácil, pero como jugar al avestruz, subestimar esta tercera opción cultural, diciendo que no es serio reemplazar a Shakespeare por *Twin Peaks* o cualquier otro culebrón, que hay años luz de distancia espiritual entre un canto gregoriano entonado bajo las gárgolas de una catedral gótica y los espectáculos evangelistas de Pat Robertson, o mesarse los cabellos de indignación porque hoy día el principal vehículo de educación antropológica y geográfica para un segmento numeroso de la humanidad sea el *National Geographic* y, de astronomía, los programas de Carl Sagan, etcétera. Puede gustarnos o disgustarnos, pero es un hecho que, literaria o científica, la cultura que llega cada día más a más gente en el mundo, desplazando a las otras, es aquella hecha, o rehecha a su medida, por la industria audiovisual, que ha reemplazado el púlpito, el aula y el libro, por la pantalla del televisor. Frente a esa todopoderosa maquinaria populizadora y niveladora del saber y de la sensibilidad que el siglo XXI consagrará sin duda como la cultura representativa de nuestro tiempo, las diferencias que puedan existir entre literatos y científicos serán de orden menor; ambos, en todo caso, habrán sido hermanados por su condición de supervivientes de una época ida, de mantenedores de mentalidades y quehaceres relegados por la historia a la periferia y a la catacumba.

Miami, 22 de diciembre de 1992

ETERNO CREPÚSCULO

Quienes se maravillan de que, en la era del desplome de los regímenes marxistas bajo presión popular, el de Fidel Castro se mantenga aún en pie y, pese al descalabro de su economía y de las condiciones cada vez peores de vida, los cubanos parezcan resignarse a su suerte —con la excepción, admirable por cierto, de puñados de disidentes reprimidos sin piedad—, olvidan que, a diferencia de lo que ocurre con un individuo, un país siempre puede estar peor, y que no existe ley histórica para que un pueblo se rebele a partir de cierto nivel de despotismo, hambre o abuso.

La rebelión está subordinada a una esperanza, a la ilusión de un cambio social posible para lograr una vida mejor, más que al mero repudio de lo existente, y a márgenes mínimos de libertad para organizarse y actuar. La razón por la que Fidel Castro sobrevive, sin grandes amenazas internas de explosión popular, en medio del gran naufragio de los totalitarismos en el mundo, es que, mediante la censura, la educación y la propaganda, su régimen ha conseguido a lo largo de tres décadas internalizar en grandes sectores sociales el sentimiento fatalista de que «no hay alternativa a la Revolución» y, gracias a un sistema omnipresente de vigilancia, delaciones, escarmientos y represiones de gran ferocidad preventiva, reducir al mínimo, acaso extinguir, las posibilidades inmediatas de una acción colectiva de liberación.

Ésta es la —deprimente— conclusión que el lector extrae de la lectura de los dos testimonios más ambiciosos sobre Cuba publicados recientemente, *Castro's Final Hour*, de Andrés Oppenheimer, aparecido en Estados Unidos hace algunos meses, y el reciente *Fin de siècle à la Havana*, de los periodistas franceses Jean-François Fogel y Bertrand Rosenthal[3]. A diferencia del primero, que, aparte de importantes informaciones recogidas sobre el terreno, contenía también sutiles análisis políticos, el segundo interesa sobre todo por la maciza, enciplopédica recolección de datos de todo orden —político, económico, cultural, religioso, e, incluso, chismográfico y frívolo— con la que sus autores trazan un vasto fresco pluridimensional de la realidad cubana en vísperas de conmemorar el trigésimo cuarto aniversario de la Revolución.

Investigación y reportaje hechos sin *parti pris*, en los que, incluso, se advierte un cierto esfuerzo para no parecer hostiles al régimen y dar todas las ocasiones a sus voceros de exponer sus puntos de vista y refutar a sus críticos, el panorama que resulta de esa oceánica acumulación de informaciones no puede ser más desmoralizador. Luego de tres décadas y media de socialismo a ultranza, la sociedad cubana se empobrece a la carrera, presa de la anarquía productiva, de la asfixia burocrática y de una corrupción vertiginosa, en tanto que el control policial y el opresivo encuadramiento político de la población han creado una sociedad de zombies conformistas, cuyas energías parecen confinarse en la cada día más abrumadora empresa de sobrevivir, de cualquier modo, en medio de la degradación, el aburrimiento y la desesperanza.

Las páginas más dramáticas del libro relatan el caso de un grupo de jóvenes *frikis* (marginales, inadaptados) que se inocularon ellos mismos una jeringa con sangre infectada de sida para ir a vivir en uno de los *sidatorium* construidos por el régimen para aislar a los enfermos de ese mal del resto de la población. Preguntado por qué lo hizo, si presentía los alcances de aquel virus, uno de ellos, de veintiún años, responde vaguedades. Finalmente, balbucea que, como habían oído que la esperanza de vida de un seropositivo era de siete años, él y sus amigos pensaban que en ese tiempo se descubriría un remedio. «Y, entretanto, podrían disfrutar de una vida tranquila y obtener un poco de afecto, o al menos, atención de parte del personal médico».

La apatía del ciudadano medio cubano, que se trasluce en estas páginas, resulta, de una parte, de una rutina que es un puro desperdicio de energía, parecido al de aquel cuento fantástico de H. G.

---

[3] Jean-François Fogel y Bertrand Rosenthal, *Fin de siècle à la Havana. Les secrets du pouvoir cubain*, París, Éditions du Seuil, 1993, 601 pp.

Wells donde una colectividad de esclavos es obligada a operar con enorme esfuerzo unas complicadas maquinarias que no fabrican nada, y, de otro, de la intuición de que, en un mundo así, toda iniciativa o incluso fantasía entraña riesgos. Aquel célebre dicho de un príncipe alemán del siglo XVII, según el cual «el entusiasmo es la más seria amenaza para el orden social» parece haber encontrado, en el «hombre nuevo» creado por Fidel Castro, una espeluznante confirmación.

El cubano de a pie está obligado a perder su tiempo activamente, en empleos a los que la inflación burocrática suele restar todo sentido y reducir a mero simulacro, o en proyectos industriales, agrarios o sociales a los que, en la mayoría de los casos, los imponderables económicos, los malos cálculos, las intrigas políticas o el capricho del jefe máximo paralizarán a medio camino o volverán inservibles. La total falta de crítica que impera impide, por cierto, que estos yerros en la producción y en las instituciones sean instructivos y permitan extraer lecciones para el futuro, de modo que ellos pueden repetirse una y otra vez, erosionando cada día más la entraña del sistema. Pero no su fachada: ésta, gracias a la mentira institucionalizada por la propaganda —única voz, monólogo del poder en los medios, los libros, los discursos, los manuales— de la que, en privado, todos se burlan pero de la que todos son cómplices, sigue celebrando nuevas victorias económicas del régimen. Y responsabilizando de sus «momentáneos reveses» al «criminal bloqueo a que tiene sometida a la pequeña Cuba el imperio más poderoso del planeta».

¿Es esto cierto? Se trata de uno de los mitos más recalcitrantes a la evidencia de la historia contemporánea, pero no hay manera de desarraigarlo de las mentes de tantos ingenuos, porque él conviene a cierto pertinaz romanticismo político, que, sobre todo entre intelectuales, necesita de estereotipos de este género para sobrevivir. *Fin de siècle à la Havana* hace un escrupuloso despliegue de datos relativos al misterioso asunto de la ayuda económica recibida por Cuba, de la Unión Soviética y otros países, comunistas y occidentales, cotejando informaciones de diversas fuentes, y concluye en la cifra de una deuda externa de treinta mil millones de dólares, «el país más endeudado del planeta por habitante». Los cálculos de los periodistas franceses respecto a los subsidios que Cuba recibió de la URSS están por debajo de los de Jorge Domínguez —el profesor de Harvard que ha analizado con más rigor la evolución de la economía cubana—, pero, de todos modos, admiten que ellos se cifran en unos cinco mil millones de dólares anuales, fabulosa ayuda que Cuba recibió, a lo largo de treinta años, en calidad de regalo, para construir su economía y modernizar la sociedad.

¿Cómo se explica que, pese a esta gigantesca transferencia de recursos de la que no se benefició ningún otro país del Tercer Mundo en ese período, y de haber exportado al extranjero a un millón de cubanos cuando menos, Cuba sea, hoy, un país más pobre y más atrasado económicamente que cuando la dictadura de Batista, época en la que, pese a los gángsters, los crímenes políticos y las grandes desigualdades, tenía la cuarta economía del continente? Fogel y Rosenthal hacen un fugaz cotejo entre Cuba y Taiwan, otra isla monoproductora de azúcar en los años cincuenta, como aquélla, pero la comparación debería también recordar que, en 1958, al subir Fidel Castro al poder, Cuba era un país mucho más próspero y de más altos niveles de vida que el asiático. Hoy, Cuba retrocede a barómetros africanos de subdesarrollo, en tanto que Taiwan tiene las reservas más elevadas del mundo —78. 000 millones de dólares— y sus excedentes financieros ayudan —gran paradoja— a desarrollar el capitalismo en China Popular.

La razón del estrepitoso fracaso económico de Cuba no tiene que ver con el imperialismo norteamericano, sino con el socialismo cubano: el derroche inconmensurable de recursos en proyectos sin la menor base científica, inspirados en los delirios o la megalomanía del líder; en una planificación política del desarrollo que introdujo la ineficiencia y la burocratización en la industria y la agricultura y anuló toda forma de competencia y de iniciativa; en el gigantesco despilfarro en armamentos y en las aventuras militares extranjeras y en el empeño en convertir a la isla en lo que los autores de este libro llaman «el país más militarizado del mundo» y, finalmente, en la terquedad de mantener el modelo del estatismo, el colectivismo y el «desarrollo ensimismado» cuando los propios países socialistas tomaban conciencia, luego de terribles quebrantos, de su inoperancia e iniciaban reformas y cambios en la dirección del mercado, la internacionalización y la producción privada de la riqueza.

Cualquier embargo económico, por parte de un solo país, aun cuando sea tan poderoso como Estados Unidos, es, hoy, una broma. Si Cuba estuviera en condiciones de hacerlo, podría comprar todo los productos manufacturados o insumos industriales que le hicieran falta, pues Francia, España, Canadá, Alemania,

Italia, Japón, Corea del Sur y decenas de otros países están ansiosos de vendérselos y, muchos de ellos, a precios más competitivos que los de las industrias norteamericanas. Como no hay bloqueo alguno —ningún barco está impedido de entrar a Cuba—, este comercio existe, pese al famoso embargo, y este libro da cuenta detallada de los intercambios que Cuba mantiene con algunos países desarrollados. Pero ellos son mínimos, y lo serán cada vez más, en razón de la penuria económica de la isla, que carece de divisas para comprar al contado y de credibilidad para obtener préstamos de ninguna especie. En su estado actual, a ella sólo pueden llegar regalos.

¿Cuál es la razón de ser, pues, de esa farsa recurrente, el embargo económico, con la que se llenan la boca por igual el régimen castrista y los Estados Unidos? La política. A ambos gobiernos le sirve, para consumo interno: a Washington le permite mantener las apariencias de una lucha sin tregua contra uno de los últimos vestigios estalinistas y al gobierno de La Habana, esgrimir una excusa de buena marca ideológica para su calamitosa incapacidad. La verdad profunda, que de alguna manera transparece en las páginas de este minucioso documento sobre la lenta e inexorable decadencia de este país destruido por la ideología y el despotismo, es que, en contra de las apariencias, lo último que quisiera hoy Estados Unidos es un desplome del régimen cubano, pues traería a sus costas, de inmediato, cientos de miles de nuevos inmigrantes y echaría en sus brazos la onerosa responsabilidad de reconstruir, en nombre de la libertad, una economía degradada por treinta años de castrismo a unos extremos que enanizan, incluso, los casos tenebrosos de Alemania del Este o la misma Rusia.

Cambridge, Mass., enero de 1993

LA GUERRA FLORIDA

Un representante a la Asamblea del Estado de Carolina del Norte fue sorprendido haciendo tráfico de influencias para ganarse unos dólares; entonces, en vez de llevarlo a los tribunales, el F.B.I. le propuso que colaborara con la policía, sirviendo de anzuelo en una emboscada a sus colegas congresistas. Aquél aceptó y comenzó a ofrecer dinero —cantidades más bien modestas— a los parlamentarios norcarolinos que se comprometieran a votar por una ley en discusión. Cerca de una treintena cayeron en la trampa, como mansos corderos. Y acudieron a un cuarto de hotel, contiguo a la Asamblea, donde fueron filmados recibiendo y agradeciendo los mil, dos mil y cinco mil dólares de la transacción. Todos ellos han sido desaforados y varios cumplen ahora condenas de cárcel o esperan el veredicto del tribunal.

Cuando veía, en la televisión, hace unos días, un programa sobre aquel episodio, me preguntaba en cuántos países del mundo se estima lícito que el propio Estado se valga de estratagemas de esta índole, destinadas a medir la honradez del hombre público: inducirlo al delito para poder sancionarlo. En Estados Unidos es frecuente, como, también, considerar que para quien ejerce una función oficial las faltas nunca prescriben. Cualquiera puede desenterrarlas y retrotraerlas desde el más remoto pasado a fin de destruirlo.

Es lo que le ocurre, en estos días, a un senador por el estado de Oregón, en Washington, quien probablemente tendrá que renunciar al Capitolio, luego de comparecer ante una comisión del Congreso a responder a cargos de acoso sexual. Veintiséis mujeres lo acusan de iniciativas que el italiano promedio perpetra diez veces al día, el español ocho y el suramericano dieciséis: haberlas cogido por la cintura, soplado en la oreja, besado en el cuello, piropeado o mirado libidinosamente. Algunos de estos deslices del senador son recientes, pero, otros, se remontan a quince y veinte años atrás. Y encabeza la campaña contra el parlamentario un órgano de expresión tan influyente como *The Washington Post*.

Me tocó seguir desde Boston los últimos meses de la lid presidencial. La simpatía por Clinton de los principales medios de comunicación era tan reluciente como la antipatía que les inspiraba Bush, a cuya derrota contribuyeron casi tanto como el propio Partido Republicano con su distraída campaña montada en torno a los «valores de la familia», cuando lo único que interesaba al electorado eran el paro, el déficit y la recesión. Pero, cualquiera que no esté familiarizado con las costumbres parricidas de Estados Unidos en lo que concierne a la vida cívica, se hubiera llevado una sorpresa mayúscula al comprobar que, a la semana —sí, a los siete días apenas— de asumido el cargo, el presidente Clinton parecía ya el enemigo número uno de los medios, y, entre ellos, de los que, como *The New York Times* o las grandes cadenas televisivas —ABC, CBS o NBC— habían sido sus más entusiastas valedores. A las críticas iniciales —indecisión, inconsecuencia con las promesas electorales por no bajar los impuestos de la clase media y excesiva consecuencia con ellas por pretender levantar la prohibición a los homosexuales en las Fuerzas Armadas, como anunció— ahora se suman otras, contradictorias, de machista y antiétnico, por no haber nombrado suficientes mujeres, negros e hispánicos en la Administración, o de sexista obsesionado, por compartir demasiadas responsabilidades con su esposa Hillary, y por su empeño en nombrar a una mujer como procuradora general, lo que tuvo vacío el cargo buen tiempo: sus dos primeras candidatas no calificaron ante el Congreso, pues habían contratado, alguna vez, niñeras que eran inmigrantes ilegales.

Detrás del escrutinio sistemático de la vida oficial o privada de quien desempeña un cargo público no hay que ver, solamente, la avidez de unos medios de comunicación que necesitan el escándalo ni el frío cálculo de instituciones y personas —policías, fiscales, reporteros, políticos— que se prestigian y se encumbran desprestigiando y desmoronando a los demás. Hay que ver, sobre todo, un vasto consenso social a favor de esas implacables prácticas, una opinión pública que aprueba y se solaza con aquellos usos y métodos, y que, cuando de semejantes cacerías resultan unas presas chorreando sangre, aplaude a rabiar.

Considerar a quien desempeña una función oficial de cualquier índole, o tiene una representación cualquiera, un enemigo potencial, alguien de quien se debe recelar, esperar lo peor, a quien es preciso vigilar, someter a continuos retos, exigirle unas credenciales y comportamientos impolutos, o cuando menos más elevados que al promedio, y, a la primera debilidad o tropezón, tocar a degüello y blandir los puñales, ¿es saludable o perjudicial para la sociedad?

Por lo pronto, es verdad que provoca a veces injusticias. Una, flagrante y recientísima, que he seguido de cerca, ocurre en estos días en el estado de Massachusetts, donde, desde hace un par de meses, diarios, canales y radios se encarnizan contra John R. Silber, el rector de la Universidad de Boston. Cuando fue elegido para el cargo, hace diecisiete años, aquél era un centro académico de segundo o tercer nivel, una universidad aplastada por el prestigio de Harvard y MIT, colosos con los que tenía que coexistir a pocas cuadras de distancia. Hoy, gracias a la energía volcánica de Silber, la Universidad de Boston ha multiplicado su presupuesto veinticinco veces, lo que le permite desarrollar ambiciosos programas nuevos y atraer académicos y especialistas prestigiosos de todo el mundo (por ejemplo, los Premios Nobel Elie Wiesel y Derek Walcott enseñan allí), y algunos de sus departamentos están a la vanguardia entre las universidades de todo el país.

Frente a estos logros, las imputaciones que llueven contra el rector parecen bastante escúalidas: haber usado fotocopiadoras y faxes de la Universidad durante su campaña política para gobernador, hace cuatro años; haber recibido un préstamo en condiciones más ventajosas que las del mercado por decisión del Patronato de la Universidad y haber llegado sus ingresos, sumando salario y gratificaciones, el año 1991, a unos cuatrocientos mil dólares, suma muy por encima de lo que gana cualquier otro rector. Ninguna de estas faltas constituye delito; sólo —si se comprueban— impropiedades, inelegancias, excesos que no debería autorizarse a sí mismo, por razones éticas y estéticas, quien preside una Universidad. Pero pese a ello, y pese a que quien hizo pública la denuncia es una secretaria despedida y pudo actuar por venganza, hay en Boston, de la izquierda (*The Boston Globe*) a la derecha (*The Boston Herald*), una fuerte presión pidiendo la cabeza de alguien que ya quisieran para sí muchos centros académicos del mundo entero.

El presidente Clinton, su esposa Hillary, el rector Silber, el senador mano larga, las defenestradas abogadas que postulaban a la Procuraduría General, no son víctimas de la envidia y el rencor que despiertan siempre el éxito (aunque en Estados Unidos haya envidiosos y rencorosos como en cualquier país del mundo), porque, en este país nada hay más respetado, promocionado y codiciado que el éxito —lo que tiene un sesgo enormemente beneficioso para la producción de la riqueza, pero, otro, arriesgado y a veces nefasto, sobre todo en el campo de la cultura—, sino de la desconfianza que en esta sociedad merece siempre el éxito asociado al poder, a la política, al cargo público.

Se trata de un sentimiento defensivo, de un reflejo básicamente individualista y libertario, que arranca sin duda de aquellos primeros emigrantes que llegaron a las playas de lo que llamarían Nueva Inglaterra, para practicar su religión y vivir como quisieran, sin que autoridad alguna se entrometiera en sus vidas o creencias, y que, de alguna manera, ha seguido vivo en su tumultuosa y variopinta descendencia, en ese arcoiris racial y étnico que conforma ahora este país, y que es el cimiento más sólido de su sistema político y la mejor garantía de su supervivencia.

Parodiando aquel macabro aforismo surrealista («Hay que matar a la madre cuando es joven»), esta especie de guerra florida permanente (como llamaban los aztecas a las cacerías de víctimas humanas para sus dioses) de la sociedad norteamericana contra quien llega a ejercer la autoridad o alcanza relevancia cívica en su seno podría cifrarse en este mandamiento: «Hay que matar a quien gobierna antes de que sea inmortal». Matarlo, como metáfora y, a veces, realidad: mantenerlo débil, vigilado sin tregua, temeroso, consciente de que es vulnerable, transitorio, reemplazable y, periódicamente, sacrificarlo, como escarmiento preventivo para los demás.

Además de propiciar abundantes injusticias, pueden señalarse otros efectos negativos de esta práctica. Paralizar y maniatar al hombre público, al que, sentirse siempre en capilla, con el pelotón de ejecución rondando su oficina y su hogar, resta audacia, fantasía, creatividad e induce a cumplir lo más parca e invisiblemente su misión. Acaso todavía más grave es que todo ello ahuyenta de la actividad política y de las responsabilidades públicas a muchos hombres y mujeres de talento, a quienes —descontando los modestos ingresos que aquéllas conllevan— desanima de entrada una carrera que exige cierto heroísmo o masoquismo, pues, tarde o temprano, parece un pasaporte al descrédito y la guillotina.

Y, sin embargo, hechas las sumas y las restas, hay debajo de todos esos excesos y aquelarres de la vida cívica en Estados Unidos algo sano y vital. El instinto certero de un peligro, la adivinación de una verdad: que el poder es la fuente de todos los males sociales. También de muchos bienes, desde luego, y, sin él, no hay duda, la sociedad se desfondaría y en un sangriento caos. Pero, si no es tenido a raya, fiscalizado y renovado de manera constante, ese poder que tiene quien dicta las leyes y las hace cumplir, quien controla la fuerza y, con una simple firma, decide el destino de miles o de millones, puede cegarse, ensoberbecerse, olvidar sus límites y causar indecibles estragos. La tragedia de muchos países de la tierra, que viven en el hambre, la ignorancia y la servidumbre, no tiene otra explicación que ésa: haber concedido, a quienes ejercían el poder, atribuciones ilimitadas, haberles permitido durar en él y acrecentarlo hasta el desenfreno y la locura.

Los problemas de Estados Unidos son enormes y es difícil predecir, en el contexto internacional tan ríspido y voluble de nuestros días, si será capaz de encontrar la manera de responder a los acuciantes desafíos del desempleo, la violencia urbana, la droga, la falta de oportunidades para las minorías, los tremendos desequilibrios y desigualdades, el multiculturalismo y muchos otros. Pero hay esperanza de que así sea y de que, como en otros momentos difíciles de su historia, también esta vez pase la prueba. Porque, en un campo específico, precisamente ése del que todos los otros todavía en gran parte dependen, el del poder político, el de la relación del ciudadano con quien gobierna, la sociedad norteamericana goza de buena salud.

Princeton, febrero de 1993

CONTACTO VISUAL

A la lucha de clases sucedió la de las razas y, a ésta, la de los sexos, hoy protagonista estrella de la vida norteamericana. Se equivocan quienes criticaron al presidente Clinton por inaugurar su mandato provocando una polémica con su decisión de eliminar las barreras para que los homosexuales sirvieran en las Fuerzas Armadas, como si éste fuera un asunto marginal. Lo era hasta hace algunos años; ahora, integra el contencioso más debatido por la opinión pública en Estados Unidos, un tema que, bajo múltiples envolturas, asoma a diario en litigios jurídicos, conflictos administrativos, campañas religiosas, acciones políticas y genera una copiosa literatura, académica y periodística.

En el mundillo universitario en el que me muevo desde hace algunos meses, primero en Harvard, y ahora en Princeton, lo detecto por doquier: las «minorías sexuales» de *gays* y lesbianas explayan sus demandas y sus quejas en las publicaciones y paneles oficiales, cuentan con oficinas y asesores que les provee la propia institución, y generan en la sociedad académica la hipersensibilidad, embebida de temor, que inspiraban, la última vez que vine a enseñar a este país, las minorías étnicas. Entonces, la sospecha más grave que podía rondar a un profesor era la de racista; ahora, la de sexista.

Todo esto me parece altamente civilizado, un esfuerzo muy loable para combatir la discriminación de que son víctimas, en todas las sociedades en el mundo, las mujeres y quienes no practican la ortodoxia sexual. (La magnitud de estos prejuicios pudo medirse, hace poco, en el Perú, donde el presidente Fujimori echó a la calle, de un plumazo, a un tercio del servicio diplomático, acusándolos de «homosexuales», y, en vez de provocar una tempestad de críticas, la bellacada aumentó su popularidad). Como la explotación económica o la discriminación racial, el machismo es fuente de innumerables e insidiosas injusticias, una forma de abuso, legitimada por la cultura, del fuerte contra el débil, y de aquello que Hayek consideraba, en sus años finales, el talón de Aquiles de la democracia: la prepotencia de las mayorías en perjuicio de las minorías.

Pero como, en este caso, el origen del mal está en la urdimbre de la propia cultura y forma parte de la naturaleza de aquel cuerpo de ideas, usos, maneras, presupuestos éticos, mitos y códigos que dicta nuestras conductas, el verdadero remedio para este problema sólo vendrá de una profunda renovación cultural. Las disposiciones administrativas y las acciones judiciales pueden atenuarlo, resarcir a algunas víctimas, corregir los más bochornosos atropellos, pero difícilmente extirparlo. Mientras no se produzca aquella reforma raigal en la manera de entender el sexo, y de entenderse los sexos, en el mundo en que vivimos, el prejuicio seguirá haciendo daño y escurriéndose como el azogue entre aquellos obstáculos superficiales.

Y hay, además, el riesgo de que, por golpear demasiado en uno solo de los flancos del enemigo, o por ver enemigos donde no los hay, el combate contra el sexismo se desnaturalice y caiga en el ridículo, o produzca injusticias equivalentes a las que quiere desterrar. Éste es el tema, explosiva mezcla de fuego y de hielo, del último drama de David Mamet, *Oleanna*, que, dirigido por él mismo, se estrenó en Boston hace algunos meses y se presenta ahora en Nueva York.

En una universidad privada, Carol, una estudiante con problemas, acude al despacho de un profesor, John, a discutir sus notas. Éste se halla a punto de comprarse una casa y de obtener la permanencia académica. A John le gusta enseñar y profesa ideas heterodoxas, que ha volcado en un libro, en el que, por ejemplo, impugna la idolatría de la educación superior como derecho universal y sostiene que, a menudo, las lecciones universitarias enajenan las mentes de los jóvenes. Es seguro de sí mismo y ligeramente arrogante. Pero parece un profesor comprensivo y responsable, pues, al advertir la inseguridad y la angustia de la muchacha, se ofrece a ayudarla: que se olvide de las notas, aprobará el curso, que venga a este despacho a discutir lo que no entiende en las clases. La despide con una cariñosa palmada en el hombro.

Este diálogo, banal a más no poder, del primer acto, pende luego como un objeto mágico, que se metamorfosea y envenena hasta lo inconcebible, en el segundo y el tercero, a medida que descubrimos que, deconstruido y reconstruido por Carol, ahora militante en un grupo feminista, todo lo que John dijo en él —todas aquellas palabras que sonaban tan obvias y tan insípidas— sustenta un expediente por acoso sexual, que pone en peligro la permanencia y terminará por destruir la carrera del profesor.

Los verdaderos personajes de este drama son las palabras, movedizas arenas que pueden tragarse a cada paso las mejores intenciones, trampas siniestras que, al menor descuido, cazan al propio cazador. En efecto, lo que John dijo en aquella ocasión también puede hacer de él un abusivo y un aprovechador, alguien que se excede en el ejercicio de su poder y saca ventaja de su condición masculina. Pero, para que esta interpretación sea posible, hay que haber escuchado, anotado, retorcido y acomodado esas frases de John con la enfermiza susceptibilidad de Carol, y haber inyectado sus gestos y silencios de una significación que sólo resplandece a la luz de una religión o una ideología.

La ceremonia que tiene lugar en el anónimo *college* de *Oleanna* remite a una problemática de nuestros días y entra a tallar en una animosa polémica contemporánea en los Estados Unidos, pero, en verdad, reproduce, con atuendos modernos, un viejísimo conflicto: el de la intolerancia y sus víctimas, el del fanatismo y sus devastadores efectos. Se trata de la vieja historia del inquisidor, escarbando la intimidad más recóndita de lo anodino para detectar la herejía, y la del comisario que fabrica disidentes y conspiradores a fin de apuntalar la ortodoxia.

La verdadera tragedia de John, las nefastas consecuencias de la acción de Carol, sólo comenzarán a percibirse luego de la caída del telón. Porque, aunque consiga otro puesto, ¿volverá este purgado profesor a confiar en las palabras, a verterse en ellas, cuando dicte sus clases, aconseje a sus alumnos o escriba sus libros, con la espontaneidad y convicción con que lo hacía antes de descubrir, gracias a Carol, lo peligrosas, lo destructivas que podían ser? En adelante, siempre tendrá un secreto censor agazapado en el fondo de su conciencia, alertándolo y frenándolo. Y aunque viva en una sociedad cuyas leyes y reglamentos garantizan la libertad, a la hora de pensar, escribir y enseñar John no será nunca más un hombre libre.

Es muy claro el servicio que la adopción de una ideología ha prestado a Carol. Ha tornado seguridad lo que eran inhibición y complejos frente a los demás; y ha dado dirección y forma a la violencia que la habitaba, transformando en beligerancia contra el hombre, el sentimiento autodestructivo que antes le impedía estudiar o, mejor dicho, aprender. Pero, ese feminismo que en ella adopta esos extremos sectarios y grotescos no es un mero producto neurótico, una construcción enteramente ficticia. El espectador lo descubre, de pronto, en los últimos escalofriantes minutos del drama, cuando John, fuera de sí, se abalanza sobre la muchacha y la golpea y la insulta, valiéndose de todo el arsenal de la escatología machista. O sea que, después de todo, el endriago con faldas tenía algo de razón.

Esta obra de David Mamet, como otras suyas, tiene una punzante vitalidad, porque, además de estar construida con la buena ingeniería del consumado técnico que es, constituye una reflexión polémica sobre una problemática de actualidad. ¿Retorna el teatro «comprometido» que parecía enterrado bajo muchas capas superpuestas de *happenings*, piezas absurdas o las espantosas comedias musicales tipo *Evita* o *Los miserables?* En todo caso, éste es teatro de verdad, que, no por estar lleno de ideas y de incitaciones a reflexionar, es menos imaginativo o audaz que aquel otro, despectivo de la historia y de la realidad, que se pretende ficción pura, nada más que espectáculo. Y el público conecta muy bien con él, a juzgar por las interminables colas en el Orpheum Theatre y los precios de la reventa.

Algunas feministas acusan a David Mamet de haber hecho una caricatura de Carol, de haber acentuado sus defectos hasta la irrealidad. Yo creo, más bien, que *Oleanna* hace una descripción bastante aproximada, y acaso se quede corta, de los excesos del combate contra el machismo en ciertos campus universitarios estadounidenses. Me he quedado maravillado con la cantidad de casos que he llegado a conocer de profesores reprendidos, mutados o separados de sus puestos por supuestas faltas de esta índole. Tanto que, exagerando algo, pero no mucho, me atrevería a decir que un fantasma recorre los departamentos de lenguas románicas en las universidades de Estados Unidos: el acoso sexual. Los más nerviosos son, naturalmente, mis colegas italianos. Lo que más les preocupa es el llamado «contacto visual», que en algunos planteles se admite ya como falta grave, iniciativa que una estudiante tiene derecho a considerar una ofensa, una tentativa sexista de degradación de su condición femenina. ¿Cómo evitar que la mirada se cargue inconscientemente, en el

momento menos pensado, de una humedad lujuriosa, de un brillo pecador? Matando la libido con cucharadas de bromuro, por
lo visto, o, los enemigos de la química, como yo, mirando siempre al techo, a la pared.

Princeton, febrero de 1993

LOS NUEVOS RETOS

España, Portugal, Chile, son ejemplos de la vitalidad de la cultura democrática, casos felices de transición de la autocracia, solipsista y monocorde, al pluralismo del sistema representativo, y del ensimismamiento de una economía semiasfixiada por el mercantilismo y el proteccionismo a la pujanza del mercado y la apertura al mundo. Dicha evolución tiene un alto costo, y estos países lo han pagado o lo están pagando, pero ellos muestran que dicho tránsito es posible —a condición de que haya al respecto un consenso entre las principales fuerzas políticas— y que ése es el único camino hacia el progreso y la modernidad.

Como muchos países de la órbita del desaparecido imperio soviético se muestran hoy incapaces de aquella mudanza, por falta de un acuerdo responsable entre sus dirigencias políticas, o porque la esterilización de la vida productiva operada por décadas de colectivismo y estatismo convierte en tarea ciclópea la forja de una sociedad civil, de economía libre, se elevan ahora voces agoreras que, en contraste con el optimismo que cundió en 1989, predicen el fracaso de la democratización del antiguo mundo comunista y el inicio en el Este de una era de despotismos autoritarios, conflictos étnicos, integrismo religioso, anarquía, guerras regionales y desplazamientos de poblaciones cuya onda expansiva —nueva invasión de tribus bárbaras que engulleron a la civilización romana— puede arrastrar al Occidente entero en una crisis de incalculables efectos.

Este pesimismo es tan arbitrario como el optimismo de quienes creían que la democracia florecería de inmediato, lozana y fragante, en los escombros del comunismo. La historia nunca ha avanzado en línea recta, siguiendo los pasos que señalan la racionalidad, el sentido común. Su trayectoria es laberíntica, impredecible, a veces elíptica, a veces rectilínea, en cámara lenta o a saltos. Pero, desde el punto de vista de aquella forma avanzada de humanización de la relaciones sociales que representa la democracia, no puede haber duda: en los últimos años, la historia ha progresado en vez de retroceder y —sin que esto signifique soslayar una sola, de las tragedias colectivas que en ella se padecen— la realidad contemporánea es menos siniestra que en los años de la guerra fría, cuando merodeaba por el globo el espectro del apocalipsis nuclear.

El desplome de la Unión Soviética, y el apresurado viraje hacia el capitalismo de China Popular, han hecho desaparecer al más serio adversario que enfrentó la cultura de la libertad desde sus orígenes atenienses y la han provisto de algo que nunca tuvo: legitimidad universal. La hecatombe de las ideologías totalitarias ha dejado sola en el escenario político mundial, reconocida por unos y otros, con entusiasmo o a regañadientes, como el único sistema capaz de hacer avanzar de manera simultánea la prosperidad y la justicia, y el mejor dotado para defender los derechos humanos, a la democracia, concebida a la manera occidental. Los regímenes fundamentalistas islámicos, con todos los riesgos que implican, sobre todo si llegan a tener armas atómicas, no son ni remotamente comparables al fascismo o al comunismo: no representan un desafío ideológico, una alternativa utópica capaz de seducir a los sectores frustrados o rebeldes de las sociedades abiertas. Su oscurantismo dogmático, totalmente incompatible con la tecnología y la ciencia modernas, los retrocede pronto, como se ha visto en Irán, a unos niveles de primitivismo y subdesarrollo que, desde una perspectiva internacional, les resta peligrosidad: sus infiernos son apenas aptos para achicharrar a sus propios ciudadanos.

Lo cierto es que al sistema democrático hoy día nadie lo cuestiona, porque ha llegado a ser lo que Sartre dijo alguna vez que era el marxismo: «el insuperable horizonte de nuestro tiempo». Él se va extendiendo por el planeta, aun por regiones y países donde nunca asomó o fue sólo flor exótica. Pese a los traspiés, ha echado raíces en buena parte de las antes llamadas democracias populares, y, en algunas de ellas, como la flamante República Checa, Hungría y Polonia, la privatización de la economía y el régimen de libertades comienzan a revertir la caída en picada de la producción y de los niveles de vida. Más promisor es el caso de América Latina, donde, con las excepciones de Cuba, Haití y Perú, los regímenes civiles, nacidos de elecciones más o menos libres, se fortalecen y las políticas de transferencia a la sociedad civil de las empresas públicas, y de integración a los mercados mundiales, van saneando las economías y consiguiendo, en casos como el de Chile, unos índices de crecimiento que el continente no había conocido en toda su historia. Nada más efectivo que este desarrollo en democracia para sepultar definitivamente en el desprestigio a las dictaduras militares y el violentismo revolucionario, los principales responsables del atraso de las sociedades latinoamericanas.

La democratización va también infiltrándose en aquellas ciudadelas autoritarias del Asia que querían combinar el mercado y la economía descentralizada con la autocracia política. En Corea del Sur, en Taiwan, en Singapur vemos ahora —y sin duda lo veremos, en el futuro, en China Popular— que la libertad es de un solo signo y que los regímenes que pretenden confinarla en el campo del comercio y la industria, a la vez que la eliminan en el político, tarde o temprano deben hacer frente a una irresistible presión popular para que aquella autonomía y disponibilidad que se conceden a las empresas a la hora de producir, comprar y vender, se reconozcan a los ciudadanos a la hora de pensar, expresarse, decidir su vida y elegir a quienes los gobiernan.

La desaparición de la hipoteca totalitaria debería permitir a las sociedades libres concentrarse en algo todavía más urgente que reducir sus gastos de armamento y sus ejércitos: perfeccionar el sistema democrático, corregir unas deficiencias que, si siguen desarrollándose, podrían anquilosarlo. Entre estas taras proliferantes figura, en primer término, la corrupción, el tráfico de influencias, los negociados a la sombra del poder. Escándalos de esta índole han empañado con regularidad alarmante a casi todas las grandes democracias occidentales en los últimos años y, en algunas, como Italia, las últimas revelaciones muestran algo que es ya más que un tumor, una verdadera metástasis. Nada desmoraliza y desmoviliza tanto el espíritu cívico como la sospecha de que quienes han obtenido la confianza popular pueden delinquir impunemente. Esta sospecha contamina a toda la clase política y genera apatía y cinismo, otros tantos antídotos contra la participación en la vida pública, sin la cual no hay democracia que lo sea de veras. El abstencionismo, que en algunas naciones llega a la mitad del electorado, es síntoma gravísimo de esta enfermedad.

Y otro serio problema es el creciente abismo entre los que tienen mucho y los que tienen poco o nada en las sociedades libres del mundo. Esta desigualdad económica no es obstáculo para el consenso social *sólo* en períodos de abundancia, cuando la prosperidad se derrama hasta los estratos menos favorecidos y a todos garantiza una existencia decente. Pero, en tiempos de crisis, como los presentes, cuando llega la hora de los sacrificios y éstos significan altos índices de desempleo, inseguridad frente al porvenir, aquellas diferencias en la distribución de la riqueza, que son corolario inevitable del mercado, generan rechazo, indignación y desafecto hacia el sistema, el que es percibido como intrínsecamente discriminatorio y generador de privilegios.

Éste es un problema de difícil solución, pues nace de aquellos valores contradictorios, como los llama Isaiah Berlin, la libertad y la igualdad, dos nobles aspiraciones humanas que, recónditamente, son alérgicas la una a la otra. Pero suprimir la libertad para asegurar la igualdad, como lo prueban los millones de hombres y mujeres sacrificados en el *gulag,* crea una igualdad ilusoria, y genera, eso sí, una ineptitud para la producción de la riqueza que, a la corta o a la larga —díganlo esos cementerios industriales de Alemania del Este, o de Rusia o la prehistoria económica en que languidece Albania o esos cubanos que retroceden del tractor al buey— condena a toda la sociedad (salvo la minúscula nomenclatura) a la mera subsistencia y a veces ni eso.

La respuesta de la socialdemocracia y los democristianos a este problema es la «redistribución», en nombre del principio de solidaridad social: mediante impuestos y programas sociales, el Estado quita a los que más ganan y da a los que menos tienen. Esta fórmula, que parece impecable desde el punto de vista ético, sólo es operativa mientras no aletarga al productor de la riqueza, mientras no asfixia la iniciativa y la ambición del hombre de empresa, del inversor y del ahorrista (como ocurrió, en los casos que parecían ejemplares, del Uruguay de los años cincuenta y la Suecia del sesenta al ochenta), porque, entonces, el resultado de esta solidaridad puede conducir a un país a la declinación económica, a que pronto ya no haya riquezas que «redistribuir».

La redistribución no debe ir más allá de lo indispensable para asegurar a todo el cuerpo social aquellos niveles sin los cuales la dignidad humana es afrentada, ni exceder aquel límite que permite mantener vivo el espíritu de empresa, la voluntad de inversión, la creatividad económica, que son la fuente del progreso y del bienestar, y a los que el intervencionismo estatal estraga y mata. Cuando es el redistribuidor —el burócrata— y no el productor de la riqueza el protagonista de la vida económica, como les ocurrió a esas sociedades —Uruguay, Suecia— que, cada una en su momento, parecían haber sentado un modelo de eficacia y justicia, entonces la ineficacia comienza a hacer de las suyas y tras ella resucitan y se multiplican distintas formas de injusticia.

Éste es un equilibrio difícil de alcanzar y para el que no hay recetas generales, una ecuación que debe ser reformulada sin tregua, casando en cada período y sociedad lo deseable con lo posible, una cuerda floja que requiere equilibristas avezados, es decir, gobiernos tan íntegros como responsables e imaginativos. Lo esencial es que, en todo momento, los derechos económicos sean tan respetados como los derechos civiles y políticos, que todos los ciudadanos vean siempre garantizado su acceso al mercado, de manera que el conjunto de la sociedad tenga la certidumbre de que el éxito económico del individuo o de una empresa resulta siempre —y únicamente— de su talento y de su esfuerzo, es una victoria de buena ley en competencias sin amañe, y no del privilegio, es decir, del monopolio o la prebenda política.

La oportunidad abierta a todos de ascender, o el riesgo de descender, en la escala del éxito, de acuerdo exclusivamente a su empeño e inventiva, o pereza e inhabilidad, constituye el sustento básico de la justicia en una democracia. Si esta movilidad social se restringe, o desaparece, estrangulada por el mercantilismo, ese contubernio mafioso entre las élites económicas y políticas para favorecerse recíprocamente, prostituyendo el mercado, reemplazando la libre competencia por el favor, una democracia empieza a declinar y puede llegar a desintegrarse. En cambio, si aquella movilidad social existe, como ocurre en Estados Unidos, por enormes y gravísimos que sean los retos y deficiencias sociales, el sistema se mantiene sólido y nadie piensa en sustituirlo, sólo en reformarlo.

Corrupción, mercantilismo, abulia cívica acompañan a las sociedades democráticas desde el principio, y no han logrado destruirlas ni les han impedido remozarse, de tanto en tanto, sobre todo en aquellos períodos en que surgieron ante ellas enemigos capaces de arrasarlas, como el fascismo y el comunismo. En nuestros días, los supervivientes de estas doctrinas, o sus resucitados, no son algo que se pueda comparar con los desafíos que significaron un Hitler o un Stalin. Esto no es minimizar la capacidad destructiva de fanáticas sectas extremistas de izquierda, como Sendero Luminoso, ni los crímenes contra inmigrantes de bandas de rapados y tatuados con esvásticas nazis; ni menospreciar la implantación, en minorías considerables, de partidos racistas de extrema derecha, como el Front National, en Francia. Se trata de fenómenos inquietantes, desde luego, pero todavía excéntricos, en sociedades donde las mayorías, una y otra vez, han manifestado su inequívoco rechazo de aquellos brotes antidemocráticos.

El verdadero adversario que tiene por delante la cultura de la libertad en este fin de milenio engloba a todos aquellos extremismos, brutalidades y excentricidades sectarias, y, si no es atajado a tiempo, podría crecer, metabolizarlos y conferirles una suerte de terrible respetabilidad. Es el nacionalismo.

Princeton, marzo de 1993

CABEZAS DE RATÓN

Mas aún que las salvajes carnicerías —las operaciones de «limpieza étnica», la violación elevada al rango de estrategia militar, el cañoneo sistemático de poblaciones inermes—, lo que maravilla, en el caso de Bosnia-Herzegovina, es comprobar que todos los testimonios, de víctimas y de victimarios, coinciden en señalar que, hasta ayer no más, serbios, bosnios y croatas convivían en esta región central de la desaparecida Yugoslavia en total armonía, y que los intercambios entre las tres comunidades eran tantos que las iban indiferenciando.

Todo, empezando por el sentido común, propiciaba esta integración. Entre los dos millones de musulmanes, el millón trescientos mil serbios y los setecientos cincuenta mil croatas que habitan —en inextricable dédalo de aldeas y ciudades mixtas— ese rincón paradisíaco de los Balcanes, las semejanzas resultaban mucho más acusadas que los antagonismos. Todos hablaban la misma lengua, las diferencias raciales y étnicas eran invisibles y sólo el islamismo de unos y el cristianismo de otros constituía una barrera. Pero cada día más endeble, pues, como establece el iluminador informe que sobre este tema ha preparado Jeri Laber para el *US Helsinki Watch Committee*, el proceso de secularización había avanzado muy deprisa entre musulmanes y cristianos, diluyendo la secular separación religiosa.

¿Qué ocurrió, entonces? ¿Qué genio malévolo, qué locura colectiva se apoderó de pronto de bosnios, serbios y croatas para que, quienes venían trabajando, comerciando y divirtiéndose juntos desde hacía muchas décadas, como buenos vecinos, empezaran a entrematarse de la noche a la mañana con ferocidad tan despiadada? Una teoría sostiene que aquella coexistencia era una ficción mantenida gracias al autoritarismo del régimen socialista y que, al derrumbarse éste y aflojarse la mano de hierro del poder central, la realidad hasta entonces enmascarada mostró su verdadera faz: la de los particularismos sociales, la de las identidades irredentas, la de las culturas reprimidas anhelantes de soberanía y nacionalidad.

Hmmm... ¿Debemos creer, entonces, que esas varias generaciones de habitantes de Bosnia que vivían en paz y compartían tantas cosas eran unos redomados farsantes? ¿Que todos, hijos, padres, nietos y bisnietos, mientras sudaban la gota gorda, hombro con hombro, intercambiaban bienes y servicios y aun se casaban unos con otros, *fingían*? ¿Que, hipócritas hereditarios, judas programados, unos y otros esperaban, a lo largo de decenios de simulada tolerancia y amistad, el momento propicio para asestarse puñaladas? Yo sospecho, más bien, que aquella coexistencia y paulatina integración eran una realidad genuina, que fue artificialmente interrumpida por políticos irresponsables, hambrientos de poder, y conscientes de que el camino más corto para materializar ese designio, en tiempos de transición —y de confusión ideológica—, es el nacionalismo.

No es una casualidad que el presidente Slobodan Milosevic, hasta ayer un comunista cuadriculado, experimentara una providencial conversión nacionalista y sea, hoy, el promotor de la Gran Serbia y el principal instigador, cómplice y proveedor militar de Radovan Karadzic, el líder «étnico» de los serbios de Bosnia. La coartada ideológica nacionalista o étnica ha permitido a muchos dirigentes del viejo régimen estalinista —Rumania es un caso flagrante— sobrevivir en el poder e iniciar una nueva vida política, armados de credenciales que —en Occidente— paralizan o entibian cualquier crítica: la de defensores de culturas minoritarias y reprimidas que reclaman su derecho a una existencia independiente. ¿Y qué sucede si esas etnias andan medio disueltas o son ya mero dato histórico, sin corroboración en la vida presente? Entonces se reconstituyen, o se fabrican, y, de preferencia, mediante la guerra, combustible que inventa y atiza los patriotismos hasta la incandescencia y borra las razones, sustituyéndolas por la irracionalidad de la pasión. Ésta es la historia del desplome de Yugoslavia y del nacimiento de las nuevas «naciones» de los Balcanes.

Quienes, en los países democráticos, se apresuraron a aplaudir la secesión de Eslovenia, de Croacia, de Bosnia, y a pedir el reconocimiento internacional para los flamantes Estados, actuaban movidos por esas buenas intenciones que, según el dicho, empiedran el infierno. En verdad, habían sido intelectualmente preparados para actuar así por aquella ideología, de semblante anticolonialista, que propicia y defiende el *multiculturalismo* —es decir, la equivalencia y autonomía de todas las culturas— y que ha tenido la virtud de repetir aquel milagro que se atribuye a fray Martín de Porres: hacer comer en un mismo plato a perro, pericote y gato. (Porque quienes se alimentan de, y alimentan al *multiculturalismo* son tanto izquierdistas como derechistas y moderados).

En apariencia, esta teoría, cocinada por respetables antropólogos, juristas y filósofos, no puede ser más progresista. Ella se enfrenta al etnocentrismo, a la prepotencia de la cultura occidental, que, creyéndose superior, invadió a las más débiles, y las arrasó y explotó durante siglos, amparándose en el pretexto de llevar la civilización a pueblos «bárbaros». Proclamando que las culturas son y deben ser iguales, ni más ni menos que los seres humanos, y que todas, por su mera existencia, tienen ganado el derecho al reconocimiento y el respeto de la comunidad internacional, los *multiculturalistas* quieren vacunar la historia futura contra nuevas aventuras imperialistas y colonialistas.

De este modo, como ha mostrado espléndidamente Alain Finkielkraut en *La défaite de la pensée*, los defensores del *multiculturalismo* —insólita amalgama donde Lévi-Strauss se codea con Frantz Fanon— han remozado y legitimado, desde una perspectiva contemporánea, en nombre del tercermundismo, las doctrinas nacionalistas de románticos alemanes como Herder y de ultrarreaccionarios como Joseph de Maistre. Para éstos, como para aquéllos, el individuo no existe separado de su ámbito cultural, es una hechura de la lengua, tradiciones, creencias, costumbres y paisajes dentro de los que nació y creció y, por lo tanto, esta patria constituye una unidad coherente, suficiente e intangible, que debe ser preservada contra todo lo que la amenaza. El imperialismo, desde luego. Y, también, aquellos corrosivos del «espíritu nacional»: el cosmopolitismo, el mestizaje, la internacionalización. En otras palabras: contra la evolución de la historia moderna e, incluso, la misma realidad.

Porque esto es, precisamente, lo que ha estado ocurriendo en el mundo desde hace muchas décadas, y, en especial, las últimas: creándose un denominador cada vez más ancho y más profundo entre las diversas culturas, principalmente en el campo económico, pero también en el de las costumbres y los mitos, las instituciones, los códigos de conducta y las ideas —y hasta en el de los vicios y los sueños— que a los hombres y mujeres de todas ellas iba acercando y desnacionalizando. Con la desaparición del comunismo, la posibilidad de que este proceso se acelere hasta la articulación de todos los particularismos nacionales en una vasta y flexible civilización global, bajo el signo de la democracia política, el respeto a los derechos humanos y a la libertad individual, ha dejado de ser una utopía.

Pero de los escombros del colectivismo ha surgido ya, dando impetuosos coletazos y robustecido con flamantes reclutas, para oponerse a esta evolución de la humanidad hacia un mundo más integrado, el nuevo valedor del espíritu retrógrado y del oscurantismo histórico, en defensa del más recalcitrante de todos los atavismos, el espíritu de la tribu, el miedo a que el individuo sea libre y soberano de verdad. Está ya en acción, en la ex Yugoslavia y en Georgia y Abjasia, triunfó en la descuartizada Checoslovaquia, incendia Armenia y Azerbaiyán y amenaza con convertir a Rusia en un campo de Agramante. En todos estos casos, unos de manera más visible y otros más disimulada, los movimientos «nacionalistas» tienen muy débiles raíces históricas que los justifiquen y, en todos, la solución «nacionalista» parece la más inoperante y costosa para resolver los problemas entre diferentes comunidades obligadas a vivir juntas. Y es evidente que se ha recurrido a ella por su eficacia demagógica, porque nada permite dividir más a conglomerados humanos y crear tan rápido el espejismo de sociedades unidas, pero, sobre todo, porque ella asegura el acceso al poder a quienes no se resignan a ser cola de león y quieren a toda costa ser cabeza de algo, aunque sea de ratón.

Los horribles crímenes que se están cometiendo contra los bosnios por parte de los serbios, y los que se cometieron antes por éstos contra los croatas, empezando por esas operaciones de «limpieza étnica», que —con toda justicia— horrorizan al mundo occidental, están dentro de la lógica, si se acepta la premisa *multicultural* de que el invididuo no existe, es un mero epifenómeno de *su* cultura y de que, por lo tanto, ésta debe ser mantenida pura, a salvo de contagios envilecedores, ya que ella es la unidad básica de la civilización, el verdadero protagonista de la historia, el fundamento y razón del individuo. Esta peligrosa fantasía ideológica, fraguada con la altruista finalidad de reparar el agravio que significó el colonialismo para pueblos débiles y primitivos, ha servido más bien, como dice Finkielkraut, para privar a los antiguos países

colonizados de lo mejor que podía ofrecerles el antiguo coloniza-
dor —el pluralismo, la tolerancia, los derechos humanos— y para
que, en nombre de la sacrosanta tradición étnica y la cultura propia, encontraran justificación el despotismo político, la tiranía
religiosa, la cosificación de la mujer y salvajismos como las muti-
laciones corporales por mandato judicial y la castración femenina.

No es verdad que todas las culturas se equivalgan y que ellas
existan como bloques graníticos o compartimentos estancos. En
todas hay, sin duda, ingredientes y hallazgos admirables, que enriquecen a la especie, y, también, feas y horribles reminiscencias de
los oscuros tiempos, cuando el individuo aún no existía y era un
simple parásito de esa placenta gregaria, la tribu. La inacabable
lucha porque el hombre naciera como individuo, y se pareciera
cada vez menos al mono y al tigre, comenzó cuando pudo empezar
por fin a ser cada vez más él y menos su tribu, a distanciarse de
ésta y a reconocerse, pese a los innúmeros tatuajes o magias,
semejante a los venidos de otras tribus, con los que se relacionó,
comerció y terminó mezclándose y formando nuevas y más grandes sociedades. Claro que se puede establecer una jerarquía moral
entre esas muchas civilizaciones y culturas que son otros tantos
hitos en la historia del hombre, según fueron alejando al individuo de su condición primigenia de mera pieza en un engranaje
social, y reconociéndole una dignidad y unos derechos propios e
inalienables, o retrocediéndolo a partícula dispensable de una
categoría superior —la raza, la nación, la clase, la religión— fuera
de la cual sería inconcebible, y perdería su identidad, su ser.
Porque aquéllas representan la civilización y éstas la barbarie.

Ésa es una vieja confrontación en la que no ha habido un progreso rectilíneo, sino innumerables traspiés y retrocesos, en la
incesante empresa de emancipar al hombre de la atávica tutela
tribal, de liberarlo de los tabúes, los miedos y los conjuros con que
los hechiceros y jefezuelos quieren mantenerlo sometido, para
consolidar y perpetuar su poder. Ese combate se ha renovado una
y otra vez en la historia, con adversarios que portaban distintas
máscaras y enarbolaban diferentes divisas. La de la democracia
liberal contra la utopía colectivista fue la última, entablada en los
cinco continentes y, en cierto modo, ha llegado a su fin. Pero la
nueva está ya asomando la cabeza y sembrando los campos de víctimas, aquí y allá. Y tiene a los contenedores definidos: la progresiva disolución de las fronteras o su restablecimiento y proliferación, la mundialización de la cultura al compás de la de los

mercados y las ideas y las técnicas o su atomización y confinamiento en un planeta *multiculturizado*, dividiéndose y subdividiéndose sin tregua para que muchos ambiciosos puedan hacer realidad sus sueños de ratón.

Princeton, marzo de 1993

¿ESPEJO DEL MUNDO?

Fui por primera vez a Puerto Rico en 1969 y estuve allí ocho meses, enseñando en la Universidad de Río Piedras. Había ido por un semestre, pero me gustó tanto la gente y el país, que me quedé a dictar un curso de verano, heroica experiencia en el curso de la cual, dos veces por semana, me ensopaba como en una sauna, ante un auditorio atestado, en el que, un día, un alumno se me desplomó patas arriba, aniquilado por el calor.

Gracias a ese viaje, y los que he hecho después a la isla, he ganado amigos magníficos, y una convicción: que, pese a su *status* semicolonial —desde la invasión norteamericana de 1898— el español está tan arraigado en Puerto Rico y es un componente tan esencial de su cultura como en cualquier otro país de Hispanoamérica. El habla de los puertorriqueños no es nada *pura* (salvo en la élite, mejor instruida que el promedio continental, y que cultiva un español más bien castizo) sino un maravilloso *revolú*, en el que las influencias africanas y, sobre todo, del inglés, han sido reabsorbidas y recreadas dentro del espíritu de nuestra lengua, con libertad y creatividad sorprendentes y resultados sabrosísimos.

Para darse cuenta de ello no es indispensable ir a Puerto Rico a sumergirse en el risueño, oleaginoso, sensual, metafórico y chispeante español con que *bregan* (verbo puertorriqueño por antonomasia) los hombres y las mujeres en la calle y dicen las décimas o cantan la plena, el merengue y la salsa. Basta leer a los buenos escritores nacidos allí y advertir el riquísimo partido que han sabido sacar de este suculento lenguaje popular, en perpetua mudanza, poetas como el gran Luis Palés Matos (inventor de la «poesía negra» sin ser negro) o narradores contemporáneos como Luis Rafael Sánchez y Rosario Ferré.

La lengua española sobrevivió en Puerto Rico a una prueba dificilísima: medio siglo de enseñanza obligatoria en inglés en las escuelas públicas. Esta política no «americanizó» a la isla; cuando se restableció el español como primera lengua en los planteles, el pueblo puertorriqueño seguía utilizándola como único medio de expresión. Y, en buena parte como respuesta a aquella absurda política, había surgido en el país una élite universitaria profundamente comprometida con la defensa del idioma y de la tradición hispánica en Puerto Rico, entre la cual destacaban algunas mujeres de primer orden. Entre ellas, una discípula de Menéndez Pidal, y finísima estudiosa de la poesía de Garcilaso, Margot Arce de Vásquez, la aguerrida Nilita Vientós Gastón, la crítica literaria Concha Meléndez, la historiadora Isabel Gutiérrez del Arroyo y varias más. Gracias a profesores e intelectuales como ellas, y a la presencia en la isla de ilustres representantes del exilio español, como Federico de Onís, Juan Ramón Jiménez y Pedro Salinas, los estudios hispánicos en Río Piedras mantenían un nivel altísimo y atraían a jóvenes inquietos y talentosos. También, a muchos rebeldes. Porque, gracias a la particular condición política de la isla, los inofensivos estudios hispánicos adoptaban allí —¡qué envidia!— un semblante de inconformidad y disidencia, un aura casi subversiva.

Hace dos años el gobernador Rafael Hernández Colón, del Partido Popular, firmó una ley que declaraba el español único idioma oficial de Puerto Rico. ¿Qué objeto tiene legalizar lo obvio, confirmar lo evidente? Además de una pérdida de tiempo, puede servir para crear problemas donde no los hay y trocar un consenso en crispados antagonismos. Eso es lo que ha ocurrido, al trasladarse el asunto del idioma del plano cultural —en el que el 95 % de la isla está de acuerdo, como muestra un reciente sondeo— al político, en el que los puertorriqueños se hallan divididos en bloques irreconciliables. En represalia por aquella ley, con que el Partido Popular intentó ganar puntos políticos frente a su adversario, éste, el Partido Nuevo Progresista, luego de derrotar a aquél en las últimas elecciones, la revocó y aprobó otra, instaurando el español y el inglés como idiomas oficiales. Muchos puertorriqueños hablan inglés (y en buena hora, por supuesto), pero Puerto Rico no es un país bilingüe y tardará muchas generaciones en serlo, si llega a ello alguna vez. Sin embargo, la lamentable politización partidista de este asunto ha hecho trizas la unanimidad —o poco menos— que existía sobre la idiosincrasia y vocación cultural de la isla.

Si existiera el voto cualitativo, como querían ciertos doctrinarios del despotismo ilustrado, y los escritores, artistas e intelectuales puertorriqueños decidieran los destinos del país, Puerto Rico sería hoy una nación soberana. Porque un gran número, acaso la mayoría de ellos, está a favor de la independencia. Algunos militan a favor de esta opción, en el PIP (Partido Independentista Puertorriqueño), o en agrupaciones más radicales, y otros, sin militar, la apoyan con sus votos o con su simpatía y nostalgia. Pero en esto, la brecha entre la clase intelectual y el resto del país es enorme. Desde hace décadas, el porcentaje electoral de los independentistas es muy pequeño, para no decir insignificante (5% como promedio en las últimas consultas).

¿Cómo explicar este desfase? ¿Por qué el mismo pueblo que ha mantenido con tanto empeño, a lo largo de un siglo, su identidad cultural y que, en la reciente encuesta de El Ateneo, proclamaba sentirse orgulloso de su condición de hispanohablante, a la hora de votar rechaza de manera rotunda la independencia y elige al Partido Popular, que quiere mantener el estatuto actual —la Mancomunidad— o al Nuevo Progresista, que postula la anexión plena a Estados Unidos?

Los sociólogos y politólogos independentistas explican esta aparente contradicción de la siguiente manera. El pueblo puertorriqueño estaría sobornado y enajenado por la condición colonial, y, a la hora de enfrentarse al ánfora con la papeleta de voto, ciertos reflejos condicionados guiarían su mano antes que un juicio lúcido. El temor de perder los subsidios de desempleo, los cupones de alimentos y la seguridad social, por ejemplo, de que se beneficia —y de los que vive— una parte considerable de la población. La conciencia de que sin el derecho a emigrar y trabajar en el mercado norteamericano, los niveles de vida de Puerto Rico, más bajos que los de Estados Unidos pero más elevados que los del resto de América Latina, podrían caer en picada (la isla tiene una densidad demográfica que es de las más altas del mundo). Y el espectáculo histórico desalentador de tantos países latinoamericanos —que la propaganda de los medios machaca hasta el cansancio en tiempos electorales— a los que la emancipación trajo dictaduras, anarquía, explosivas desigualdades económicas y guerras civiles y terrorismo. Y no hay duda de que, pese a sus altos índices de criminalidad, comparada a otras del Caribe, o de Centro y Suramérica, pese a carecer de soberanía política, la sociedad puertorriqueña es más estable y sus instituciones más representativas y democráticas que las de buena parte del hemisferio. Estas razones pragmáticas llevarían a la inmensa mayoría de los puertorriqueños a dar la espalda a la alternativa nacionalista y preferir la semiautonomía actual o la asimilación a Estados Unidos.

Creo que esta explicación es bastante acertada, aunque no estoy seguro de que por ello se deba calificar al electorado puertorriqueño de vendido o enajenado. Salvo una muy pequeña minoría de personas, que vota en razón de ideales y de principios aun cuando éstos no coincidan con sus intereses, en todos los países la mayoría decide su voto por razones materialistas y egoístas, no por las generosas y altruistas. Aceptar esto es un principio básico de la cultura democrática y, también, un requisito del progreso.

La condición colonial es repudiable, sin la menor duda, y el caso histórico de Puerto Rico no es menos trágico que el de otros países ocupados por naciones más fuertes o más ricas. La isla fue adquirida como botín de guerra por Estados Unidos, pronto hará un siglo. No es menos cierto que, en ese lapso, esa condición colonial ha ido perdiendo su naturaleza represiva y discriminatoria de los comienzos y que ella depende ahora del libre albedrío de los puertorriqueños. También, que, a la vez que los privaba de ciertas prerrogativas, les ha traído considerables beneficios. ¿Justifican ellos la disolución de Puerto Rico en la nación norteamericana, como quiere el Partido Nuevo Progresista, o continuar indefinidamente en esa especie de limbo que es el llamado Estado Libre Asociado, tal como propone el Partido Popular? Así como el rechazo de la opción independentista es evidente, también lo es la pertinaz indefinición del electorado puertorriqueño frente a esta disyuntiva. Aunque a veces ganan los populares y a veces los «estadistas», la victoria de uno y otro es siempre por porcentajes reducidos, que confirman, en cada elección, una suerte de empate, que deja siempre en suspenso, o posterga al inifinito, la decisión definitiva.

En realidad, esa aparente indefinición es una clarísima definición, para el que, además de contar y restar esos votos, quiera ver lo que ellos dicen. No hay duda que ellos quieren decir: no elijo ni una ni otra opción sino, pese a ser contradictorias, ambas a la vez. ¿Es esto locura por la simetría? ¿Ezquizofrenia colectiva? ¿O, más bien, sabiduría premonitoria de un pueblo que, sin ponerse a reflexionar demasiado en abstractas teorías, intuye que la evolución contemporánea, al ir diluyendo el concepto dieciochesco y decimonónico de nación, en vez de dejar rezagado a Puerto Rico en el desván de los anacronismos políticos, lo ha catapultado a la vanguardia y ha hecho de Borinquen un anticipo del futuro de los países, del mundo?

La internacionalización es el fenómeno más dinámico de la vida contemporánea, es decir, la erosión de la vieja idea de soberanía que sirvió de cimiento a los Estados modernos. Éstos, hoy, conservan sus banderas, sus himnos, sus ritos y ceremonias, pero la nacionalidad es cada vez más un espejismo, pues, en la realidad de sus economías, de sus relaciones diplomáticas y en sus grandes decisiones políticas, así como en el control que sus gobiernos ejercen sobre empresas y ciudadanos, el factor internacional suele ser el decisivo. La soberanía, con la excepción de un puñado de muy poderosas naciones, y aun en ellas cada vez menos, es algo que sólo se ejerce en lo secundario y adjetivo, pero, en lo fundamental de la vida de los países, es cada vez más una ficción, en entredicho con una realidad en la que prevalece la interdependencia. Esta mediatización de la soberanía comenzó siendo obra del comercio y las finanzas, pero ahora abarca también la cultura, la política, y va extendiéndose de manera inexorable a todas las formas de la actividad humana, en un proceso que acerca y traba a unas sociedades con otras. Y ello es así porque esta progresiva y discreta disolución de las fronteras ha abierto un extraordinario abanico de oportunidades para el desarrollo de los países, y de los individuos particulares. Si esta tendencia prospera, la humanidad habrá logrado la mejor garantía contra conflictos bélicos como los de las dos guerras mundiales y contra nuevas aventuras imperialistas. Porque nadie ataca a quien le sirve ni pretende apoderarse de quien ya, en alguna forma, es suyo.

En este contexto, Puerto Rico no es una anomalía sino un espejo del futuro. Su asociación con Estados Unidos prefigura la que podría ser la de los países de Europa entre sí, si los obtusos nacionalismos renacientes no matan el proyecto europeo, y la de los países asociados en el Tratado de Libre Comercio, si los grupos de interés de la administración Clinton no consiguen sabotearlo, y la de los miembros asiáticos de ASEAN, que, por ahora, son los que avanzan más rápido en la desnacionalización. Y de lo que debería ser algún día la integración latinoamericana, si el proceso de apertura y·acercamiento bajo el signo de la libertad iniciado no se detiene, frustrando una vez más la modernización de lo que Stefan Zweig llamó alguna vez el continente del futuro.

Princeton, abril de 1993

¿UNA IZQUIERDA CIVILIZADA?

Después de lo ocurrido en estos últimos años en el mundo y en el propio Continente ¿sigue la izquierda en América Latina inmovilizada en la ideología, los dogmas y estereotipos del pasado o comienza a ser moderna?

Para averiguarlo, asistí a la conferencia que acaba de celebrarse en la Universidad de Princeton, organizada por el ensayista mexicano Jorge Castañeda, en la que participaron: dos ex dirigentes guerrilleros, el colombiano Antonio Navarro Wolff (del M-19) y el salvadoreño Rubén Zamora (de Convergencia Democrática); Luis Inacio Lula da Silva, del Partido de los Trabajadores, de Brasil; el mexicano Cuauhtémoc Cárdenas, del PRD (Partido de la Revolución Democrática); el secretario general del Partido Socialista de Chile, Luis Maira, y el venezolano Pablo Medina, fundador de Causa Radical, que acaba de ganar la alcaldía de Caracas.

En cierta forma, que estos seis personajes estén aquí, en una de las universidades más prestigiosas del «imperio», ya es un cambio, como lo es el que tres de ellos no tengan reparo en hablar en inglés, prescindiendo de los intérpretes. No hace mucho, a un dirigente de izquierda estas cosas lo descalificaban. Ahora, lo legitiman y le acuñan una imagen de político moderno. Todos se muestran resueltos partidarios de la democracia, de las elecciones y el pluralismo, la palabra «revolución» no asoma en su vocabulario y todos hacen denodados esfuerzos para no hablar de Cuba y, en todo caso, para no ser identificados con ella. En una de las sesiones, cuatro veces insistió el moderador James LeMoyne en que dijeran su opinión sobre el caso cubano y las cuatro obtuvo un mutismo pertinaz. Cuando acorraló a Navarro Wolff, éste, con visible embarazo, reconoció que «Cuba era un tema difícil».

Explicó que, cuando el M-19 estaba alzado, recibió una ayuda constante y generosa de Fidel; él mismo tenía en la pierna una prótesis cubana, y no podía olvidarlo. Terminó haciendo votos porque hubiera más democracia en la isla. Pero en las cuatro sesiones a las que asistí a ninguno de los seis oí pedir que se levantara el embargo y este tema fue sólo aludido una vez, por Lula, quien se sorprendió de que los gobiernos que apoyan «sanciones económicas contra Cuba no las acordaran también contra la dictadura peruana». (En la última sesión, en la que no estuve presente, Lula y Cárdenas, respondiendo a preguntas del público, se pronunciaron contra el embargo).

Creo que sobre el tema de la democracia política hay, en los seis, aunque en algunos de manera más categórica que en otros, un reconocimiento de la importancia de esas instituciones y valores que buena parte de la izquierda llamaba antes, con desdén, «formales». Luis Maira lo precisó: la dictadura de Pinochet hizo comprender a los socialistas chilenos cómo, sin legalidad y convivencia, los derechos humanos son pisoteados y la violencia devasta a la sociedad. Rubén Zamora fue todavía más claro —y más ingenioso— en la autocrítica. «Antes, la derecha quería que El Salvador fuera una tortilla cocinándose de un solo lado y, nosotros, queríamos darle la vuelta para que se cocinara por el otro. Ahora hemos comprendido que hay que cocinar una nueva tortilla, para todos los salvadoreños».

De las intervenciones sobre este asunto, la que me pareció más convincente fue la de Cuauhtémoc Cárdenas. Él no es un político que quiera hacerse simpático; tiene un aire adusto, una manera parca y una puntillosa cortesía poco electorales (sobre todo, si se lo compara con la exuberancia campechana y ditirámbica de un Lula). Sin embargo, cuando pormenorizó las consecuencias que el monolitismo político ha traído a su país, los abusos, negociados, injusticias, crímenes, resultantes de la falta de una democracia que permitiera el pluralismo, la alternancia en el gobierno, y afirmó que no hay desarrollo ni justicia sin libertad —sin prensa independiente, elecciones limpias e instituciones representativas— impresionó a todos como alguien que dice lo que piensa, un demócrata a carta cabal.

Las ideas económicas del ingeniero Cárdenas, en cambio, van a remolque de sus convicciones políticas. Sus reproches al gobierno de Salinas de Gortari por su política de privatización y apertura de la economía tienen un retintín muy anticuado y peligrosamente nacionalista. Las privatizaciones, asegura, no se han hecho de manera transparente, mediante licitaciones; han sido asignaciones, que encubrieron pingües chanchullos y convirtieron en poderosos capitalistas a muchos funcionarios. Además, la privatización y la apertura de la economía «ponen en peligro la soberanía de México». El líder del PRD no ha advertido que la «soberanía» de un país no precede sino más bien sigue a su prosperidad económica —que nace de ella—, pues, si un país es pobre y atrasado, su soberanía es una ficción, aunque en el papel aparezca que todas sus empresas son *nacionales*. Y, precisamente, es la internacionalización de la economía, la creación de mercados mundiales en los que cada país puede hacer valer sus ventajas comparativas, lo que permite a los países pobres salir de la pobreza y alcanzar esa soberanía que nunca tuvieron mientras fueron débiles.

Resistir a la globalización, proponer el nacionalismo económico, es condenar a una sociedad a retroceder a una suerte de prehistoria. Esto lo explicó muy bien Rubén Zamora, muchas de cuyas afirmaciones, debo reconocer, me sorprendieron en boca de un hombre de izquierda latinoamericano. Espero no estropearle con este elogio su carrera política, pero él me pareció llevarles una buena delantera a sus compañeros en este dominio. No se trata, dijo, de «elegir o rechazar la globalización. Se trata de globalizarnos nosotros mismos, y sacar ventaja de ello, o de que nos globalicen contra nuestros deseos, y desaprovechar una oportunidad». En las comunicaciones, en la genética, en la automatización, añadió, el progreso ha sido tan extraordinario que ha pulverizado las fronteras que mantenían separadas de manera rígida a las economías de los diferentes países. Desarrollarse es modernizarse y modernizarse es integrar la economía de una nación en la trama del mundo.

Ni Cuauhtémoc Cárdenas ni sus colegas postulan un retorno a la política de socialización de la economía, viejo dogma de la izquierda. Unos con más entusiasmo y otros menos, todos aceptan el rol de la empresa privada y de la inversión extranjera, y señalan, a lo más, la necesidad de conservar en manos del Estado ciertas «industrias estratégicas» (Lula, por ejemplo, no privatizaría Petrobrás) o, como dijo Navarro Wolff, de una «cierta intervención» estatal en la vida económica. Pero es saludable comprobar que, aunque no todos lo reconozcan de manera explícita, ninguno de los seis cree ya que nacionalizar empresas, expropiar tierras y colectivizarlas sea receta para alcanzar el desarrollo y la justicia social.

Luis Maira lo afirmó con claridad: «La izquierda chilena ya no cree en el estatismo». El secretario general del Partido Socialista de Chile tuvo el papel más difícil entre los seis expositores de la Conferencia de Princeton: demostrar que su partido, pieza clave de un gobierno cuya política económica es la más liberal que haya habido nunca en América Latina, y que ha creado una de las sociedades capitalistas más abiertas en el mundo, es corresponsable de esta política y sigue siendo socialista. Salió de esta cuadratura del círculo recurriendo a la ficción. Explicó que el gobierno actual ha corregido el «capitalismo salvaje» y el «neoliberalismo» de la dictadura de Pinochet, introduciendo el principio de la solidaridad social, promoviendo la asistencia y velando porque en el mercado no desaparecieran sectores como el de los productores de alimentos.

La imprecisión le permitió salir del paso, pero, me temo, dejó una confusa idea en el auditorio sobre lo que de veras está ocurriendo en Chile, algo que debería conocerse mejor, aquí, en Princeton, y en otras universidades norteamericanas donde la visión de América Latina debe todavía mucho más al «realismo mágico» que a una percepción objetiva de la realidad contemporánea. El desarrollo de Chile en los últimos años no tiene precedentes en la historia de América Latina y ello se debe a la lucidez y buen tino del gobierno que preside Patricio Aylwin —y del que forma parte el Partido Socialista de Maira—, que no sólo mantuvo, sino profundizó la política económica liberal, de apoyo a la empresa privada, privatización de la economía, atracción de capitales extranjeros y, en una palabra, de inserción de Chile en el mundo. En estos años, la intervención del Estado ha sido todavía menor en la vida económica de lo que lo fue en la época de los *Chicago boys*. Por eso, Chile crece a un ritmo de 9% y 10 % anual, tiene el desempleo más bajo del hemisferio y un millón de chilenos salieron de la pobreza crítica en los últimos cuatro años. El Partido Socialista chileno, actuando con una responsabilidad que su paso anterior por el poder no auguraba, ha hecho suya esta política y es, hoy, uno de los más sólidos garantes de la única democracia latinoamericana en la que funciona un capitalismo moderno. Y tanto es así que el líder socialista Ricardo Lagos, precandidato presidencial de la Concertación, propone ir todavía más lejos en la reforma liberal de su país, con la privatización del cobre.

Si hay un partido de izquierda que se ha «modernizado» en América Latina es, pues, el de Luis Maira y hubiera sido útil que él explicara a sus oyentes cómo y por qué ha ocurrido esa transformación, tan positiva para su país y tan buen ejemplo para los partidos congéneres de otros países. Pero un político tiene servidumbres y prudencias ineludibles, si no quiere abrirse flancos y perder posiciones en sus luchas internas, y eso le prohíbe muchas veces la coherencia. Supongo que por ese motivo se mostró tan hostil a las tesis sobre la «internacionalización», y en contra del nacionalismo, que yo he estado desarrollando en artículos de *El País*, y que fueron objeto de críticas en la última sesión, a la que no asistí. ¿Cómo puede oponerse a la internacionalización quien cogobierna el país que más se ha beneficiado de ella en los últimos años? ¿Hubiera sido posible que Chile exporte hoy más al Asia que a Estados Unidos si aquélla no fuera una realidad? Que los inversores chilenos hayan podido comprar decenas de empresas industriales y financieras en Perú y Argentina en los últimos meses ¿no es una prueba irrefutable de la «internacionalización» y de las ventajas que ella trae a los países que saben aprovecharla?

Valiéndome de la pregunta que Popper recomienda para juzgar a un gobierno y a una política (¿qué daño pueden llegar a hacer?), mi conclusión es que la izquierda en América Latina —por lo menos la representada en la Conferencia de Princeton— es menos peligrosa que antaño. Menos ideológica, más pragmática y realista, y más democrática, aunque, todavía, sin mucha imaginación. Y, en cuestiones económicas, aún conservadora.

Sospecho que buena parte de los asistentes se sintieron defraudados con esos izquierdistas suramericanos que hablaban de pluralismo, elecciones limpias, parlamentos fiscalizadores, nuevos impuestos, en vez de vociferar contra el imperialismo yanqui. Menos mal que estaba allí Lula, quien, de cuando en cuando, animaba la sesión, convirtiendo el auditorio en plazuela y hablando de «la democracia de los que ganan seis mil dólares al mes y la de los que ganan cien». Princeton es una linda universidad, con una biblioteca maravillosa, donde es un placer trabajar, pero llena de gente «políticamente correcta» que espera que, en estos tiempos de escasez, por lo menos los tercermundistas sigan siendo revolucionarios. El que no lo es, los decepciona. Yo, por ejemplo. Cada vez que abro la boca y opino, tengo la incómoda sensación de que crujen huesos de indignación a mi alrededor y de que algunos colegas quisieran lincharme. Pero son gente educada en el arte difícil de la tolerancia y se contienen.

Princeton, abril de 1993

CRUZADOS DEL ARCOIRIS

El tren en que mi mujer y yo viajamos a Washington estaba lleno de *gays* y lesbianas que iban a la manifestación del 25 de abril, publicitada por los organizadores como la más grande movilización en favor de los derechos humanos en Estados Unidos desde la célebre marcha de los sesenta encabezada por Martin Luther King.

La atmósfera del vagón era festiva y entusiasta, pero el muchacho que vino a sentarse frente a nosotros no podía compartir la alegría de sus amigos. Era un pedacito de persona, consumido por la enfermedad, y tan débil que, cuando pidió un vaso de agua, apenas le oímos la voz. Llevaba un arete en la oreja izquierda, casaca de cuero, botas de explorador y las insignias de uno de los grupos homosexuales más extremos en la lucha contra el sida: ACT-UP. Cuando lo ayudé a llegar hasta la silla de ruedas que lo esperaba en el andén, en Washington, advertí que era como ingrávido, un cuerpo ya sin carne y con los huesos quebradizos de un pajarillo.

Los enfermos de sida, agrupados bajo banderolas que lo proclamaban, llevados en coches, camillas, ayudándose con bastones y muletas, o arrastrándose unos a otros, ponían una nota dramática, cada cierto tiempo, en las columnas que iban confluyendo en la explanada contigua a la Casa Blanca, entre el Capitolio y el monumento a Washington, en las que dominaba, más bien, un deportivo optimismo y abundantes rasgos de humor. La exigencia de mayores recursos para la investigación de este flagelo, que ha causado la muerte de ciento cincuenta mil personas en Estados Unidos (dos tercios de ellos homosexuales), y de más ayuda para sus víctimas era una de las reivindicaciones principales del mitin y, sin duda, la que correrá mejor suerte con el gobierno de Clinton.

Otra, la abolición de todas las trabas para *gays* y lesbianas en las Fuerzas Armadas, algo que el presidente prometió durante su campaña, intentó poner en práctica apenas asumió el poder y que ha debido luego postergar por unos meses, debido a la reacción hostil que la medida encontró en los altos mandos militares y en la opinión pública, 70% de la cual la rechaza. En la marcha desafiaban aquella prohibición veteranos de Corea, Vietnam o el golfo Pérsico, en uniforme y luciendo medallas y condecoraciones.

Había blancos y negros, amarillos e «hispánicos», jóvenes, maduros y ancianos, y casi tantas mujeres como hombres (si puedo usar esta expresión), de modo que estaba bien elegida la bandera que todos los manifestantes agitaban: la de los siete colores del arcoiris. Había los estrafalarios del cuero, la gorra y las cadenas, los que enarbolaban estandartes proféticos —«En el tercer milenio, el mundo será marica»—, clasificatorios —«Somos bisexuales», «Somos transexuales», «Somos S/M» (sadomasoquistas)—, solidarios —«Apoyo heterosexual a la lucha homosexual»— y cómicos —«En casa, nuestra gata es invertida y nuestro perro rosquetón»—. Había los hambrientos de publicidad —muchachas con los pechos al aire, tarzanes oreando las nalgas en la tibia tarde primaveral y travestistas arrebosados en tules y afeites como viejas pericas.

Pero, en verdad, los grupos excéntricos y disforzados eran muy minoritarios, en una masa en la que parecía tan representada la sociedad media de Estados Unidos como en otra célebre marcha que me tocó observar, en este mismo lugar, desde mi oficina en el Wilson Center, hace trece años: la de la miríada de sectas, organizaciones y grupos cristianos de la derecha religiosa. Profesionales y oficinistas de atuendos y caras intercambiables, mujeres de cabellos grises y vestidos severísimos a quien uno imaginaría llevando una vida convencional y hasta monjil, jóvenes deportistas y universitarios privilegiados de la clase media, codeándose con vagabundos, desempleados y con quienes han optado por formas alternativas de existencia a las del promedio social. Me sorprendió el crecido número de padres de familia que se manifestaban en apoyo a sus hijas lesbianas o a sus hijos *gays*.

¿Cuántos eran? Un millón dicen los organizadores y la policía trescientos mil. El número real debe de andar a medio camino entre ambos cálculos. Es, en todo caso, muy alto, y —en esto coinciden adversarios y simpatizantes— marca un hito, una nueva etapa en la lucha de las minorías sexuales de Estados Unidos contra la discriminación y el reconocimiento de sus derechos. A juzgar por una reciente encuesta, la población homosexual norteamericana es apenas 1% del total, mucho menos de lo que sugirió hace cuatro décadas el célebre Informe Kinsley —10%—, aunque este porcentaje ha sido rebatido por científicos que tienden a elevarlo hasta el 3% e incluso el 5%.

La movilización de los homosexuales por la igualdad de derechos en el plano legal ha ido obteniendo victorias importantes en los últimos años y el triunfo electoral de Clinton le ha dado un nuevo impulso. El presidente recibió un apoyo casi unánime de este sector, que se movilizó para conseguirle fondos y votantes durante la campaña, y, por primera vez en la historia, Clinton ha nombrado *gays* y lesbianas notorios a cargos importantes de la Administración pública. Además, en un gesto simbólico, el 16 de abril recibió en la Casa Blanca a una delegación de dirigentes de distintos grupos homosexuales y envió un mensaje de simpatía que fue leído en la marcha de Washington.

En contraste con Colorado, que ha instituido una disposición legal que frena la adopción de medidas en favor de los homosexuales, ocho estados han aprobado hasta ahora leyes específicas prohibiendo cualquier tipo de discriminación contra las minorías sexuales, aunque sin admitir los matrimonios entre personas del mismo sexo ni conceder el sistema de cuotas obligatorias en el empleo, algo que, a semejanza de las minorías étnicas, reclaman ciertos grupos radicales de *gays* y lesbianas.

Mi impresión es que, por más retrocesos que ocurran y por más contraofensivas de los sectores conservadores, en el campo jurídico este proceso es irreversible y culminará, más pronto o más tarde, con la abolición de todas las leyes y reglamentos que discriminan todavía, a nivel federal o estatal, contra los individuos particulares en razón de su orientación sexual. El sexo, como la amistad, como la fe, como el amor, pertenece a la vida privada de las personas y nadie, empezando por el Estado, tiene derecho a inmiscuirse en dominio tan íntimo. Lo que hagan dos o más personas adultas, y de mutuo acuerdo, en aquellos dominios es de su exclusiva incumbencia, o debería serlo, al menos, en una sociedad democrática. Estados Unidos ha ido, en este campo, más lejos que la mayor parte del resto de los países, confirmando una vez más aquella tesis que lanzó hace veinte años Jean-François Revel según la cual ésta era la sociedad más «revolucionaria» del mundo, por su aptitud para ensayar lo nuevo.

La movilización política de los homosexuales es un fenómeno sorprendente, por lo menos en las proporciones que ha alcanzado en Estados Unidos en los últimos años, y la mejor prueba de ello es que muchos políticos, como el presidente Clinton durante su campaña electoral, tienen ahora muy en cuenta a un sector tan organizado, militante y capaz de producir tantos recursos económicos y votos. Durante la hora que pasé curioseando por la marcha de Washington, vi desfilar por el estrado al alcalde de Nueva York, a un emisario de Clinton y a varios senadores y representantes para dar mensajes de apoyo.

Sin embargo, dudo mucho que llegue a ser una realidad tan próxima como la de la igualdad jurídica, aquella aspiración que un grupo de lesbianas, con quienes mi mujer y yo conversamos un momento, nos resumió así: «Queremos que la gente nos mire con naturalidad, sin sorprenderse». Ésa es una meta que, para cumplirse, requiere una revolución cultural y moral que, por ahora, sólo es concebible en una élite educada y urbana, algo que está a años luz de la mayoría del cuerpo social, a la que, más bien, el activismo de los homosexuales e iniciativas como el mitin de Washington, asusta, desconcierta y lleva a aferrarse a sus prejuicios tradicionales e, incluso, a prestar un oído favorable a los extremistas religiosos empeñados en revertir el proceso.

Paradójicamente, del mismo modo que el reconocimiento del multiculturalismo de la sociedad norteamericana es fuente de divisiones y aguerridos debates en el mundo académico —donde aquella diversidad fue reconocida antes que en ninguna otra institución—, los avances en la esfera de los derechos humanos de las minorías sexuales han servido de acicate para que muchos sectores religiosos y políticos conservadores depusieran sus diferencias e hicieran causa común contra quienes han hecho una elección sexual que consideran «inmoral, viciosa y dañina para la salud». Esta alianza obtuvo hace poco un gran éxito político, con el despido del comisionado de educación para el estado de Nueva York, quien había introducido en las escuelas primarias unos manuales explicando la homosexualidad masculina y femenina de manera neutral, sin tono crítico.

¿Estarán marcados por este tema los siete años que faltan para el fin del milenio? No hay duda que, en Estados Unidos, y, por derrame inevitable, en buena parte del mundo occidental, problemas y debates relacionados con los derechos humanos de *gays* y lesbianas ocuparán el centro de la actualidad política, reemplazando lo que fue, a partir de los sesenta, el combate de las minorías raciales.

Hay una gran diferencia, sin embargo. Aunque la lucha contra cualquier forma de discriminación es legítima y necesaria, en este caso los progresos sociales y legales obtenidos se alcanzan al precio de un inevitable empobrecimiento de la actividad en sí, lo que no pasa cuando se trata de abolir barreras que impiden el ejercicio de una religión, de una lengua, de unas costumbres o de conceder los mismos derechos a quienes los tenían recortados por el color de su piel. Porque es privada e íntima, expresión de la más recóndita entraña de la personalidad, la vida sexual es compleja, múltiple, refracción de toda la experiencia acumulada, un dominio que asegura a hombres y mujeres una incomparable fuente de placer y una secreta grandeza. Proyectado sobre la palestra pública, exhibido a diestra y siniestra y manoseado por políticos y publicistas, convertido en objeto de negociaciones administrativas, de pujas parlamentarias, de diario envilecimiento periodístico, de reglamentaciones y codificaciones, el sexo se banaliza hasta lo indecible. ¿En qué quedará convertido en el futuro? ¿En una variante de la gimnasia, en una calistenia situable entre la lucha libre, el yudo y la danza moderna? Bataille decía que la «permisividad» mataba el goce sexual pues éste dependía, en buena parte, de los tabúes y mitos que la religión y la cultura habían levantado alrededor del sexo. Los *gays* y lesbianas pueden llegar a descubrir, al final de sus esfuerzos para ser reconocidos y considerados «normales», que, desaparecido el carácter transgresor de su elección sexual, ésta ha perdido, si no toda, buena parte de su razón de ser. Totalmente «normalizado», el sexo deja de ser sexo.

Princeton, mayo de 1993

EN GUATEMALA

Estuve en Guatemala poco antes del frustrado autogolpe del presidente Jorge Serrano Elías y me llevé algunas sorpresas. En el extranjero se sabe de este país, apenas, que su historia está llena de golpes militares y salvajes carnicerías y que, no hace mucho, una de sus nativas, Rigoberta Menchú, ganó el premio Nobel de la Paz. Me alegra añadir a estos datos que Guatemala tiene una universidad extraordinaria —la Francisco Marroquín— y, acaso, el cronista periodístico más elegante y de mejor prosa en todo el ámbito de nuestra lengua: Francisco Pérez de Antón.

Un día venturoso de 1958, la casualidad puso en las manos de un joven ingeniero guatemalteco llamado Manuel F. Ayau un folleto de Ludwig von Mises sobre el mercado que cambió la vida de aquél, y, en cierta forma, la de su país. Fascinado con la doctrina liberal clásica que la escuela austriaca de Von Mises y Hayek habían actualizado, Ayau fundó, con siete amigos profesionales y empresarios, un centro de estudios para investigar esta corriente de pensamiento convencida de que la economía de mercado es el sustento del progreso y lo único que da estabilidad y fortaleza a largo plazo a la democracia política, esa flor exótica de la historia guatemalteca que, vez que aparecía, no tardaba en perecer aplastada por un tanque.

Trece años después, en 1971, en una modesta vivienda del centro de la capital, nacía la Universidad Francisco Marroquín, así llamada por el primer obispo centroamericano, que fue también un gran educador. Lo extraordinario en esta institución no es sólo su alto nivel académico. También, el que, probablemente, sea la única universidad en el mundo que, a la vez que forma arquitectos, abogados, maestros, ingenieros, economistas, médicos, etcétera, se preocupa por dar a todos sus alumnos, no importa cuál sea su especialidad, una sólida formación sobre los principios filosóficos, económicos, históricos y jurídicos de una sociedad libre. Se trata de una verdadera ciudadela del pensamiento liberal, cuyos programas se diseñaron con la asesoría directa de Hayek, Friedman, Israel M. Kirzner y otros como ellos, y cuyos cinco mil alumnos, con los que tuve ocasión de dialogar varias veces, me impresionaron por su falta de complejos frente al populismo, el estatismo y el colectivismo —rampantes todavía en buena parte de las universidades de América Latina— y la fuerza y solvencia de sus argumentos en favor de una libertad sin recortes amparados en la coartada de la «justicia social».

Desde el principio, la Universidad Francisco Marroquín se dedicó a atraer a sus aulas a comerciantes e industriales, sabedora de que es precisamente entre los propios empresarios que la economía de mercado suele tener sus peores enemigos. Ya Adam Smith señaló que el empresario, a condición de estar encarrilado en los raíles del mercado libre, es el más eficiente creador de riqueza y de progreso en una sociedad; pero que, descarrilado, es decir, fuera del sistema de libre competencia, inmerso en un sistema intervencionista, se torna el más inescrupuloso buscador de privilegios, prebendas y sinecuras, y, por lo mismo, en un peligrosísimo agente de corrupción política.

Algún éxito debe de haber tenido la Universidad Marroquín en sus esfuerzos para educar al empresariado guatemalteco en la cultura de la libertad, cuando tantos dueños y directores de medios de comunicación, asociaciones de comerciantes e industriales y colegios profesionales se movilizaron de manera tan resuelta, hombro a hombro con los sindicatos obreros, los estudiantes y los partidos políticos, para impedir que Serrano Elías, el presidente felón, se saliera con la suya y, al igual que el peruano Fujimori, destruyera desde adentro y desde arriba el sistema democrático que le permitió llegar al poder.

No se ha destacado bastante que la conducta de los medios de comunicación fue decisiva para que el golpe triunfara en Perú y fracasara en Guatemala. En tanto que, allá, con excepciones para las que sobran los dedos de una mano, diarios, radios y canales, acobardados o prostituidos por una larga costumbre de servilismo ante el poder, vacilaban, imitaban a Pilatos o pasaban de inmediato a acomodarse con la flamante dictadura, en Guatemala todos los órganos de expresión rechazaron la censura, sacaron ediciones clandestinas condenando el *putch* y exhortando al pueblo a resistirlo, y las radios enmudecían y las televisoras se apagaban para hacer saber a todos, dentro y fuera del país, su rechazo del liberticidio.

Esta reacción de los medios coaligó y alentó la movilización popular en defensa de la democracia y paralizó a las Fuerzas Armadas, en las que se produjo una clara fractura entre la cúpula de militares traidores a la Constitución y el resto de la oficialidad, al principio indecisa, desconcertada, que, finalmente, sintiendo la presión, daría marcha atrás, privando a la conspiración de aquella fuerza bruta sin la cual Serrano Elías —y todo golpista— estaba condenado a fracasar y hundirse en el ridículo.

La OEA (Organización de Estados Americanos) no tuvo tiempo de echarle una mano, como a Fujimori. Ésta no es una exageración. Después de su desempeño en el caso del autogolpe peruano no cabe duda de que la OEA, de inservible que era, ha pasado a ser un organismo peligroso para la causa de la democracia en el hemisferio. Es verdad que su secretario general, Baena Soares, hizo una declaración condenando la acción de Serrano Elías, pero ¿acaso no condenó también, en un primer momento, la de Fujimori? Ello no obstante, poco después, la Asamblea General, por intermedio de una comisión presidida por ese canciller uruguayo de infausta memoria —Gros Espiell— diseñaría el procedimiento adecuado para legitimar a la dictadura peruana —la elección de una Asamblea Constituyente—, que el presidente Serrano Elías trató de repetir, algo que, sin duda, hubiera conseguido, y con el beneplácito de la Organización de Estados Americanos, de no ser por la rapidez y la energía de la respuesta democrática del pueblo de Guatemala.

Que, a diferencia de los empresarios peruanos, quienes —con algunas excepciones, es verdad— apoyaron la destrucción de la democracia y fueron desde el principio los cómplices más diligentes del gobierno *de facto*, los empresarios guatemaltecos se opusieran al golpe y lucharan por preservar el Estado de Derecho, haciendo causa común con obreros, campesinos y estudiantes, muestra, que, pese a su sangrienta tradición, en ese pequeño y violento —y también antiguo y muy hermoso— país de la América Central la cultura de la libertad —la de la civilización— está más arraigada que en el Perú, país que fue, en algún momento de su historia, una suerte de ejemplo para el mundo, y es, ahora, más bien, el mal ejemplo para el resto de un continente que hace el difícil aprendizaje de la legalidad. Inspirado por él y copiándolo aún en sus detalles, quiso hacerse con el poder absoluto Jorge

Serrano Elías. Su derrota y defenestración honran al pueblo de Guatemala y son un saludable antídoto contra el pesimismo que, a muchos, nos había ganado luego de lo ocurrido en el Perú respecto al futuro de la democracia en América.

Entre los primeros empresarios que se animaron a seguir los cursos para adultos sobre economía de mercado que organizaba la Universidad Francisco Marroquín, cuando era apenas algo más que un puñadito de idealistas refugiado en una casa alquilada, figuraba un español trashumante, flaco y de bigotes, avecindado en Guatemala por el amor de una mujer. En España había estudiado agronomía, o alguna extravagancia parecida, pero era, en realidad, un genio de los negocios. Me aseguran que, empezando literalmente de nada, llegó en pocos años a hacerse de una muy próspera situación con «El Pollo Campero», que comenzó siendo un pequeño cuchitril donde don Paco y su mujer atendían ellos mismos a los clientes y fue poco después una cadena de restaurantes tan exitosa que, cuando vino a Guatemala a competir con ella, la multinacional Kentucky Fried Chicken fue desbaratada en toda la línea y acabó por marcharse cacareando.

Entonces, un buen día, tranquilamente, Francisco Pérez de Antón confesó a un grupo de amigos íntimos que los negocios le cargaban casi tanto como la agricultura y que había llegado para él la hora de dedicarse a cosas más importantes. ¿Cuáles? La literatura. Dicho y hecho. En un dos por tres se deshizo de su empresa. Durante dos años, desapareció de Guatemala y anduvo leyendo y meditando, refugiado en algún lugar misterioso del mundo, que, según las mitologías que escuché, pudo ser un pueblo asturiano o un templo budista del Nepal. Regresó a su tierra de adopción y sacó un semanario que —sé muy bien lo que escribo y los adjetivos que empleo— es uno de los mejor armados y pensados de todo el mundo hispánico: *Crónica*.

Lo más notable en esa revista es la página que semanalmente escribe en ella su director. Comentario de actualidad o reseña de lecturas, recuerdo de un viaje o perfil de alguien famoso, relato de un hecho importante, evocación o fantasía o crítica, la columna de Francisco Pérez de Antón es siempre una pequeña obra maestra en la que resulta difícil discernir qué vale más: si la originalidad de los temas, la sutileza de las observaciones, la desenvoltura y seguridad de las palabras o la transparencia y solidez del pensamiento. Construidas con la autosuficiencia de esfera que deben tener los poemas o los cuentos, con el rigor y la exigencia formales de los textos literarios logrados, hirviendo de ideas y referencias intelectuales de primera mano, las crónicas semanales de Pérez de Antón son una especie de milagro en esta época en la que el periodismo se ha apartado tanto de la literatura —para no decir de la cultura— y hacen recordar a aquellos maestros del pasado —un Azorín, un Ortega y Gasset, un Alfonso Reyes—, capaces de conciliar, en el artículo de diario, las servidumbres de la actualidad y de la información con la mejor riqueza estilística y las mayores audacias de la fantasía.

Apenas lo conocí, en el vestíbulo de un hotel, y luego en un almuerzo de ésos donde todos hablan y nadie escucha. Me regaló el libro que recopila sus crónicas de *Crónica* y, desde aquí, quiero decirle que me pasé una noche entera leyéndolas, encantado, y, por momentos, deslumbrado, mientras afuera caía la lluvia y un vaho espeso, de selvas cálidas y volcanes crepitantes, colmaba la noche guatemalteca.

Londres, junio de 1993

DESBARAJUSTE CON SAMBA

A diferencia de la II Cumbre Iberoamericana, de Madrid, que dio cierto impulso a la consolidación democrática de América Latina, haciendo sentir a las dictaduras de la región la repulsa de los gobiernos democráticos, la III, celebrada en el alegre caos o desbarajuste con samba de San Salvador de Bahía de Todos los Santos, sólo ha servido a Fidel Castro.

El comandante en jefe fue la estrella de la reunión, una vez más. Pero esta vez no sólo por la inconmensurable frivolidad de los gacetilleros del mundo, a quienes el amo y señor de la dictadura más longeva del Continente —34 años—, con su ridículo disfraz de guerrillero, sus barbas matusalénicas y su silueta de Hombre de Cromagnon atrae como la miel a las moscas, sino porque la diplomacia cubana se las arregló para que los veintiún jefes de Estado y de gobierno consintieran en poner un pequeño párrafo, en el Documento final, que la propaganda castrista podrá utilizar hasta la náusea como prueba de la solidaridad de «los gobiernos hermanos de América Latina» en la lucha de «la pequeña Cuba que no se rinde» contra el ignominioso «bloqueo» estadounidense, única causa y razón, por supuesto, de que los cubanos estén ahora comiendo flores y raíces y las cubanas prostituyéndose en masa con los turistas para no morirse de hambre.

El párrafo en cuestión —punto 66 de las conclusiones de la III Cumbre— es un monumento a la cobardía, la moral farisea y el ponciopilatismo, y justifica a aquel poeta que recomendaba abstenerse de leer todo texto gubernamental por razones estéticas. Dice así: «Tomamos nota de las resoluciones recientes en foros internacionales, sobre la necesidad de eliminar la aplicación unilateral, por cualquier Estado, con fines políticos, de medidas de carácter económico y comercial, contra un Estado». *Sensu strictu* esta cháchara no dice nada, o dice una idiotez más vacía que la nada: que los dignatarios se han enterado de algo, que, ellos, ni aprueban ni desaprueban. Pero, aunque evite mencionar las palabras «bloqueo», «embargo», «Cuba», «Estados Unidos» y lo disimule bajo afanosas hipocresías sintácticas, la estreñida frase exhala, entre sus dobleces, un hálito de algo que puede interpretarse (así lo ha hecho la prensa de todo el planeta) como una condena del «bloqueo».

De este modo la III Cumbre ha desperdiciado la ocasión de prestar una verdadera ayuda al desgraciado pueblo cubano, cuyos padecimientos parecen no tocar nunca fondo, encarando con valentía y claridad el problema más urgente de Iberoamérica: cómo acelerar el lentísimo desplome de una tiranía dinosauria que, luego de reducir los niveles de vida de la población cubana a extremos africanos, amenaza, en su cerrazón granítica, con esterilizar de tal modo a la isla que no podrá ya recuperarse jamás, incluso liberada.

¿Piensan nuestros jefes de Estado y de gobierno que la manera más efectiva e inmediata de salvar a Cuba es levantando el embargo norteamericano? Pues hay que decirlo de este modo, con todas sus letras, y hacérselo saber a Washington. Y si no lo piensan, y aprueban las medidas de coacción económica contra Fidel Castro, proclamarlo también y hacer suyas estas políticas. El escamoteo de los asuntos graves y controvertidos es un pésimo antecedente para este nuevo grupo de países que, unidos, podrían, gracias a su número, potencialidad económica, cohesión cultural y política —con apenas dos excepciones ahora— desempeñar un rol importante en las relaciones internacionales y conseguir múltiples beneficios recíprocos a sus miembros. Lo que está en juego es demasiado serio para que las cumbres iberoamericanas se conviertan en fiestas folclóricas y ejercicios de retórica insulsa y evasiva, como ha sucedido en Bahía.

El «bloqueo» es un mito —una ficción— de estirpe soreliana, amañado con su inagotable capacidad manipulatoria de la opinión pública internacional, por ese maestro supremo de la hechicería y el cinismo políticos que es Fidel Castro, quien, en la III Cumbre, ha aceptado sin el menor empacho un Documento final en el que los gobernantes iberoamericanos manifiestan su «pleno compromiso con la democracia representativa, el respeto, la defensa y la promoción de los Derechos Humanos y de las libertades fundamentales». Imposible no recordar el delicado manifiesto que, desde la prisión de la Bastilla donde estaba encerrado por torturar prostitutas y sirvientas, escribió el marqués de Sade contra la pena de muerte.

La verdad sobre el «bloqueo» la expuso de manera inmejorable, en Bahía, Inocencio Arias, secretario de Estado español de Cooperación Internacional: «Cuba no está bloqueada», declaró. «Sólo lo estuvo por unos días en 1962. Sólo está embargada por el país más importante de la Tierra. España, por ejemplo, invierte capitales allí, envía turismo y practica cooperación. Si la isla caribeña estuviera bloqueada no hubiésemos podido hacer llegar, como hicimos hace unos días, cien millones de pesetas en leche en polvo». (Y añadió: «Dicho esto, no nos gusta el embargo norteamericano», algo que afirmó, también, Felipe González al partir de Bahía).

En efecto, con la excepción de unos cuantos días de noviembre de 1962 —que yo recuerdo bien, pues los Sabres norteamericanos me pasaban sobre la cabeza en el Malecón de la Habana, estaba allí como periodista de la Radio-Televisión francesa—, cuando Kennedy ordenó a la Marina impedir el desembarco de armas atómicas soviéticas en la isla, Cuba no ha estado jamás bloqueada. Salvo con Estados Unidos, ha podido comerciar libremente con todos los países de la Tierra, cuyos barcos y aviones nunca fueron estorbados por nadie de llegar a puertos y aeropuertos cubanos a descargar mercaderías. E, incluso, el embargo norteamericano ha sido muy relativo pues los productos de Estados Unidos, mientras pudo pagarlos, Cuba los obtenía a través de terceros —sobre todo, México, Panamá y Canadá— sin dificultad. (El ex ministro de Hacienda cubano, Manuel Sánchez Pérez, ahora en exilio, ha contado cómo pudo tener en su despacho de La Habana, la misma tarde del día en que por una revista se enteró de su existencia, un nuevo tipo de ordenador norteamericano, que encargó a través de una firma panameña).

El Congreso de Estados Unidos aprobó la *enmienda Torricelli*, precisamente, con el objeto de hacer menos inaplicable este embargo, extendiendo la prohibición de comerciar con Cuba a las filiales de empresas estadounidenses en el extranjero. Pero, aun en el caso remoto de que esta disposición no fuera burlada —hay miles de maneras de hacerlo— quedarían al régimen castrista, para proveerse de lo que le haga falta, las industrias y comercios de todo el resto de países del mundo, de Japón a España, de Canadá a Francia, de Alemania a México, de Suecia a

Singapur. ¿Por qué, pues, en vez de empecinarse en ese único proveedor —el demonio imperialista— no recurrir a esos otros mercados ávidos de vender a quien sea desde alimentos y medicinas hasta sofisticados equipos de informática? ¿Por qué no adquirir allí todo aquello que falta, y de manera tan dramática, a ese pueblo cubano a la que la servidumbre totalitaria va retrocediendo cada día a la prehistoria? Porque Cuba es un país quebrado, que no puede comerciar con nadie pues no tiene con qué. Tres décadas de comunismo han reducido a la nación que, a fines de los años cincuenta, era la tercera economía más sólida de América Latina —aunque hubiera allí una muy injusta distribución de la riqueza— a un fantasma de país, con un aparato productivo desintegrado por el dirigismo estatal, la burocracia y la corrupción, sin una sola industria que funcione, salvo la censura y la represión policial, ellas sí eficientísimas. Esta desintegración de Cuba por obra del sistema castrista es todavía más escandalosa cuando se piensa que el régimen se benefició, durante cerca de treinta años, de subsidios y créditos —en verdad, donativos— de miles de millones de dólares —entre cinco y diez mil millones anuales se calcula— de la Unión Soviética, una ayuda más elevada que la que recibió ningún otro país del Tercer Mundo.

¿En qué se dilapidaron estos gigantescos recursos? En equipar a las Fuerzas Armadas más poderosas de América Latina, en entrenar y financiar organizaciones terroristas que pusieron a sangre y fuego a decenas de países, en costosas aventuras militares en varios continentes —sobre todo en África— que satisfacían los delirios mesiánicos del Jefe Máximo, en grotescos proyectos agroindustriales sin la menor sustentación técnica, que nadie se atrevía a objetar pues los ordenaba yo, el supremo, y en mantener los altos niveles de una *nomenclatura* parásita, mientras la vida de los cubanos del común se degradaba. Son estas políticas, más el asfixiante verticalismo y el aplastamiento sistemático de toda forma de libertad individual, no «el bloqueo», lo que ha hecho de Cuba el país mendigo que es ahora. Porque ésa es la amarga verdad: lo que la isla necesita no es que le permitan comerciar con los Estados Unidos —¿con qué lo haría?—, sino que los Estados Unidos la subvencione y la ayude a sobrevivir, como lo hacía antes la URSS.

Hay personas y gobiernos muy respetables que se oponen a las medidas de penalización económica, como el embargo, contra las dictaduras, por razones humanitarias. No se debe castigar a las víctimas, dicen, por las fechorías de los victimarios. Es una posición razonable, siempre que sea coherente y valga para todos los casos. No es admisible que valga sólo para Cuba y que el embargo sí esté bien para combatir a la dictadura militar de Haití (a la que obligó a ceder y pactar su retirada) o que fuera lícita en el caso de África del Sur (donde contribuyó, de manera decisiva, a debilitar al régimen racista) y en el de Sadam Husein.

Pero no recuerdo haber leído ningún manifiesto de intelectuales, religiosos, profesionales, etcétera, contra el «bloqueo» surafricano, ni he sabido todavía que algún alcalde, ministro o presidente vaya a Haití a protestar por la hambruna de los niños haitianos, a abrazarse con el general Cedras y a que éste le regale unos cuantos presos como coartada, y estoy esperando que alguna luminaria de las canchas de fútbol anuncie que se traslada a Puerto Príncipe para «romper el bloqueo», como ha hecho el pibe Maradona (versión última de eso que un gran luchador por la libertad de Cuba, Carlos Alberto Montaner, llama «el Idiota latinoamericano»). Todo lo cual me hace pensar que muchos de aquellos que protestan contra «el bloqueo» de Cuba no quieren en verdad ayudar a los hambreados cubanos, sino apuntalar a su verdugo.

Para quienes, como el autor de este artículo, consideran que cualquier dictadura —comunista, fascista o integrista— es el mal absoluto para un pueblo, la fuente principal de todas las desgracias, la mejor manera de mostrar solidaridad y compasión por éste es ayudándolo, por todos los medios posibles, a acabar cuanto antes con ella. Las sanciones económicas de los países democráticos contra las dictaduras han mostrado su eficacia relativa en los casos de Haití y de África del Sur, como las mostraron, en el pasado, en el caso de Nicaragua. Y la mejor prueba de que ellas sirven es que, siempre, sin una sola excepción, las reclaman los disidentes y resistentes que se juegan la libertad y la vida combatiéndolas.

Eso lo supe yo, de manera muy directa, los tres años en que fui presidente internacional del PEN. Tuve entonces ocasión de conocer de cerca la heroica lucha de muchos intelectuales víctimas de distintas autocracias y totalitarismos —polacos, chilenos, checos, rusos, surafricanos, cubanos, argentinos, serbios, chinos, etíopes y podría seguir mucho rato— y siempre, todos, coincidían en una convicción: las sanciones económicas internacionales son un instrumento valiosísimo para doblegar a una dictadura y un gran aliciente psicológico y moral para quienes las combaten. Estas sanciones contra los regímenes despóticos no deben afectar, por supuesto, la ayuda humanitaria, a través de organizaciones no gubernamentales —como Oxfam y Cáritas— para aliviar los sufrimientos de la población civil. Esta política, además, tiene un efecto preventivo, sirve para desalentar los intentos golpistas en las débiles democracias de nuevo cuño.

Por estas razones pedí que la comunidad internacional penalizara al gobierno de Pinochet y a la dictadura castrense argentina, apoyé el embargo comercial contra África del Sur y Haití, el bloqueo de Iraq y de la ex Yugoslavia y he pedido sanciones contra quien destruyó el Estado de Derecho en el Perú. Y por eso apoyo el embargo estadounidense contra la satrapía de Cuba.

Marbella, julio de 1993

CUESTIÓN DE FONDO

La más atrevida de las afirmaciones de Aleix Vidal-Quadras en su libro de ensayos sobre el nacionalismo —contra el nacionalismo—[4] es también la más exacta: se trata de un producto intelectual inferior, de ideas rudimentarias, que no se propone fundamentar racionalmente una verdad sino revestir con la apariencia de una doctrina lo que es nada más que una pasión, un instinto y un acto de fe.

No es casual que no haya grandes pensadores *nacionalistas*, nadie que pueda ni remotamente compararse a lo que representan para el liberalismo un Adam Smith, un Montesquieu para la democracia o un Marx para el socialismo, y que lo más presentable que la ideología nacionalista pueda exhibir, entre sus clásicos, sea el simpático anacronismo de un Johann Gottfried Herder oponiendo su visión de un mundo-archipiélago de pintorescos islotes culturales —*das Volk*— a las pretensiones universalistas de la Revolución Francesa. Pero a sus más representativos teóricos, los nacionalistas de nuestros días están obligados a desconocerlos y ocultarlos, pues se trata de una espeluznante colección de excentricidades intelectuales, en las que se codean el racismo de un Fichte, el ultramontanismo reaccionario de un Joseph de Maistre, el fascismo de un Rosenberg y de un Charles Maurras y el tercermundismo terrorista de un Franz Fanon.

El nacionalismo ha sido incapaz de enriquecer el conocimiento de la realidad social, de los mecanismos del devenir histórico y de la condición humana porque se sustenta en meros prejuicios y miedos atávicos que no resisten el análisis racional. Y porque

---

[4] Aleix Vidal-Quadras, *Cuestión de fondo* (Artículos de opinión 1989-1992), Barcelona, Editorial Montesinos, 1993.

todo su empeño doctrinario consiste, como dice con mucho acierto Vidal-Quadras, en el paralogismo de querer «transformar las contingencias en absolutos sacralizados».

Nacer en medio de las pródigas y ventosas colinas del Ampurdán es un accidente, no una fatalidad; como lo son el haber nacido entre católicos o ateos o mahometanos o en una familia de vegetarianos o de caníbales, o entre hispano o catalanohablantes. Todos esos datos son importantes para determinar la identidad de una mujer y de un hombre, pero ninguno es fatídico ni esencial, salvo en sociedades extremadamente primitivas y bárbaras, en las que el individuo y la libertad aún no han comenzado a existir y los destinos humanos quedan sellados de manera irremediable desde la cuna, como en el caso del pez, el pájaro y la fiera.

La civilización puede ser definida de muchas maneras, pero seguramente la más persuasiva es la de llamarla el proceso gracias al cual el ser humano se individualiza y emancipa de la tribu, se convierte en un ser capaz de superar los condicionamientos naturales y sociales y de trazar su propia historia, mediante actos de voluntad, trabajo y creatividad. En este largo transcurrir del devenir humano, la aparición, a partir del siglo XVIII, de las naciones fue un retroceso y un traspié que frenó y enturbió esta marcha ascendente del invididuo hacia la adquisición plena de su soberanía —es decir, de su libertad—, regresándolo a la condición tribal, de mero figurante o comparsa de una totalidad colectiva dentro y gracias a la cual se definía y existía.

Como esto fue siempre y para todos los casos una pura mentira, pues ninguna nación surgió jamás sobre esa armoniosa y coherente unidad cultural, étnica, religiosa, política y territorial con que sueña todo nacionalismo, la historia de las naciones ha sido la de las apocalípticas violencias ejercidas en el seno de todas ellas para imponer artificialmente la unidad, haciendo desaparecer las diferencias, exterminando a las culturas, creencias e individuos que desentonaban, expulsándolos, prohibiendo y censurando toda manifestación de diversidad, particularismo y disidencia, hasta conseguir esas apariencias de sociedades integradas semejantes a las que, en nuestros días, están edificando los croatas y los serbios de la ex Yugoslavia sobre un vasto cementerio de cadáveres bosnios.

El miedo y la violencia son componentes inevitables de todo nacionalismo. Miedo al otro, a lo diferente y a lo nuevo, a cambiar y a innovar, al movimiento de la historia y a la plena soberanía del invididuo que es incompatible con toda reducción colectivista, miedo al mestizaje, al pluralismo, a la coexistencia en la diversidad que es principio básico de la cultura democrática. Y es natural que así sea pues, como la tribu, la nación, una vez constituida, necesita del inmovilismo, de inercia ontológica, para justificarse como principio unificador y definitorio de un conglomerado humano. Como esta realidad contradice la propensión natural de individuos y colectividades a interrelacionarse, mezclarse y confundirse —sobre todo en este tiempo de acelerada internacionalización de la vida—, el nacionalismo tiene que oponer a ello, para no perder toda razón de ser, la coerción, un vasto repertorio de posibilidades que incluye desde el sangriento genocidio hasta la, en apariencia, muy benigna «normalización lingüística». Es verdad que ambos extremos se hallan muy distanciados uno de otro, pero un cordón umbilical los une: la voluntad de establecer por la fuerza una «unidad» —racial, religiosa o cultural— que previamente no existía.

La pobreza conceptual y filosófica que lo sostiene, y los traumas y extravíos sociales a que puede llevar, no impiden que el nacionalismo seduzca a grandes públicos y sea una fuerza política pujante en el mundo de hoy. Él ha reemplazado a la utopía colectivista como el desafío mayor que deberá enfrentar en el futuro inmediato esa cultura democrática que acaba de desintegrar al comunismo y el dique más firme que se interpone en los avances alcanzados por la humanidad en la paulatina disolución de las fronteras y la creación de una civilización mundial bajo el signo de la libertad política y la articulación y apertura de todos los mercados.

Éste es uno de los temas recurrentes en los polémicos ensayos de Vidal-Quadras y sobre el cual sus tesis me parecen más lúcidas. Es cierto que «el nacionalismo resulta extraordinariamente motivador» «porque descansa en instintos y atavismos profundamente enraizados en la naturaleza humana». La propensión natural de la especie es la horda, no el individuo; la servidumbre y no la rebeldía; la superstición y la magia y no la averiguación inteligente de los fenómenos; la pasión y el instinto en vez de la racionalidad. El individualismo, la razón y la libertad se alcanzan luego de ímprobos esfuerzos, son elecciones intelectuales y vitales que exigen arrojar por la borda un pesado lastre que arrastramos desde los remotos tiempos del taparrabos y el cuchillo de sílice. Estas elecciones deben renovarse continuamente, pues, a cada nueva situa-

ción o circunstancia —sobre todo en períodos críticos, de dificultades y trastornos—, corremos el riesgo de perder lo adquirido,
abdicar y retroceder de individuos a parte de la horda, de seres
inteligentes a bípedos irracionales y de seres libres a instrumentos
y epígonos de una voluntad superior ante la que hemos abdicado y
que habla y decide por nosotros. Ésta es la tremenda y magnética
atracción que ejerce el nacionalismo, sobre todo cuando lo pro-
mueven esos astutos manipuladores de la incultura y las pasiones
humanas que son los llamados «líderes carismáticos». Ellos saben
sacar partido provechoso de esta realidad certeramente descrita
por Vidal-Quadras: «La seguridad que proporciona la conciencia
de pertenecer a un grupo homogéneo, el odio o el temor a lo que
es distinto o extraño, la satisfacción narcisista de percibir el
universo a través de lo que uno es o pretende ser y la necesidad
de autoafirmación frente a los demás laten en el núcleo oscuro
y oculto de los fervores nacionalistas».

Muchos reprocharán al autor de estos ensayos la viveza dialéc-
tica que los recorre y su beligerancia. Hay que recordar que han
sido escritos haciendo pequeños apartes en medio de la lucha política cotidiana, y por momentos ella les ha contagiado su incandescencia. Pero constituyen un valioso esfuerzo para enriquecer a la
acción política con ideas y reflexiones, de modo que ella no quede
confinada en la cruda lucha por el poder y sea también debate
intelectual, ejercicio de la imaginación crítica. Aparte de la
valentía moral y las agudas afirmaciones que contienen estos
ensayos, ellos tienen el gran mérito de poner en el centro del
debate, como le corresponde, el tema del nacionalismo, que es ya
el gran protagonista de la vida política contemporánea, no sólo
por los incendios que provoca en tantos países, sino porque en
torno a él irán reordenándose las fuerzas políticas y los grandes
debates y antagonismos ideológicos venideros. Una anticipación
de ello no son sólo las matanzas de Bosnia-Herzegovina, Abjazia,
Alto Karabaj, Tayikistán, Afganistán, sino los rebrotes de xenofobia y racismo en Alemania y otros países europeos, así como la
recientísima alianza de intelectuales fascistas y comunistas en
Francia —el llamado nacionalbolchevismo— para «defender la
soberanía nacional amenazada por Wall Street».

A diferencia de lo que ocurre en otras partes, el nacionalismo
contra el que arremete principalmente Aleix Vidal-Quadras es el
muy civilizado, pacífico y democrático que gobierna la región
autónoma de Cataluña. Nadie, a menos de estar fuera de su sano

juicio, podría ver en el presidente Jordi Pujol a un destemplado dogmático capaz de poner a sangre y fuego a su país, como ha hecho el serbio Radovan Karazdic, para materializar su proyecto nacionalista. Y yo menos que nadie, pues lo conozco y me consta que es un hombre sensato y tolerante. Pero ello no impide que el caballo que monta este benigno jinete sea potencialmente chúcaro y pueda, en un momento dado, desbocársele y causar estropicios. Porque no importa cuán suave y elegante sea la mano que la agite, la bandera nacionalista remueve las bajas pasiones humanas, tiende a reemplazar el diálogo por el ucase, la coexistencia por la excomunión y la discriminación, y a confundir, en el campo de la cultura, la rama con el bosque.

Siempre ha sido para mí sorprendente la fuerza popular del nacionalismo en Cataluña. La política cultural represiva de que fue víctima a lo largo de la historia, y en especial durante el franquismo, no es una explicación suficiente, pues ella no impidió que Cataluña desarrollara una muy rica vida cultural —y, acaso, la más europea y la menos provinciana de toda España— y alumbrara una larga serie de escritores y artistas de estirpe universal. Y, más bien, debería haber inmunizado a sus élites políticas e intelectuales contra las aberraciones nacionalistas que padeció en carne propia. ¿Qué puede tener que ver la tierra de un Carles Riba, de Foix, de Josep Pla, de Dalí, del Tàpies que en el ápice de su gloria exhibe camas y esculpe medias con agujeros, de Carlos Barral, Gil de Biedma, Juan Marsé, Eduardo Mendoza, los tres Goytisolo, Félix de Azúa, Vázquez Montalbán y tantos otros escritores de primera fila, de esos arquitectos revolucionarios que diseñan edificios y recomponen ciudades por el mundo, de sus editores vanguardistas y sus teatristas revoltosos y cosmopolitas, con una ideología fundamentalmente pueblerina y visceral que, si alguna vez fuera llevada allí hasta sus últimas consecuencias, subdesarrollaría a Cataluña y la convertiría en una sociedad del Tercer Mundo?

El amor a Cataluña no tiene nada que ver con el nacionalismo y lo demuestra luminosamente este libro de Aleix Vidal-Quadras, catalán, español, europeo, liberal y hombre de su tiempo.

Londres, agosto de 1993

LA PRESA Y LA SOMBRA

En agosto de 1986, el distinguido escritor y periodista irlandés Connor Cruise O'Brien publicó en la revista norteamericana *The Atlantic Monthly* un largo ensayo —*God and Man in Nicaragua*— por el que fue premiado con el Sidney Hillman Award y que tuvo vasta repercusión en los círculos intelectuales de Occidente. No es exagerado decir que, por lo menos en el mundo anglosajón, este trabajo sentó cátedra sobre el sandinismo y la Teología de la Liberación en América Latina. Lo había visto citado innumerables veces, pero sólo ahora he podido leerlo, en una recopilación[5].

Su lectura ha sido fascinante por más de un motivo. Muy acertadamente, Cruise O'Brien advierte, durante su visita a Nicaragua, que Dios y la religión católica desempeñan un papel protagónico en la pugna entre el poder revolucionario y la oposición, y centra sus análisis, averiguaciones e hipótesis en este tema. A partir de allí, no hay más aciertos: sus juicios y conjeturas se extravían y no vuelven a encontrar el camino de la realidad.

La afirmación más notable es la de que «Junto con el proceso revolucionario, una nueva Reforma está en marcha» en ese país centroamericano, reforma —se refiere a la Teología de la Liberación y a la Iglesia popular— que, como la de Lutero y Calvino, podría fracturar a la Iglesia católica si el papa Juan Pablo II y el cardenal Miguel Obando y Bravo, arzobispo de Managua, siguieran secundando los planes del presidente Reagan para aplastar a la revolución sandinista, que es la de la *Iglesia de los pobres* y cuenta con amplísimo apoyo entre los católicos de América Latina, la

[5] Connor Cruise O'Brien, *Passion and Cunning and other Essays*, Londres, Paladin Books, 1990.

mitad de los que hay en el mundo. («Como Martín Lutero encontró sus príncipes, los teólogos de la liberación de América Latina han encontrado a los suyos en los nueve comandantes del Frente Sandinista de Liberación Nacional»).

El *sandinismo* es una ideología profundamente latinoamericana, hecha de orgullo patriótico y genuina fe cristiana —lo que lo emparenta a Polonia—, en la que el pequeño componente marxista se halla neutralizado por «el nacionalismo». Sus enemigos son Ronald Reagan «y el más grande poder de la tierra», que no puede tolerar la insumisión antiimperialista del pequeño «David contra Goliat», y el papa Juan Pablo II, empeñado en restaurar el principio de autoridad dentro de la Iglesia —el *Magisterium*— y quien ve con alarma «el más indeseable precedente, para América Latina en particular»: que, por primera vez en la historia, un Estado haga suya la Teología de la Liberación.

Pero el Papa cometió una gravísima equivocación, en su visita a Nicaragua del 4 de marzo de 1983, al mostrar su desafecto hacia la Revolución y la *Iglesia de los pobres*, y su solidaridad con la *Iglesia de los ricos*, amonestando públicamente «a esa frágil persona de largos cabellos blancos y barba blanca», el ministro de Cultura del sandinismo, padre Ernesto Cardenal. A diferencia de tantos católicos que se conduelen por la humillación sufrida por «Ernesto», Cruise O'Brien se apena más bien por Juan Pablo II, pues aquel gesto consiguió lo contrario de lo que pretendía: multiplicar la influencia de los «cristianos sandinistas», «cuyo prestigio jamás ha sido tan alto», y reavivar la Teología de la Liberación «que llamea ahora en cada rincón de América Latina».

En aquel episodio en el aeropuerto —«el bochorno de Managua» lo llama— que revive gracias a un vídeo durante su visita nicaragüense, tres años más tarde, ve Cruise O'Brien un símbolo de la lucha que tiene lugar entre esas dos fuerzas adversarias del catolicismo (la de los pobres y la de los ricos, la de la liberación y la del sometimiento) y un indicio claro de cuál representa la justicia, la verdad y el futuro: «la de Ernesto y sus amigos», que «están comprometidos con realidades vivas —la causa de los pobres, la defensa de Nicaragua— mientras que el Papa ha dedicado su vida a resucitar una extinta abstracción: el *Magisterium*».

Pero no es «Ernesto» el representante de esa nueva Iglesia popular y justiciera, que está ya derrotando en Nicaragua y América Latina a la fosilizada del Vaticano, a quien Connor Cruise O'Brien expresa su mayor admiración, sino el padre Maryknoll

Miguel d'Escoto, ministro de Relaciones Exteriores del gobierno sandinista. Llega a compararlo con Gandhi y Martin Luther King y con «los predicadores de Cromwell». Y describe su «insurrección evangélica» como una gran victoria «contra Obando», que, además, «capturó la imaginación de muchos cristianos en todo el mundo, y especialmente en América Latina». (La «insurrección evangélica» del padre d'Escoto consistió en un ayuno de treinta días, en agosto de 1985, del que emergió, con unas barbas bíblicas y siempre muy rollizo, a anunciar que Ronald Reagan «era un caso de posesión diabólica»).

Las predicciones a mediano y largo plazo del ensayo son muy explícitas. Intuyendo, con su vieja sabiduría y pragmatismo que está perdiendo la batalla con una Teología de la Liberación que ha calado profundamente en las masas del Continente, Roma acabará por bajar los brazos y tomar distancia «con las fuerzas conservadoras en América Latina». El cardenal Obando se verá cada día más acosado dentro de su propia Iglesia, incluso entre los obispos nicaragüenses, y terminará siendo sacrificado por el Vaticano. El sandinismo nunca negociará con los *vendepatrias* de los *contras* y luchará «hasta su último aliento» por continuar la Revolución. Sólo una directa invasión militar de Estados Unidos podría desalojarlo del gobierno, pero, si así ocurriera, ello provocaría una formidable explosión de solidaridad en el resto de América Latina donde «el Dios de los pobres» es ya una fuerza invencible.

El año pasado coincidí, en un programa de televisión, en Chicago, con Connor Cruise O'Brien, y lamento no haber conocido para entonces su ensayo *God and Man in Nicaragua*, pues le hubiera pedido que me explicara cómo fue posible, con aquellos antecedentes, que en febrero de 1990, en las primeras elecciones libres en aquel país de *pobres*, los sandinistas fueran derrotados de manera tan concluyente. Y, también, cómo debía interpretarse el hecho de que esos «príncipes» de la Iglesia popular y el idealismo patriótico socialista, los comandantes del FSLN, antes de dejar el poder hubieran perpetrado la famosa «piñata» capitalista en que se vendieron a sí mismos y a sus allegados, por cifras simbólicas, las casas y empresas que habían nacionalizado en nombre de la Revolución y la justicia social.

Aunque su ensayo no da fechas precisas, tengo la impresión de que Cruise O'Brien visitó Nicaragua poco después que yo, que pasé un mes allí, entre marzo y abril de 1985, enviado por *The*

New York Times para escribir un artículo[6]. Estuvimos en los mismos sitios y hablamos con las mismas personas, pero no vimos ni entendimos las mismas cosas. Es verdad que la religión y la Iglesia católica eran el eje de la lucha política entre el gobierno y la oposición, pues cada cual quería tener de su lado y esgrimir contra el adversario esos poderosos aliados.

Pero ya para entonces cualquier observador imparcial podía advertir que «la Iglesia popular» tenía perdida la partida frente a esa fuerza de la naturaleza que era el cardenal Obando y Bravo, indio astuto y carismático, con un tremendo poder de sugestión ante la gente humilde, que había fundado los primeros sindicatos rurales del país y recorrido buena parte de las montañas de Nicaragua a pie y en burro. Él sí que era «popular», pues donde comparecía se formaba una aglomeración de gente del pueblo vitoreándolo.

Los representantes del «Dios de los pobres», en cambio, eran, los mejores, como los animadores del INIES (Instituto Nacional de Investigaciones Económicas y Sociales) del jesuita Xabier Gorostiaga, y del Centro Ecuménico Antonio Valdivieso, del franciscano Uriel Molina, intelectuales cuyos razonamientos y tesis teológico-revolucionarias estaban fuera del alcance ya no se diga de las masas sino, incluso, del católico medio, o figuras pintorescas y algo payasas, como el canciller d'Escoto, cuyos desplantes publicitarios nadie, entre toda la gente que conocí, tomaba en serio. Es verdad que Ernesto Cardenal era un hombre querido, pero por su buena poesía —todos los nicaragüenses son compulsivamente poetas—, no por las estridencias político-religiosas que solía decir —«La sociedad comunista es el verdadero Reino de Dios», «La Iglesia católica es la puta de los Evangelios», etcétera— que hacían un flaco favor a su causa y con las que los pensadores serios de la Teología de la Liberación —un Gustavo Gutiérrez, digamos— difícilmente hubieran comulgado.

La Misa de la Solidaridad, del padre Uriel Molina, en Barrio Regueiro, era un lindo espectáculo, con canciones revolucionarias de Carlos Mejía Godoy y grandes murales de un Cristo sandinista flagelando yanquis y banqueros. Pero allí yo no vi «pobres», y muy pocos nicaragüenses, porque quienes colmaban el local eran «internacionalistas» norteamericanos poco reverentes, que inte-

---

[6] «Nicaragua en la encrucijada», reproducido en *Contra viento y marea* (III), Barcelona, Seix Barral, 1990, pp. 247-304.

rrumpían la ceremonia para pedirle autógrafos a Tomás Borge (y las mujeres para besuquearlo).

Donde vi, en cambio, «masas», fue en Chontales, en el santuario de la Virgen de Cuapa, que Connor Cruise O'Brien ni siquiera menciona, pese a que fue la jugada maestra de la jerarquía católica nicaragüense para desbaratar a sus «insurrectos evangélicos» y golpear al gobierno de los nueve comandantes. ¿Qué arma hubieran podido oponer estos infelices a una Virgen María que baja del cielo, se aparece a un humilde sacristán, Bernardo, y acusa a los sandinistas de ser ateos y comunistas? Trataron, en la mejor tradición bíblica, de comprarlo y de corromperlo por el camino de la concupiscencia (con una mujer llamada Sandra), pero la jerarquía se apresuró a enclaustrarlo en un seminario, donde yo lo visité y me contó su historia. A mí no me convenció del todo, pero, claro, yo soy un agnóstico, en tanto que la inmensa mayoría de los nicaragüenses no lo son y creyeron a pie juntillas al buen Bernardo, sobre todo después que varios obispos y el propio Cardenal hicieron saber que, aquello que decía, «no estaba en contradicción con las enseñanzas de la Iglesia».

Las controversias religiosas no se ganan con argumentos, sino con gestos, imágenes, emociones, y, sobre todo, milagros. Aquella controversia con el sandinismo y sus teólogos la ganaron Juan Pablo II, monseñor Obando y los católicos nicaragüenses que estaban con ellos porque, dentro de la Iglesia, la jerarquía —con el Papa a la cabeza— gana *siempre* las controversias. Pero, también, porque en este caso defendieron, además del principio de autoridad, algo que Connor Cruise O'Brien ni siquiera sospecha en su ensayo que pudiera ambicionar el pueblo nicaragüense: pluralismo político, elecciones libres, derecho de crítica, desaparición de la censura previa, una vida democrática.

Quizá lo más injusto de su trabajo, la laguna más ominosa, sea olvidar que la oposición a la dictadura de Somoza no fue monopolio del FSLN, sino que participaron en ella muchos socialistas, liberales, democratacristianos, socialdemócratas, conservadores —como Pedro Joaquín Chamorro, el fundador de *La Prensa,* que combatió toda su vida a la dictadura y fue asesinado por Somoza— u hombres y mujeres independientes, excluidos luego de participar en el gobierno, cuando los comandantes se proclamaron, porque tenían las armas, los únicos propietarios de la «liberación». Fue esa oposición democrática y popular la que terminó sacando a los sandinistas del poder, mediante el civilizado instrumento de los votos, no los ejércitos de Ronald Reagan.

¿Por qué la aspiración a vivir en libertad y dentro de la ley, que a Connor Cruise O'Brien le parece tan natural cuando se trata de Irlanda, o Europa central, o incluso África del Sur, país sobre el que ha escrito con tanta solvencia, simplemente no la percibió en momento alguno durante su viaje por Nicaragua? Por una razón que nunca me cansaré de denunciar en tantos intelectuales europeos. Porque él no fue a ver qué ocurría en Nicaragua, sino a confirmar unos estereotipos tan acendrados en la cultura «progresista» occidental sobre América Latina que nada pueden contra ellos los más rotundos desmentidos de la realidad histórica. Eso es lo que los franceses llaman «confundir la presa con la sombra». Y me temo que todavía por mucho tiempo, obnubilados por la nostalgia utópica de la que no puedan desprenderse, otros Connor Cruise O'Brien sigan viendo, en América Latina, sólo las hermosas o deleznables ficciones que sobre ella han fabricado.

Londres, agosto de 1993

FÜHRER HEIDEGGER

El libro de Víctor Farías *Heidegger et le nazisme*, aparecido primero en francés en 1987 y luego en muchas otras lenguas, desató una controversia internacional sobre las relaciones del filósofo alemán con el nacionalsocialismo que periódicamente se reaviva, a medida que nuevas publicaciones aparecen con datos que matizan o amplían los de aquella investigación. He procurado leer todo lo que se ha puesto a mi alcance sobre ese asunto, pues él documenta, a un nivel de excelencia poco común, el fascinante tema de cómo la más alta inteligencia y la cultura más sólida pueden ir a veces de la mano con las peores aberraciones ideológicas e, incluso, con la imbecilidad política.

El libro de Hugo Ott *Martin Heidegger. A Political Life* apareció en alemán en 1989, se reeditó ampliado y revisado en 1991 y ésta es la versión que aparece ahora en Inglaterra (Harper/Collins, 1993). Profesor de Economía y de Historia social en la Universidad de Friburgo, de la cual el pensador existencialista fuera führer-rector en 1933-1934, Ott ha rastreado con mucho escrúpulo los archivos académicos y privados en busca de datos que esclarezcan aquella elección. Sus conclusiones no permiten la menor duda: Heidegger fue llevado al rectorado por un grupo de lectores y asistentes nazis, que conspiraron a su favor y en estrecha colaboración con él mismo, a fin de que, desde ese cargo, pusiera en práctica la política del flamante régimen nacionalsocialista, empezando por la limpieza étnica —todos los profesores no arios debían ser separados de sus cargos—, algo que, en efecto, el filósofo se apresuró a hacer.

Inscrito en el partido nazi el 1 de mayo de 1933, Heidegger continuaría pagando sus cuotas de afiliado hasta el fin de la guerra, en 1945, como descubrió Farías, lo que debilita la tesis de quienes señalan su renuncia al rectorado en abril de 1934 como prueba de un distanciamiento crítico del filósofo con el régimen. No hubo tal. Sobre este asunto Ott aporta pruebas devastadoras. Su libro demuestra que esta renuncia fue consecuencia de una gran frustración personal, luego de haber sido postergado en su ambición de ser el líder y vocero de la reformada universidad y de la naciente cultura de la Nueva Alemania, por obra de las inevitables mediocridades intelectuales del nazismo (como Erich Jaensch y Ernst Krieck), que removieron cielo y tierra e intrigaron ante Alfred Rosenberg, ministro de Cultura, a fin de cerrar el paso a Heidegger dentro del sistema e impedirle ser lo que se proponía: «el filósofo del nacionalsocialismo».

No hubo el menor oportunismo en Heidegger al aceptar aquel rectorado. Su prestigio en el mundo académico era ya muy grande, desde la aparición de *Ser y tiempo* (1927), y aquel compromiso, inequívocamente político, sólo podía traerle perjuicios. Si lo asumió fue, sin duda, porque creía a pie juntillas, como dijo en su famosa proclama a los estudiantes del 3 de noviembre de 1933, que «el Führer y sólo él es la realidad alemana presente y futura, y su ley» y porque se sentía solidario con «la íntima verdad y la grandeza del nacionalsocialismo», de las que hablaba a sus estudiantes de Friburgo en el semestre de verano de 1935.

Esto explica, por lo demás, muchas de sus iniciativas y omisiones durante su gestión al frente de la universidad: que no prohibiera la quema de libros «antialemanes», en la puerta de la biblioteca, la noche del 10 de mayo de 1933, y que impusiera el saludo nazi dentro del claustro; que organizara cursos de verano de instrucción política para los universitarios bajo la tutela de ideólogos nacionalsocialistas; que se paseara en Roma, en 1936, con la insignia nazi en la solapa y asegurara a su discípulo Karl Löwith que su adhesión al nazismo se basaba «en la naturaleza de su filosofía» y que, en Friburgo, bloqueara el nombramiento de profesores católicos —como Max Müller—, porque creía al cristianismo incompatible con el nuevo orden radical en formación. (El antiguo aspirante a jesuita afirmaba por estas fechas que «un cristiano, si es honesto, no puede ser filósofo, y un genuino filósofo no puede ser cristiano»).

El celo político de Heidegger fue todavía más lejos al denunciar secretamente a las autoridades a uno de sus colegas, el eminente químico Hermann Staudinger (quien recibiría el premio Nobel años después), como presunto pacifista y antipatriota. Esta operación, que la Gestapo denominaría «Sternheim» y que el profesor Ott describe con lujo de detalles por primera vez, es quizá la única en la que, además de dogmatismo e intolerancia, se percibe en el filósofo la intención de hacer daño a alguien por razones personales valiéndose de pretextos políticos. Los otros gestos, actos y tomas de posición a favor del régimen nazi que Ott refiere —son abundantes— parecen «puros», inspirados no en la intención de promoverse o vengarse, sino en la sincera convicción de que actuando de ese modo servía unas ideas, una causa.

A diferencia de otras ideologías, como el socialismo, el liberalismo o el marxismo, que comportan un elaborado cuerpo de ideas políticas, económicas y jurídicas, el nazismo es de una elementalidad casi física. Ella se puede reducir a tres principios o dogmas que proclaman: 1) la superioridad de la raza aria sobre las otras razas humanas; 2) la superioridad de la nación alemana sobre las demás naciones, y 3) la superioridad del líder (Führer) sobre el resto de la sociedad. Leyendo la masa de testimonios y documentos reunidos por Hugo Ott se tiene la impresión de que, sin que ello significara el rechazo de los dos primeros, fue sobre todo el tercero de estos axiomas o postulados el que sedujo a Heidegger y el que lo animó a dar ese paso difícil de hombre de pensamiento a hombre de acción, en el área específica en la que se movía: la universidad y la cultura.

El *Führerprinzip* no sólo establecía la posición privilegiada e inamovible de Hitler en la cúspide de la pirámide social, como modelo humano, conductor e inspirador de la gran revolución que devolvería a la nación alemana su gloria y predominio; también, que la sociedad entera debería recomponerse en todos sus estratos, instituciones y actividades mediante un esquema semejante. Es decir, bajo la dirección de caudillos modelados a imagen y semejanza del Führer supremo, los que, en su esfera de acción, gozarían de una autoridad y jerarquía tan absolutas como la de aquél sobre el conjunto social, pues sólo de este modo estaría garantizada la eficacia. En cada rama del saber, de la técnica o del mero quehacer, la regeneración nacional exigía poner a la cabeza a los *mejores*.

Heidegger participó de esta convicción, sin duda alguna, y ello explica que en 1933 abandonara la tranquila soledad de su cabaña de Totnauberg, en las alturas de la Selva Negra, para precipitarse en los fragores de la «revolución nacionalsocialista». Su convicción de que, como filósofo excepcionalmente dotado, era el llamado a encabezar la reforma de la universidad y de la vida cultural de Alemania, y a orientar intelectualmente al nuevo régimen, se transparenta en innumerables episodios que protagonizó en el año frenético de su rectorado, haciendo frente a intrigas o intrigando él mismo, y sintiéndose en una situación cada vez más precaria a medida que descubría que una cosa era la política como teoría y otra muy diferente como práctica diaria.

Lo extraordinario es que su «fracaso» como rector (según expresión de él mismo), lo desencantó de ciertas personas pero no del nazismo, o, para ser más justos, de la idea que él se hacía de lo que el nacionalsocialismo significaba. Pese a su inteligencia fuera de lo ordinario y a su cuantiosa información teórica sobre el ser, Heidegger no parece haber advertido, ni luego de su marginación dentro del partido nazi ni más tarde, en los cuarenta, cuando fue visto con hostilidad y hasta censurado por ciertas instancias culturales del régimen, que lo que ocurría no era una traición de unos cuantos intrigantes y mediocres a unos principios siempre válidos, sino una consecuencia concreta inevitable de una teoría aberrante. Dentro de un sistema rígidamente jerárquico, basado en dogmas religiosos —irracionales— semejantes a los que él, por esos mismos años, rechazaba en el cristianismo como incompatibles con el pensar filosófico, no serían nunca los *mejores* quienes descollarían y asumirían las funciones principales, sino los más astutos e intrigantes, los más inescrupulosos y cínicos.

Hasta aquí, es posible explicar la «equivocación» política de Heidegger en razón de su inexperiencia, verlo como un sabio ingenuo y cándido al que la teología medieval, la filología griega y la metafísica de Occidente no habían preparado para diferenciar en la vida social al idealista del gángster. Pero ¿y los campos de concentración? ¿Y las cárceles repletas de disidentes? ¿Y los cientos de miles de judíos que se tragaba la noche del nazismo? Las contadísimas explicaciones sobre su actitud frente al exterminio judío que dio Heidegger, a la comisión depuradora de la posguerra, en su entrevista de 1969 a *Der Spiegel* (y que, según sus deseos, sólo se publicaría póstumamente) y en la apología publicada por su hijo Hermann en 1983, son todavía más acusatorios que el silencio que guardó todos aquellos años, mientras tantos colegas suyos denunciaban, combatían o padecían el horror. Ayudar a conseguir un puesto en Inglaterra a un asistente judío que debió huir de Alemania, o mantener una correspondencia cordial con su antigua alumna y amante Hannah Arendt, no atenúan la bochornosa inacción y mudez de aquel que no veía o no quería ver los crímenes de lesa humanidad que se cometían alrededor suyo y seguía dictando sus seminarios y escribiendo sus tratados como si viviera en el Olimpo.

El caso de Heidegger es infrecuente porque no muchos intelectuales de alto nivel se identificaron con el nazismo. Más, desde luego, con el fascismo en Italia o el franquismo en España, y muchísimos más con el marxismo, ideologías y prácticas que contribuyeron, también, a sembrar el mundo de cadáveres y a suministrar coartadas morales —«históricas»— para los más horribles crímenes. Lo notable es que la extraordinaria difusión e influencia del pensamiento de Heidegger no es anterior sino posterior a su militancia nacionalsocialista: ocurre a partir de fines de los años cuarenta y es determinante para su rehabilitación en Friburgo, de cuya universidad había sido separado como «nazi típico» (así lo establecieron las fuerzas francesas de ocupación). Hasta el escándalo provocado por el libro de Víctor Farías, en 1987, el tema era apenas mencionado en círculos intelectuales poco menos que clandestinos, y con visible incomodidad, pues había un amplio consenso de que, aun cuando estuviera probada la complicidad del filósofo con el régimen de Hitler, una cosa eran sus actos de ciudadano, y otra, muy distinta, sus teorías, sus ideas.

¿Es eso cierto? ¿Debemos aceptar, so pena de ser considerados unos inquisidores, esa cesura infranqueable entre el hombre y la obra? ¿No hay, pues, relación entre lo que un filósofo piensa y escribe y lo que hace? ¿Es la excelencia intelectual una suerte de salvoconducto que exime de responsabilidades morales? Parece que sí, por lo menos en nuestro tiempo. Y algunos consideran que esto es una gran conquista del espíritu, pues impermeabilizar la filosofía (o la literatura o el arte) de la moral es garantizarle la libertad, abrirle las puertas de la renovación permanente, inducirla a todas las audacias. Pero ¿y si fuera al revés? ¿Si disociar de esa manera tan tajante lo que leemos de lo que hacemos, fuera quitar todo valor de uso a la palabra escrita y apartarla de la experiencia común, ir empujándola cada vez más fuera de la vida, hacia la frivolidad o el juego irresponsable? Tal vez esta actitud tenga mucho que ver con la terrible devaluación que en nuestra época experimentan las ideas, con lo poco que significa hoy la filosofía para el común de las gentes (pese a haber tantos profesores de filosofía) y con los puntos que a diario pierden los libros en la batalla que tienen entablada con las imágenes de los medios. Si se trata sólo de entretener ¿cómo derrotaría *Ser y tiempo* a un culebrón?

Londres, agosto de 1993

¿LA EXCEPCIÓN CULTURAL?

Una gran movilización de intelectuales, empresarios y políticos, en la que muchos socialistas, comunistas, fascistas, gaullistas y demócratas marchan unidos, tiene lugar en estos días en Francia exigiendo que se excluya de los acuerdos del GATT sobre la libertad de comercio a los productos culturales, en especial los cinematográficos y televisivos, pues, si los mercados se abren también a ellos de manera indiscriminada, la poderosa industria audiovisual de Estados Unidos pulverizará a sus rivales europeos y dará un golpe de muerte a la «cultura francesa».

Escritores firman manifiestos, cineastas aparecen en la televisión alertando a la opinión pública contra el riesgo de que la vulgaridad pestilencial de los «enlatados» yanquis inunden las pantallas de sus hogares y sofoquen la creatividad de los artistas nativos, continuadores de una de las más ricas tradiciones culturales de la humanidad, y actores y actrices de moda salen a las calles a defender, al mismo tiempo, sus puestos de trabajo y la lengua, la sensibilidad, la imaginación y las artes de Francia, amenazadas por la invasión de los dinosaurios del *Parque Jurásico*.

El argumento central de estos adversarios de la apertura total de los mercados es que la «cultura» constituye un caso aparte, y que no se puede meter a los productos del espíritu artístico y la fantasía de una nación —de su alma, en verdad— en el mismo costal en el que se hallan las bacinicas, los ordenadores, los automóviles y demás productos manufacturados. A diferencia de estas mercancías, las creaciones artísticas y culturales deben ser protegidas, puestas a salvo de una competencia en la que podrían desaparecer, privando al pueblo que las creó de su tradición, de su idiosincrasia, de su identidad espiritual. La nación que produjo a Ronsard y a Molière, a Proust y a Baudelaire no puede permitir que el alimento audiovisual de sus jóvenes sea en el futuro *Dallas*, *Corrupción en Miami*, *Robocop* y basuras parecidas.

¿Cómo impedir que se consume esta catástrofe que algunos exaltados no vacilan en comparar con la destrucción medieval de la civilización latina por el salvajismo de las tribus germánicas? Con barreras proteccionistas, que fijen límites a las importaciones de productos audiovisuales norteamericanos e impongan cuotas mínimas de exhibición de películas y programas franceses a los canales de televisión y a los circuitos cinematográficos. Los puntos de vista sobre los alcances de estas prohibiciones a la importación y de las imposiciones de exhibición varían, pero una buena parte de los impugnadores del GATT considera que dejar desprotegido más del 50% del mercado cultural audiovisual sería una traición a Francia. El honor de la nación y la supervivencia de su cultura exigen que, por lo menos, la mitad de las películas en pantalla grande y la mitad de los programas en pantalla chica que vean los franceses sean producidos en Francia.

Mi primera curiosidad al respecto es averiguar si, para que esta última condición se cumpla, estas películas y programas producidos en Francia deberán ser concebidos y realizados, también, por hombres y mujeres inequívocamente franceses. Porque ¿qué pasaría con el honor nacional y la integridad de esta antigua cultura europea si, para burlar las barreras proteccionistas y aprovecharse de los cupos obligatorios, esos capitalistas yanquis codiciosos y carentes de escrúpulos montan productoras en Francia y comienzan a producir inmundicias audiovisuales empleando a algunos nativos como testaferros e impregnando sus películas y programas de la chatura enajenante, conformista, consumista y mediocre de la subcultura estadounidense? ¿Habrá que fijar cupos también estrictísimos de nacionales franceses —de cuando menos tercera, cuarta o quinta generación— entre guionistas, técnicos, actores, directores y empresarios que participan en la creación de cada producto cultural audiovisual para garantizar su oriundez francesa?

Mi segunda curiosidad es saber quién o quiénes van a asumir la grave responsabilidad de determinar qué es lo auténticamente francés y cuál lo espúreo o adulterado entre esos productos culturales de los que depende la salvaguarda espiritual de la Nación. ¿Un grupo de funcionarios del Ministerio de la Cultura? ¿El ministro de Cultura en persona? ¿Una academia de artistas, escritores, científicos e industriales reconocidos como exponentes prototípicos de la esencia espiritual de Francia?

No les envidio el trabajo a estas excrecencias ontológicas de «lo francés». Por lo pronto, ¿consistirá su misión seleccionadora en detectar solamente las manifestaciones de la barbarie subcultural yanqui o de todo lo extranjero, sin excepciones? Es verdad que muchos de los animadores de la actual campaña dicen defender no sólo a Francia sino a Europa. ¿Significa esto que la pureza cultural francesa estaría menos amenazada si debiera enfrentar una ofensiva comercial de, digamos, *spaghetti westerns* italianos, pornomusicales alemanas, culebrones españoles, etcétera? Para ser coherentes con lo que defienden —la cultura nacional como algo intangible e inmutable, lo «francés» como valor estético y espiritual— aquéllos no tienen más remedio que rechazar como un veneno mortal todo lo que venga de otras lenguas y culturas, todo lo extranjero, todo lo que no encarna y manifiesta lo «francés».

A partir de allí, pueden surgir problemas considerables. Pues, a la hora de definir lo francés, resulta que hay versiones y teorías discrepantes. Algunos franceses, por ejemplo, tienen una concepción muy restringida y hasta racista del asunto y no admiten que el judío, el árabe, el negro, el musulmán puedan en modo alguno encarnar «lo francés», aunque aquellos sujetos hayan nacido en Francia y hablen y escriban en la lengua de Descartes. Entre los más resueltos defensores de esta campaña anti-GATT está Jean-Luc Godard, que es suizo. ¿Estamos seguros de que califica como «francés»? Porque yo recuerdo que, en los años sesenta, cuando una de sus películas fue prohibida en Francia —*Le petit soldat*, creo— por no defender la posición nacionalista en la guerra de Argelia, la ultraderecha lo acusaba de traidor y enemigo de Francia.

Podríamos continuar hasta el infinito, para dejar claro algo que es obvio: definir «lo francés» es una empresa inevitablemente absurda, que sólo se puede llevar a cabo mediante una reducción que mutila y desnaturaliza la idea misma de cultura hasta volverla caricatura. Pero todavía más grave es la distorsión manicomial que el criterio nacionalista causa en la tabla de valores estéticos, en el juicio crítico. Si por ser «francés» un producto cultural de cualquier índole representa de por sí un valor frente al producto extranjero, ¿debemos concluir que las abundantes basuras culturales que *también* producen el cine y la televisión francesas estragan menos la sensibilidad y embotan menos la imaginación de los espectadores y televidentes franceses que las basuras audiovisuales importadas de otros países?

La verdad del caso es que quienes han salido a hacer flamear banderas francesas y a hablar de patriotismo, y de cultura y de arte con mayúsculas, en esta movilización están, lo sepan o no, defendiendo los intereses de un grupo de empresarios audiovisuales a los que la idea de una apertura total del mercado francés a la competencia estremece de pánico. Por una parte, como todos los empresarios del mundo, ellos defienden la libertad de comercio para los otros y aspiran a tener un mercado cautivo para sí mismos. De otro lado, piensan que es injusto que la poderosa industria audiovisual de Estados Unidos encuentre abiertas de par en par las puertas del mercado francés y que ellos, en cambio, tengan sólo entreabiertas las de Estados Unidos. En lo primero no tienen razón alguna, porque lo que piden es un inadmisible privilegio —una renta—; en lo segundo, en cambio, sí, y deben ser apoyados con toda energía. El verdadero combate no está, para los productores de cine y televisión de Francia, en enquistarse dentro de una infranqueable caparazón proteccionista donde nadie venga a disputarles un público esclavo, sino en ir a conquistar otros públicos, y en especial el de los doscientos cincuenta millones de norteamericanos, que son de altos ingresos económicos y ven mucho cine y televisión.

¿Por qué sería esto imposible para ellos? ¿Por qué no podrían las películas que vienen de Francia conseguir lo que han conseguido los quesos y vinos franceses, o el agua Perrier, o tantos modistos, músicos o marcas de automóviles y de aviones y de helicópteros y una muy considerable lista de otros productos industriales? Una vez que el mercado audiovisual, gracias a los acuerdos del GATT, se abra a la competencia internacional, dependerá sólo de la audacia e inventiva de los productores de Francia conquistar ese mercado. Y para lograrlo, ellos cuentan, en efecto, con una ventaja comparativa de primer orden: una cultura muy rica y muy diversa, cuya característica central es no ser provinciana sino universal, es decir, asequible a los hombres y mujeres de otras lenguas y tradiciones.

Cuando no hablan de patriotismo, estos productores hambrientos de subsidio y protección, sacan el argumento sentimental y ético del Pulgarcito en lucha desigual contra el Titán. ¿Cómo podrían, ellos, que son débiles y de exiguos presupuestos, competir contra los colosos de Hollywood que tienen cerrados a piedra y lodo sus circuitos de distribución y de exhibición a todo lo que no sea estadounidense? Pues, montando sus propios circuitos en operaciones mancomunadas con productores italianos, alemanes, españoles, etcétera, que permitan a las películas europeas llegar a los espectadores de aquel país y disputárselos a los empresarios locales. Es decir, haciendo exactamente lo que están haciendo en este momento Air France con Lufthansa y otras líneas europeas para competir más eficazmente en los mercados mundiales. Ésa es, por lo demás, la razón de ser de la construcción de Europa: permitir a los pulgarcitos que son todavía muchas empresas nacionales de este Continente convertirse en empresas europeas capaces de rivalizar con mejores armas con las grandes corporaciones de otras regiones del mundo.

Pero, tal vez, lo más absurdo de la campaña en Francia a favor de «la excepción cultural» es que sus mantenedores no parecen haberse percatado de que aquello que temen y tratan de evitar a toda costa ya ocurrió, que es una realidad irreversible: la desnacionalización de las industrias audiovisuales, tanto en Francia como en Estados Unidos. ¿A cuánto ascienden los capitales franceses invertidos en la producción, realización y comercialización de películas para cine, vídeo y televisión fuera de Francia, y especialmente en Estados Unidos? A sumas ciertamente enormes y que, debido a la globalización actual del mercado financiero y empresarial, es tan difícil detectar como los capitales de origen estadounidense que ya operan dentro de las industrias audiovisuales de Francia. De modo que no sería imposible que esta nobilísima campaña en defensa del honor y la pureza inmarcesible de la cultura francesa de Gerard Dépardieu y compañía contra los bodrios jurásicos de California haya sido diseñada por duchos publicistas de Manhattan por encargo de inversionistas de Chicago, dueños de empresas «francesas» listas y preparadas para tragarse de un bocado el mercado cautivo audiovisual del hexágono y para infligir en el futuro, con la coartada de Villon y la princesa de Clêves, a sus cinéfilos y televidentes, bodrios de patente exclusivamente «francesa». La internacionalización de la economía es un hecho imparable y oponerse a ello es una quimera, tratándose de un país moderno y avanzado. Sólo pueden rehuirse a ella sociedades primitivas y atrasadas, y a condición de mantenerse en ese estado para siempre.

Los productos artísticos son también mercancías —se trate de libros, cuadros, sinfonías o películas— y no hay razón alguna para creer que por ello se empobrecen o degradan. Su valor comercial rara vez coincide con su valor artístico, es verdad, y ello es un problema, pues lo ideal, el objetivo que habría que tratar de alcanzar, es que que ambos valores se acerquen y fundan, y que la gente a la hora de comprar un libro o un cuadro, o de ir a un cine o ver un programa, elija siempre lo mejor. No ocurre así —ni en Estados Unidos ni en Francia— y ésta es una deficiencia que sólo la educación y la cultura pueden ir corrigiendo (si es que ella tiene todavía corrección). Pero éste es un problema cultural, no económico ni industrial. El despotismo ilustrado —la censura, la prohibición, el monopolio, la prerrogativa de ciertos burócratas, o políticos, o sabios, de decidir por sí mismos qué es lo que los otros deben leer, escuchar o ver— no resuelve el problema; más bien lo agrava. Porque nada corrompe y mediocriza tanto un quehacer creativo de cualquier orden como el parasitismo estatal. Hay pruebas abundantes al respecto en el campo audiovisual. ¿Qué son, si no, esas montañas de películas en las que invirtieron ingentes recursos esos Estados empeñados en defender la «cultura nacional» de las que no hay casi ninguna que se pueda hoy rescatar por sus valores artísticos?

Dudo que haya un «extranjero» que tenga mayor respeto y devoción por la cultura francesa que yo. La descubrí cuando era todavía un niño y a ella debo mucho de lo mejor que tengo, además de horas maravillosas de deslumbramiento intelectual y goce artístico. Muchas cosas aprendí leyendo lo que escribieron, o escuchando lo que compusieron o viendo lo que produjeron sus mejores creadores. Y la más admirable lección que de ellos recibí fue saber que las culturas no necesitan ser protegidas por burócratas ni policías, ni confinadas dentro de barrotes, ni aisladas por aduanas, para mantenerse vivas y lozanas, porque ello, más bien, las folcloriza y las marchita. Ellas necesitan vivir en libertad, expuestas al cotejo continuo con culturas diferentes, gracias a lo cual se renuevan y enriquecen, y evolucionan y adaptan a la fluencia continua de la vida. No son los dinosaurios del *Parque Jurásico* los que amenazan la honra cultural de la tierra que dio al mundo a Flaubert y a los Lumière, a Debussy y a Cézanne, a Rodin y a Marcel Carné, sino la bandada de pequeños demagogos y chovinistas que hablan de la cultura francesa como si fuera una momia que no puede ser sacada a los aires del mundo porque la libertad la desharía.

Biarritz, octubre de 1993

LA TRIBU Y EL MERCADO
(RESPUESTA A RÉGIS DEBRAY)

«Lo que es bueno para la Columbia y la Warner Bros. es bueno para Estados Unidos, vale; la cuestión ahora es saber si es bueno para la humanidad», dice mi amigo Régis Debray en su respuesta a mi artículo contra «la excepción cultural» para los productos audiovisuales en las negociaciones del GATT[7]. Es una frase efectista, pero poco seria, en un texto cuyo antinorteamericanismo, basado en mitos ideológicos, desvía el debate sobre el asunto en discusión: si la libertad de comercio y la cultura son compatibles o írritas la una a la otra.

A su juicio, hay —¡una vez más!— una conspiración de Estados Unidos, «el poder imperial», para convertir al planeta en un «supermercado» en el que las «culturas minoritarias», acosadas por la Coca Cola y los *yuppies* y privadas de medios de expresión, no tendrían otra salida que el integrismo religioso. Y, por lo visto, no han sido varias décadas de planificación económica, controles, colectivismo y estatismo socialistas lo que explica la crisis de Europa del Este sino «el capitalismo texano de importación», culpable de que se hayan cerrado los «teatros, estudios y editoriales» de esos países.

Ésta es una ficción, caro Régis, que puede divertir a la galería, pero que falsea la realidad. Los grandes conglomerados norteamericanos, de la IBM a la General Motors, se ven cada vez en peores aprietos para hacer frente a la competencia de empresas de diversos países del mundo (algunos tan pequeños como Chile, Japón o Taiwan), capaces de producir desde ordenadores hasta automóvi-

---

7 Régis Debray, «Respuesta a Mario Vargas Llosa», *El País*, jueves, 4 de noviembre de 1993.

les a mejores precios que aquellos colosos, y que, gracias a la libertad de mercado, son preferidos a los de éstos por gentes del mundo entero (incluidos los estadounidenses). Esta libertad no es buena porque perjudique a las grandes empresas, sino porque favorece a los consumidores, quienes, guiados por su propio interés, deciden qué industrias los sirven mejor. Gracias a este sistema, muchos de esos países «colonizados» que te preocupan están dejando de serlo a pasos rápidos y ésta es, desde mi punto de vista, una razón principal para preferir el mercado libre y la internacionalización al régimen de controles e intervencionismo estatal que tú defiendes para los productos culturales.

Acabo de pasar un año enseñando en Harvard y en Princeton, y si esas dos universidades dan la medida de lo que ocurre en los centros académicos de Estados Unidos, el «imperialismo» que los devasta es el francés, pues Lacan, Foucault y Derrida ejercen aún en las humanidades (cuando en Francia su hegemonía decae) una influencia abrumadora (a ti te estudian, también). ¿No pondrían tú y tus amigos defensores de la «excepción cultural» el grito en el cielo si un grupo de profesores norteamericanos pidiera la imposición de cuotas de libros obligatorios de pensadores nativos en las universidades de su país como defensa contra esa «agresión» intelectual francesa que amenaza con arrebatar a Estados Unidos su «identidad cultural»?

Según tu artículo, en el caso de los productos audiovisuales no se ejerce la libre elección del consumidor, porque son los intermediarios —los distribuidores— quienes «imponen» el producto al mercado. El papel de los intermediarios es central, en efecto —son los profesores, no los estudiantes, los que prefieren a Lacan, Foucault y Derrida— pero lo de la «imposición» es inexacto, si el mercado se mantiene abierto a la competencia, y los lectores —o los oyentes, espectadores o televidentes— pueden ir indicando, mediante su aceptación o su rechazo, lo que prefieren ver, oír y leer. Cuando funciona libremente, el mercado permite, por ejemplo, que películas producidas en «la periferia» se abran camino de pronto desde allí hasta millares de salas de exhibición en todo el mundo, como les ha ocurrido a *Como agua para chocolate* o *El Mariachi*.

Ahora bien, es verdad que, en lo relativo a los productos culturales de consumo masivo, el mercado revela el predominio en los consumidores de unos gustos y preferencias que no suelen ser los tuyos ni los míos. Me imagino que te habrá desmoralizado mucho el éxito formidable que ha tenido entre los espectadores franceses *Los visitantes,* una entretenida realización a la que, estoy seguro, nadie osaría calificar de creación de alta cultura. Ya sé que la televisión francesa ha sido capaz de producir programas admirables, como *Apostrophes,* al que yo rendí homenaje, en estas mismas páginas, cuando Bernard Pivot decidió ponerle fin. ¿Pero, es un programa como ése la norma o la excepción en los canales franceses? Tú sabes tan bien como yo que los programas promedio, y sobre todo los de más éxito, en Francia —como en el resto del mundo— son de una sofocante mediocridad y que la idiotez no es patrimonio «imperial» sino, más bien, un atributo a menudo buscado con fervor por el gran público en el cine, la televisión y hasta —horror de horrores— en los libros.

Esto no es el resultado de una conspiración de Estados Unidos para colonizar con «la idiotez imperial» al resto del mundo, caro Régis, sino —quién lo hubiera dicho— de la democratización de la cultura que han hecho posible, a una escala jamás prevista, los medios audiovisuales. Inventarse el fantasma de las multinacionales de Hollywood corruptoras de la sensibilidad francesa —o europea— para explicar que el gran público prefiera los culebrones o los *reality shows* a los programas de calidad es jugar al avestruz. No es verdad. La verdad es que la «alta cultura» está fuera del alcance del ciudadano medio, tanto en Estados Unidos como en Europa o en los países del Tercer Mundo, y ésta es una verdad que ha hecho patente la libertad de mercado, allí donde ha podido funcionar sin demasiadas cortapisas. Éste es un problema de la cultura, no del mercado.

Tu receta para curar semejante mal es suprimir la libertad y reemplazarla por el despotismo ilustrado. Es decir, por un Estado intervencionista a quien corresponderá determinar, en nombre de la Cultura con mayúsculas, un 60% de los programas televisivos que verán los franceses. (¿Por qué el 60%? ¿Por qué no el 55% o el 80% o el 93%? ¿Cuáles son los argumentos que justifican esa precisa mutilación numérica de la libertad de elección del televidente y no un porcentaje mayor o menor?). Eso es llamar al doctor Guillotin a que venga con su máquina infernal a curar las neuralgias del paciente.

Reemplazar el mercado por la burocracia del Estado para regular la vida cultural de un país, aunque sea sólo en parte, como tú propones, no garantiza que, a la hora del reparto de las prebendas y privilegios —es lo que son las subvenciones— los favorecidos sean los más originales y los mejor dotados, y los mediocres los desechados. Hay pruebas inconmensurables de que, más bien, sucede al revés. Totalitario, autoritario o democrático, el Estado tiende irresistiblemente a subsidiar no el talento, sino la sumisión, y los valores seguros en vez de los posibles o en ciernes. Me haces reír cuando citas los casos de cineastas como Buñuel, Orson Welles o Jean-Luc Godard, a favor de tus tesis intervencionistas. ¿Crees de veras que la irreverencia anarquista del Buñuel de *L'âge d'or*, o el inconformismo de *Ciudadano Kane* o las insolencias de *À bout de souffle* las hubiera financiado un gobierno? No me sorprende nada que, ya famosos, convertidos en iconos indiscutibles, los Estados cubrieran de honores a esos cineastas: así se homenajeaban a sí mismos en ellos y los convertían en instrumentos de su propaganda. Pero todo arte de ruptura y contestación de los valores establecidos tiene los días contados si se entrega al Estado, en todo o en parte, ese poder decisivo que tú quieres confiarle en lo que concierne a la producción audiovisual. Buen ejemplo de ello son esas sociedades de Europa del Este donde el Estado controlaba la producción cultural —invirtiendo a veces considerables recursos— a un precio que ningún creador o intelectual digno estuvo dispuesto a pagar: la pérdida de la libertad.

Esta libertad, sin la cual la cultura se degrada y esfuma, está mejor garantizada con el mercado y el internacionalismo que con el despotismo ilustrado y el nacionalismo económico, las dos fieras agazapadas detrás de las patrióticas banderas de «la excepción cultural», por más que no todos los que las agitan lo adviertan. En tu artículo enumeras una serie de nombres ilustres de cineastas que comparten tus tesis, de Delvaux a Wim Wenders y Francesco Rosi. Es un argumento que no me impresiona. Tú sabes tan bien como yo que el talento artístico no es garantía de lucidez política y no será ésta la primera, ni la última vez, en que veremos a destacados creadores trabajar empeñosamente erigiendo el patíbulo donde serán ahorcados. ¿No fuimos tú y yo, de jóvenes, ardientes defensores de un modelo social que, si se hubiera materializado en nuestros países, habría censurado nuestros libros y, acaso, nos habría despachado al *gulag*?

Uno de aquellos ideales de nuestra juventud, el desvanecimiento de las fronteras, la integración de los pueblos del mundo dentro de un sistema de intercambios que beneficie a todos y, sobre todo, a los países que necesitan con urgencia salir del subdesarrollo y la pobreza, es hoy en día una realidad en marcha. Pero, en contra de lo que tú y yo creíamos, no ha sido la revolución socialista la que ha llevado a cabo esta internacionalización de la vida, sino sus bestias negras: el capitalismo y el mercado. Esto es lo mejor que ha ocurrido en la historia moderna, porque echa las bases de una nueva civilización a escala planetaria organizada en torno a la democracia política, el predominio de la sociedad civil, la libertad económica y los derechos humanos. El proceso está apenas en sus comienzos y se halla amenazado desde todos los flancos por quienes, esgrimiendo distintas razones y espantajos, tratan de atajarlo o destruirlo en nombre de una doctrina de muchos tentáculos que parecía semiextinguida y que ahora reaparece, reaclimatada a las circunstancias: el nacionalismo.

Naturalmente que no voy a cometer la falacia de identificar el nacionalismo cultural que tú defiendes con el de los racistas y xenófobos prehistóricos para los que la salvación de Francia —o de Europa— exige expulsar al moro del Continente y levantar diques y fronteras «contra las agresiones de Wall Street». Pero asociar los términos de nación y cultura como si hubiera entre ellos una indisoluble simbiosis y, peor todavía, hacer depender la integridad de ésta del fortalecimiento de aquélla —eso es lo que significa el proteccionismo cultural— es empeñarse en revertir el proceso integrador del mundo contemporáneo y una manera de votar por el retorno de la humanidad a la era de las tribus. Muerto el comunismo, el colectivismo y el estatismo resucitan detrás de otro artificio parecido al de la «clase» revolucionaria: la nación.

¿Por qué, si se acepta el principio de la «excepción cultural» para las películas y los programas televisivos, no se adoptaría también para los discos, los libros, los espectáculos? ¿Por qué no poner también cuotas estrictas para el consumo de las mercancías extranjeras de cualquier índole? ¿No son manifestaciones de una cultura los productos gastronómicos, el atuendo, los usos tradicionales en lo relativo al transporte, al esparcimiento, al trabajo? Una vez admitido el principio de una «excepción cultural», no hay producto industrial exento de argumentos válidos para exigir idéntico privilegio, y con razón. Este camino no conduce a la salvaguarda de la cultura, sino a poner a un país, atado de pies y manos, a merced del estatismo. Es decir, a una merma de su libertad.

Es cierto que el mercado norteamericano está aún lejos de funcionar con entera libertad, y las negociaciones del GATT deberían servir para romper las limitaciones proteccionistas que Estados Unidos ha establecido en la propiedad, la producción y el comercio audiovisual. Europa debe exigir que se supriman estas barreras, a cambio de abrir sus propios mercados a la competencia. Ésa es la buena batalla y deberíamos librarla juntos: la que se fija como objetivo ampliar la libertad existente y hacerla asequible a todos, en vez de la que quiere, para contrarrestar las trabas a la libertad en Estados Unidos, amurallar la de Francia (o la de Europa) y rodearla de burócratas y aduaneros que, en vez de protegerla, la asfixiarán.

Barcelona, 14 de noviembre de 1993.

EL TORO DE AUCKLAND

La mansión fue diseñada a propósito para albergar en ella la colección de arte de los propietarios y desde todos sus rincones se divisa la bahía alborotada de islas, las olas espumosas y las playas amarillas, las verdes colinas y las casitas multicolores de Auckland, una ciudad-espectáculo. La señora Gibbs habla del arte maorí y de las máscaras africanas que sobresaltan las paredes. Yo finjo escucharla, pero mi atención se concentra en la pieza maestra del lugar, que es el dueño de casa: el empresario neozelandés Alan Gibbs.

Basta verlo para pensar en una fuerza de la naturaleza, en un toro de lidia que se lleva de encuentro lo que se le pone delante. Oigo hablar de él en todas partes —elogios desmesurados y feroces diatribas— y esta misma mañana he leído en el *New Zeland Herald* un artículo sobre la vida de Gibbs que me ha abierto el apetito. Él y su mujer fueron militantes marxistas, de jóvenes. Cuando la rigidez del modelo soviético los desencantó, viajaron a Belgrado, esperanzados con el modelo yugoslavo. Cuando descubrieron que tampoco esta variante del socialismo funcionaba, Alan Gibbs se resignó a ser millonario. Lo consiguió en pocos años, gracias a su ímpetu ciclónico y a esa variante degradada del capitalismo, el mercantilismo, que imperó en Nueva Zelanda hasta 1984 con más fuerza que en ninguna otra sociedad desarrollada, y que él aprovechó mejor que nadie para obtener concesiones y privilegios por parte del Estado. Defensor a machamartillo del mercado y del modelo liberal, ahora cita su propio caso, sin el menor empacho, para mostrar lo injusto y discriminatorio de una economía intervenida, que permite a los burócratas —en vez de los consumidores— decidir el éxito o el fracaso de las empresas.

Cuando, en 1984, luego de triunfar en las elecciones, el Partido Laborista neozelandés inició —¡parece mentira!— una liberación de la economía más radical aún que la que intentó Margaret Thatcher en Gran Bretaña o que la que se ha llevado a cabo en Chile, Alan Gibbs colaboró muy de cerca con Roger Douglas, el extraordinario ministro de Finanzas arquitecto de aquella revolución pacífica, y, luego, con el gobierno del Partido Nacional, que profundizó las reformas que han hecho de este país del fin del mundo, de sólo tres millones de habitantes, la sociedad más abierta del planeta. El precio fue muy alto. Quebraron decenas de empresas anestesiadas por la protección y el paro creció; aumentaron los contrastes sociales y la inseguridad de unos ciudadanos a los que el Estado-benefactor hacía sentirse amparados «de la cuna al ataúd». Hubo protestas nacionalistas contra una internacionalización que enfeudaría la economía neozelandesa a las trasnacionales y que destruiría la «identidad cultural» del país.

En esta dificilísima etapa, de transición de Nueva Zelanda hacia la libertad económica, uno de los defensores más resueltos de las reformas fue Alan Gibbs. Asesoró a los distintos gobiernos en el saneamiento de las empresas públicas que precedió a su privatización, estuvo en todos los debates y organizó campañas para convencer a sus compatriotas de que sólo una transformación tan radical hacia el mercado libre como la que se llevaba a cabo allí podía evitar el empobrecimiento y la decadencia que espera en esta época a toda sociedad que se empeña en vivir ensimismada dentro de sus fronteras y en prácticas populistas.

Hasta ahora, los neozelandeses le han creído, votando a favor de estas reformas y resistiendo el huracán que trae consigo, siempre, devolver a la sociedad civil la responsabilidad de la creación de la riqueza, en un país donde los tentáculos del Estado habían confiscado ese derecho a los ciudadanos y lo regulaban todo. ¿Seguirán haciéndolo en las elecciones del 6 de noviembre, o devolverán al poder a un Partido Laborista que se desdice de lo que hizo entre 1984 y 1990 y propone ahora un quimérico retorno a la socialdemocracia?

Si primara la razón —pero eso no está garantizado en política ni en nada— deberían hacerlo. Nueva Zelanda recoge ya los frutos de varios años de sacrificios. Ha derrotado a la inflación y tiene un Banco Central totalmente independiente, a salvo de presiones políticas, encargado de velar por la estabilidad monetaria. Las inversiones extranjeras se multiplican y han surgido, en reemplazo de las desaparecidas, muchas nuevas empresas, pero ahora modernas y competitivas, orientadas a la exportación y motores de un crecimiento económico que este año superará el 4%. El debate intelectual es uno de los más avanzados que yo conozca, pues se desinteresa del pasado y gira en torno a audaces propuestas para la sociedad futura, como la de Roger Douglas, quien, en su último libro, *Unfinished Business,* propone la privatización total de la enseñanza y de la salud, luego de demostrar que el Estado-benefactor, en lugar de redistribuir la riqueza en favor de los pobres, perjudica a éstos y privilegia a los sectores con más influencia política, que son las clases medias.

Todo esto debería tener muy contento a Alan Gibbs. Pero, ante mi sorpresa, el toro de Auckland se muestra más bien muy pesimista. Es uno de esos hombres que sólo saben tener oyentes, no interlocutores, de modo que, luego de dos o tres intentos para hacerlo hablar de su país, que es lo que me interesa, no me queda otro remedio que callarme y oírlo perorar sobre el mundo, único escenario, se diría, donde no se siente asfixiado. Según él, las grandes democracias occidentales se deslizan por un declive de decadencia sin retorno. Porque han creado un monstruo —el Estado-benefactor— que las aplastará. La idea de redistribuir la riqueza, quitándosela a los ricos para dársela a los pobres, conjugaba muy bien con una vieja tradición romántica, con el idealismo igualitarista del cristianismo primitivo, y era, también, una transacción con el socialismo estatista que parecía preservar la libertad.

¿Qué ha resultado de todo eso? No que desaparezca la pobreza, sino un sistema en el que cada día hay menos incentivos para producir riqueza y, por consiguiente, más y más personas que deben tomar bajo su protección unos servicios públicos que crecen cancerosamente. Los nobles fines se transformaron en medios y viceversa. El seguro de paro, creado con la altruista intención de aliviar la suerte del trabajador que perdía el empleo, es hoy una fuente de desempleo, así como el seguro médico propicia una cultura de la enfermedad en vez de garantizar la salud de la ciudadanía. La piedra de toque del *welfare state* es su inevitable vocación estatista y colectivista, que genera psicologías pasivas y una abdicación de la responsabilidad personal ante el Estado, en cuyas manos pone el individuo la obligación de educarlo, curarlo, transportarlo, darle trabajo, pensionarlo y enterrarlo. De este modo, Occidente ha ido destruyendo aquello a lo que, precisamente, debe su grandeza: el individuo soberano, la iniciativa de cada cual para responder de manera creativa a las necesidades, el espíritu de empresa.

El Estado-benefactor es una trampa diabólica, pues, aunque desde el punto de vista económico es insostenible, políticamente resulta irreversible. No hay manera de que una democracia avanzada desmonte semejante obra de ingeniería social, a cuya sombra se arriman tal número de intereses particulares. Cualquier gobierno o partido que se lo propusiera se vería de inmediato en la orfandad electoral. Pero, de otro lado, para seguir manteniendo a ese Golam proliferante, las democracias occidentales deben dedicarle cada vez más recursos, es decir, cobrar cada vez más impuestos y, por lo tanto, condenar a sus empresas a ser cada día menos competitivas en unos mercados internacionales y una economía planetaria donde hay cada vez nuevos empresarios exentos de esas trabas y por ello capaces de producir mejor y más barato.

El espíritu emprendedor y creativo del capitalismo no hay que buscarlo ahora en Europa, ni siquiera en Estados Unidos, que ha comenzado a seguir también el mal ejemplo europeo, sino en países como en Japón, Singapur, Taiwan, Indonesia, o en China Popular, donde, me asegura Gibbs, un empresario como él se siente de veras estimulado a invertir y trabajar. Interrumpiéndolo casi a gritos, alcanzo a preguntarle si no le incomoda el que ese régimen de Beijing que proporciona tanto confort a los capitalistas sea, al mismo tiempo, una dictadura totalitaria que ocupa el Tíbet y tiene las cárceles repletas de disidentes. Él me asegura que la libertad económica irá desbaratando poco a poco la rigidez política de China Popular, hasta democratizar al régimen. ¿No ha ocurrido así en Chile? ¿No fue el desarrollo económico el que desplazó a Pinochet e instauró la democracia? Por lo demás, los dirigentes chinos ya sólo son comunistas para consumo interno. Él, cada vez que va allá, a discutir con ellos, sólo los oye hablar de las cotizaciones de la Bolsa, de inversiones, de la evolución de los mercados, ni más ni menos que a los ejecutivos de Wall Street. ¡Oyéndolos, le parece estar escuchando a esos capitalistas puros y duros de los tiempos heroicos!

Como mi diálogo —es un decir— con Alan Gibbs se interrumpió en este momento, en razón de una cena de muchas personas, no pude responderle ya lo que hubiera querido: que sus tesis e ideas me parecen contradecir, en su entraña misma, esa filosofía liberal que él dice profesar y por la que, además, tanto ha hecho en Nueva Zelanda. Simplemente, no es verdad que la libertad sea divisible y que sea lícito establecer jerarquías entre una libertad económica prioritaria, que puede servir de locomotora a la otra, la libertad política, la que haría las veces de un furgón de cola, de un premio tardío a los países que hacen suya la opción del mercado. La una sin la otra son tuertas, cojas y mancas y tan frágiles que al primer tropezón se quiebran y desaparecen.

Una dictadura no está en condiciones de garantizar aquello sin lo cual una economía de mercado es siempre precaria: la legalidad, unas reglas de juego claras y equitativas que aseguran la libre competencia y el cumplimiento de los contratos. Una justicia independiente y eficaz es inconcebible en una sociedad donde impera un gobierno político arbitrario y donde los individuos carecen, por lo tanto, de amparo frente a los atropellos del poder. Es por eso que la corrupción fermenta y prolifera en las dictaduras como las alimañas en la pestilencia. De otro lado, el objetivo básico del liberalismo no es promover la prosperidad aunque sea a costa de la libertad, sino consolidar la libertad de los individuos mediante la prosperidad que resulta del funcionamiento de un mercado libre de interferencias.

Tampoco es cierto que una sociedad democrática, aplastada por el intervencionismo y los controles estatales, sea incapaz de evolucionar hacia la libertad económica sin recurrir a los sables de los militares o la brutalidad de un déspota civil. ¿Ejemplos? Pues, la tierra de Alan Gibbs, ese civilizado y admirable país verde donde el día y el año nuevo comienzan antes que en ningún otro del planeta. Desde 1984, gobiernos diferentes han venido transformando de raíz esa sociedad, reemplazando las viejas instituciones y las prácticas mercantilistas por un sistema abierto, que pone en manos del individuo y de la empresa privada la responsabilidad primordial de producir la riqueza, a la vez que reducían el Estado e innovaban en todos los campos, usando siempre a la libertad como instrumento. Todo ello sin sacrificar un ápice la democracia, sin recortar la crítica ni la acción política de los partidos ni los derechos humanos de los individuos. Por el contrario, reformando también en este campo, para estimular la participación de todos los ciudadanos en la vida pública, permitir el pluralismo y corregir la discriminación cultural de que los maoríes eran víctimas.

Por todo lo que ha pasado allí desde 1984, ese país de la más remota periferia, Nueva Zelanda, ha saltado ahora al centro del mundo.

Auckland, octubre de 1993

LA CASA DE ISLA NEGRA

La casa apenas ha cambiado desde la última vez que estuve aquí, hace un cuarto de siglo. Le han añadido una librería, una sala de exposiciones y un pequeño cafetín, donde se apiñan los visitantes. Vienen entre quinientos y setecientos cada día, de todas partes del mundo, pero, sobre todo —me precisa la amable administradora—, de los pueblos y caseríos del interior de Chile.

El gran caballo de madera que recibía a los recién llegados está ahora bajo techo, pero juraría que todas las otras curiosidades, maravillas, mamarrachos y caprichos que hacen de la casa de Isla Negra un palacio encantado, una fantasía encarnada de niño viejo, están aún en el mismo sitio: las caracolas y las marinas, los barquitos erigidos con palos de fósforos en el interior de botellas y los imponentes mascarones de proa que hienden el aire desafiantes, como queriendo escapar de las paredes que los sujetan para salir al encuentro de las olas bravas que golpean las rocas y lanzan manotazos de espuma contra los cristales de la casa. Allí están las máscaras africanas y los tambores napoleónicos, las cajitas de música italianas y los carteles californianos del siglo pasado pidiendo la cabeza de Joaquín Murrieta. Y también el ejército de botellas de todas las formas y tamaños imaginables, como una erupción de pesadilla, junto al asta donde yo vi, la mañana aquella de hace veinticinco años, al despertar en mi habitación circular, en lo alto del torreón, a Neruda, tocado con gorra de capitán de barco, soplar un cornetín desafinado e izar su bandera particular, de tela azul y con un pescado jeroglífico que se le parecía, de perfil.

Él y Matilde están enterrados al pie del asta, en un promontorio de rocas grises sobre las que el violento mar Pacífico revienta con griterío ensordecedor. De pronto, con un ligero escalofrío, descubro que, de las ocho personas que pasamos aquel fin de semana en Isla Negra, en ese otoño de 1968, sólo Jorge Edwards y yo sobrevivimos, para contar la historia. (Jorge la ha contado ya, con gracia y vivacidad, en su excelente *Adiós, poeta...*).

Murieron los dueños de casa y murió Juan Rulfo, que no abrió la boca en toda la noche, ni bebió ni comió, y estuvo mirándolo todo entre espantado y alelado. «Cuídenlo, protéjanlo, sálvenlo, no dejen que se marchite», nos recomendaba Neruda, transido de compasión por el filiforme escriba mexicano. Murió Enrique Bello, esteta, comunista y gastrónomo, quien, a la mitad de aquella sibarítica cena, poniendo los ojos en blanco, confesó con voz trémula: «He conseguido el sueño de mi vida: ¡dar un tratamiento a la carne de res que le da gusto a venado!». Murió Carlos Martínez Moreno, novelista uruguayo de palabra fluida y gran quijada, que hablaba como escribía, desenterrando palabras olvidadas, rejuveneciendo diccionarios y haciendo reír a todos con su cordialísima manera de hablar pestes de todo el mundo.

Y deben de haber muerto también muchos parientes, validos y arrimados del poeta que vivían aquí, siluetas en la sombra, presencias furtivas, animando los jardines, desempolvando los anaqueles, velando por las colecciones y guisando los manjares exquisitos con que el magnífico señor de Isla Negra regalaba a sus huéspedes. Haber sido invitado a pasar un fin de semana a este palacio austral, a compartir la intimidad de Neruda, fue para mí emocionante y casi un acto de justicia, por lo mucho que lo leí, lo aprendí de memoria, lo recité y lo admiré, aún antes de tener eso que llaman «el uso de razón». Allá en Bolivia, mi madre guardaba en su velador un ejemplar de los *Veinte poemas de amor y una canción desesperada*, que me había prohibido leer. Yo no sólo los leí, los memoricé todos, incluidos aquellos incomprensibles versos escabrosos («Mi cuerpo de labriego salvaje te socava / Y hace saltar el hijo del fondo de la tierra») por los que tuve que arrepentirme en el confesonario. Más tarde, en las sesiones clandestinas de mi célula, en Cahuide, refrescábamos las densas discusiones sobre Pulitzer y Lenin, leyendo las páginas épicas del *Canto general*, que nos exaltaban como un gran fuego de bengalas. Y con *El joven monarca* y otros poemas de *Residencia en la tierra* enamoré y me enamoré y desenamoré y volví a enamorar sabe Dios cuántas veces, en esa prehistoria en que la poesía y el amor se confundían «como viento y hojas». Y ahora estaba nada menos que en la casa del mito, oyendo su pedregosa voz, observado por sus apacibles ojos de tortuga y viéndolo comer con dos cucharas.

También el Chile de aquel entonces murió. ¿Reconocería Neruda en lo que ha quedado convertido su país? Sus últimos días coincidieron con el golpe de Estado en el que desembocaron los años de anarquía y demagogia de la Unidad Popular. Él llegó a adivinar las tremendas violencias que traería consigo la dictadura militar del general Pinochet y las últimas líneas que escribió, en su lecho de muerte, están transidas de desconsuelo y amargura por el futuro de su Patria. Es verdad que aquéllos fueron unos años terribles, de un monolitismo y dureza como Chile no había conocido jamás. Pero, también, de unas reformas económicas que revolucionarían de raíz a la sociedad chilena y la catapultarían en un cauce de progreso sin precedentes en América Latina y con muy pocos paralelos en otras regiones del mundo.

Del caso de Chile se habla muy poco, porque reconocer que este país se desarrolla y mejora sus niveles de vida a un ritmo febril les parece a muchos que es una manera de justificar las torturas, los exilios, las censuras y demás atropellos cometidos por la dictadura. Pero eso es jugar al avestruz y tratar de escamotear la verdad histórica. Simplemente, no es verdad que la dictadura fuera el requisito indispensable para los cambios que han hecho de Chile ahora la sociedad más próspera de América Latina y aquélla sobre la cual la libertad se asienta sobre bases más firmes. Fueron las reformas económicas, la apertura al mundo, la transferencia a la sociedad civil de las empresas públicas, la privatización del seguro social y el formidable aliento a la difusión de la propiedad y la empresa privadas, lo que puso en marcha ese despegue que ha hecho crecer a Chile todos estos años a promedios asombrosos de 9% y 10%. Las dictaduras militares no recortan el Estado; por el contrario, lo fortalecen y lo extienden. Lo ocurrido en Chile en los años del general Pinochet es una anomalía, una excepción a la regla según la cual los regímenes autoritarios traen consigo siempre más intervencionismo y arbitrariedad, lo que está en contradicción mortal con una economía de mercado, la cual, para funcionar de verdad, necesita un sistema legal equitativo y eficiente que ninguna dictadura puede asegurar. Por eso, quienes creen que el «ejemplo chileno» es el del autoritarismo como paso previo a una democracia con desarrollo se equivocan garrafalmente. Nueva Zelanda ha hecho lo que Chile sin violentar el estado de Derecho, y lo están haciendo Bolivia y Argentina y otros países latinoamericanos, estimulados por el caso chileno, sin tocar las puertas de los cuarteles. Pero, para tener éxito, es preciso que las reformas sean tan profundas como lo fueron aquí y que la población esté dispuesta a pagar el alto precio que tiene, en todos los casos, y en especial en el de países anestesiados por el mercantilismo y el populismo, el tránsito hacia el mercado y una economía libre.

Chile ya pasó la etapa más dura del sacrificio y ahora los beneficios del cambio llegan a todos los estratos. Sólo en los últimos cinco años se han creado un millón de nuevos puestos de trabajo y el paro es apenas del 4,5%, uno de los más bajos del mundo. La diversificación de la economía ha hecho que el cobre, que antes representaba cerca del 80% de la riqueza nacional, represente ahora poco más del tercio. La multiplicación de nuevas industrias es impresionante y la afluencia de inversiones extranjeras ilimitada. Chile se ha convertido en un gran centro financiero internacional, donde vienen a pedir créditos y a ofrecer sus proyectos empresarios de todo el continente. Ocho firmas industriales chilenas se cotizan ya en la Bolsa de Nueva York y los empresarios chilenos han desbordado hace rato las fronteras nacionales y operan en Argentina, en el Perú, en Bolivia. (Casi conmigo, llega a Santiago una delegación de Cuba, presidida por un viceministro de Fidel Castro, quien, en conferencia de prensa, anima a los empresarios chilenos a ir a invertir en la isla caribeña. Entre las ventajas con que trata de imantarlos figura, además de la libre repatriación de capitales y la exoneración total de impuestos, la suplementaria de que «en Cuba no hay nunca huelgas...»).

Para saber lo que está ocurriendo en Chile no hace falta consultar las estadísticas. Basta mirar en torno. Hace sólo tres años que estuve aquí y me cuesta trabajo reconocer Santiago, donde hay una impresionante proliferación de barrios nuevos, edificios, tiendas comerciales, hoteles y cuyos alrededores literalmente hierven de nuevas fábricas. Pero mi sorpresa es todavía mayor cuando salgo al interior del país y veo la transformación de La Serena. La pequeña ciudad colonial tiene ahora kilómetros de flamantes balnearios y, alguno de ellos, como Los Tecos, de un refinamiento y una elegancia extraordinarios.

Naturalmente, no todo lo que brilla es oro; hay todavía bolsones de pobreza importantes en el campo; y, aunque el progreso ha sido enorme también en ellas, la vida en las «poblaciones» de la periferia urbana es todavía durísima para mucha gente. Pero lo fundamental es que se ha revertido la tendencia tradicional y que el país, en vez de retroceder, avanza y produce cada vez más riqueza, dentro de un sistema que va incorporando cada vez a sectores más amplios a la propiedad y al mercado. Si los futuros gobiernos mantienen, en lo esencial, el modelo económico, como lo ha hecho el del presidente Aylwin, no hay duda que Chile será el primer país de América Latina en derrotar el subdesarrollo.

Hay muchas posibilidades de que así ocurra. Porque, tal vez más importante que todas las estadísticas, es el hecho de que en Chile parece haberse establecido un consenso en favor de la libertad económica como complemento indispensable de la libertad política, algo que da estabilidad a la sociedad chilena. A ello se debe que esta campaña electoral transcurra sin traumas, dentro de una serenidad más bien aburrida. Todo el mundo admite que el democristiano Frei ganará con comodidad y la oposición sólo aspira a tener un tercio del Congreso, para ejercer desde allí una función fiscalizadora eficaz. Pero, ganara quien ganara, lo evidente es que los cambios serán de superficie y de detalle, porque, en lo esencial, los partidos que conforman la alianza de gobierno y los de la oposición de derecha están de acuerdo en que el sistema de economía de mercado debe ser preservado, pues de él depende que continúe el desarrollo y se fortalezca la democracia. Este consenso es, para mí, el verdadero «milagro» chileno.

Quien me ha traído a peregrinar hasta la casa de Isla Negra es Vicente Muñiz, un joven empresario asociado a la Universidad privada Alfonso Ibáñez, donde he hado dos conferencias. Vicente es un corredor de Bolsa, que, hace algunos años, inventó un sistema para que una persona particular o una empresa privada pudiera comprar y vender acciones a través de un ordenador, sin trasladarse hasta la Bolsa y sin pasar por intermediarios. El éxito de la «Bolsa electrónica» ha sido tal que ahora hay ya media docena de países que han adoptado el sistema, el que podría extenderse a escala planetaria. Me entero de todo ello no por él, que es discreto y modesto, sino por amigos comunes que hablan de Vicente como de uno de los héroes del «nuevo Chile». Mientras recorremos la casa de las maravillas, con el estruendo del mar como telón de fondo, pienso que lo extraordinario del caso chileno es lo ordinario y sencillo que es, cuando se lo examina de cerca: un poco de sentido común, dar a la gente la oportunidad de tomar iniciativas y de resolver los problemas por su cuenta, dentro de un régimen de reglas sencillas y neutral, sin privilegios y sin exclusiones. ¿Aprobaría el gran Neruda lo que ocurre? Ya no hay manera de saberlo. Lo único evidente es que él representa ahora otro consenso para Chile, y que, como la democracia y el mercado, en torno a su nombre y a su poesía hay también una suerte de unanimidad.

Santiago de Chile, octubre de 1993

FIERAS EN LIBERTAD

Detesto las noticias sobre crímenes y catástrofes y, aunque soy un voraz lector de revistas y periódicos, siempre me las salto. Pero, como todo el mundo en Gran Bretaña, esta vez he seguido, perplejo y fascinado, la historia de los niños asesinos de Walton, un modesto suburbio de Liverpool.

Robert Thompson y Jon Venables, ambos de once años, y conocidos en la escuela fiscal del barrio por pendencieros y traviesos, decidieron, la mañana del 12 de febrero, en vez de asistir a clases, irse a mataperrear por el Strand, la calle de las tiendas. Como lo habían hecho otras veces, además de curiosear las vitrinas, se llenaron los bolsillos con pequeños hurtos cometidos en los grandes almacenes, caramelos, chucherías diversas y un bote de pintura. En su vagabundeo se encontraron de pronto con el pequeño James Bulger, de dos años, a quien su madre, que iba de compras, había descuidado un instante. Bobby y Jon se llevaron consigo a James, de la mano, sin sospechar que una cámara cinematográfica, puesta en la calle por la policía para detectar ladrones, los estaba filmando. Los dos amigos encaminaron a James primero, a orillas de un estanque, donde, al parecer, habían pensado ahogarlo. Pero, luego, cambiaron de idea, y lo arrastraron a una pequeña quebrada, junto a las líneas del ferrocarril. Allí, durante un tiempo indeterminado, que pudo ser más de una hora, lo embadurnaron de pintura, lo patearon, lo golpearon con ladrillos y una barra de metal, y cuando estuvo sin conocimiento, lo dejaron sobre los raíles, donde, poco después, un tren lo seccionó.

Ni Bobby Thompson ni Jon Venables son «anormales»; los exámenes de los psicólogos concluyen que, pese a sus temperamentos díscolos, la personalidad de ambos corresponde a ese promedio inodoro e incoloro que se denomina la normalidad infantil. Los dos niños proceden de familias fracturadas y con estrecheces económicas —la madre de uno de ellos es, además, alcohólica—, pero esto, en vez de conferirles una condición excepcional, los sitúa más dentro de la norma que de la excepción en el seno de la sociedad británica. Durante los interrogatorios policiales y el juicio, Jon se quebró varias veces, rompió en sollozos, dijo estar arrepentido y pidió regresar donde su madre. Bobby, en cambio, permaneció callado, metido en sí mismo, y como indiferente a lo que ocurría en torno. Pero después se ha sabido que, antes de ser identificado por la policía como uno de los asesinos, fue a comprar una rosa y a depositarla en el sitio donde mató a James Bulger.

Pocas veces he visto una conmoción social semejante a la motivada por esta horripilante historia. En todos los medios se debate sin tregua sobre lo ocurrido, se señalan responsabilidades y se pide una enérgica acción correctiva. ¿Contra qué o contra quiénes? Aunque todo el mundo parece estar de acuerdo en que las raíces de esta tragedia son «sociales», no individuales, a la hora de señalar, por sobre los hombros impúberes de Bobby y de Jon, a los verdaderos culpables, los pareceres difieren. Por ejemplo, el ministro del Interior, Michael Howard, provocó una polémica declarando que la Iglesia anglicana tenía su cuota de culpa, por haber desatendido su misión de enseñar a diferenciar el bien del mal a la juventud. Pastores y obispos de la *Church of England* se apresuraron a responder una verdad como una casa: que ellos se desgañitan enseñando aquella diferencia pero que los chicos y las chicas de la nueva generación no vienen a escuchar sus sermones y, aunque vengan, no les hacen el menor caso.

El juez Morland, encargado del proceso, insinuó que las escenas de violencia de los vídeos pudieren influir sobre los precoces asesinos. Y hay una controversia, actualmente, en torno a una película —*Child's Play 3*— con una secuencia de torturas y asesinato parecidos a los que los dos niños infligieron a su víctima, y que fue vista por Jon Venables poco antes de los sucesos. Con este motivo, un centenar de parlamentarios laboristas y conservadores ha presentado un proyecto de ley para que se restrinja del comercio y se erradique totalmente de la televisión toda cinta «con escenas de extrema violencia o de sexo explícito». Esta iniciativa ha sido criticada por el presidente de la Junta Clasificadora de películas, James Ferman, de este modo: «Estos diputados no están enterados de lo excesivamente censuradas que están ya las cintas en el Reino Unido».

Desde luego que sería una insensatez negar el impacto que tienen determinadas circunstancias colectivas —económicas, religiosas, culturales o familiares— en las conductas de los individuos. El ambiente en el que nace y crece, la educación que ha recibido, la manera como se gana —o malgana— la vida, etcétera, son datos ciertamente valiosos para entender el comportamiento de una persona. Pero explicarlo todo desde esta perspectiva es siempre insuficiente y a menudo falaz. Porque «lo social» es también una trampa, una cortina de humo que diluye y distorsiona la realidad humana, desencarnándola, tornándola abstracción, cuando se la utiliza para explicar aquellas conductas excepcionales, que precisamente rompen con la regla del proceder común y nos desconciertan, admiran o asustan por su carácter inusitado y extremo. Como la santidad y el genio artístico, los grandes crímenes se escabullen de las coordenadas sociales dentro de las cuales tienen lugar, las trascienden y nos enfrentan a ese abismo todavía insondable que es la condición humana.

Para entender el salvajismo con que actuaron Bobby Thompson y Jon Venables, pese a sus pocos años, tal vez sea más útil releer *El señor de las moscas,* la novela que publicó William Golding en 1954, que dar crédito a las diversas interpretaciones que se empeñan en presentar a aquellos niños como meros instrumentos de infortunios o enajenaciones colectivas, las que habrían operado a través de ellos igual que el ventrílocuo por la boca del títere. Esa hermosa y terrible ficción, en la que se narra cómo un grupo de civilizados escolares, extraviados en una isla desierta, van retrocediendo hacia el tatuaje, los ritos mágicos, el paganismo y terminan asesinando a uno de ellos, fue muy criticada al aparecer por su visión destemplada, «adulta», de la infancia. En efecto, el libro contradecía uno de los mitos más tenaces de la civilización cristiana, un mito que ha sobrevivido a Freud y a toda la ciencia moderna: la bondad natural de la puericia, la incapacidad de un inocente para encarnar y practicar «el mal». Los niños de *El señor de las moscas* no son malos ni buenos ni idénticos entre sí; pero hay en cada uno de ellos ciertas oscuras propensiones que, liberadas y alentadas por el entorno de inseguridad y de libertad extrema en que se hallan, lleva a algunos a actuar de manera generosa y, a otros, con la misma crueldad de los dos victimarios del pequeño James Bulger. El malestar que produce la novela procede de esa impresión que nos deja respecto a la naturaleza humana: híbrido en el que coexisten ángeles y demonios, prevaleciendo en algunos éstos y en otros aquéllos sin que haya manera de saber por qué es así.

Georges Bataille vivió fascinado por «el mal», que él definía, influido por Freud, como todo aquello que la comunidad prohíbe pues si fuera admitido pondría en peligro su supervivencia, y uno de sus mejores ensayos es un intento de explicar el caso de Gilles de Rais, mariscal de Francia y compañero de Juana de Arco, quien murió en la hoguera luego de confesar una vertiginosa serie de violaciones y asesinatos de niños. Bataille muestra en su estudio ese contexto histórico sin el cual no hubieran sido posibles los crímenes de Gilles de Rais, un hombre al que la práctica de la guerra dio o exacerbó el gusto de la sangre y la muerte, y al que su poderío y su fortuna permitieron, por un tiempo al menos, materializar sus atroces fantasías. Pero muestra también los límites de esa explicación «social»: hubo muchos guerreros y muchos señores todopoderosos en la Edad Media francesa, pero sólo uno de ellos cometió los crímenes de Gilles de Rais. Lo más turbador en esas páginas no es el espectáculo de tantos inocentes sacrificados a los caprichos sexuales de un perverso bretón, sino descubrir la «humanidad» de ese monstruo, o, como escribió Bataille, que todo hombre es una jaula en la que hay encerrado un animal, «una bestia» que, cuando se suelta, causa estragos.

Es cierto que una de las consecuencias de la libertad es que esa jaula puede abrirse con más facilidad que en sociedades cerradas, sometidas a censura y represión. Pero en éstas, y a consecuencia precisamente de las prohibiciones y frenos impuestos a la acción humana, otras fieras salen de sus cubiles a hacer de las suyas y a causar también mayúsculos estragos. Y ellas hacen nacer siempre en los seres humanos un deseo incontenible de conquistar y vivir la libertad, con todos sus riesgos. Hasta ahora —tal vez ahora más que nunca— ha sido evidente que, hechas las sumas y las restas, los beneficios que ella trae superan en exceso a los perjuicios.

Pero no conviene olvidar que éstos también son una realidad que debe ser combatida, so pena de que la sociedad abierta sea cuestionada en su conjunto por sus propios beneficiarios y hallen un eco favorable en grandes sectores quienes, en nombre del orden y la seguridad, proponen el autoritarismo. Un problema mayor, y para el que nadie encuentra soluciones satisfactorias, es el del incremento sistemático de la violencia en la cultura popular. Desde luego que es muy difícil, si no imposible, probar que los dos niños de Liverpool torturaron y mataron a James Bulger bajo el efecto de un vídeo. Pero es inexacto considerar que la proliferante violencia que impera en la cultura popular es un mero efecto y de ningún modo una causa de lo que ocurre en la sociedad. Que hay entre ambas una interacción, una retroalimentación creciente, parece difícil de negar.

La responsabilidad mayor, por su vasto alcance y por la fragilidad de las defensas intelectuales y morales de su público, corresponde a los medios audiovisuales de consumo masivo, en los que, como dice el crítico cinematográfico del *New York Post*, Michael Medved, en su reciente libro *Hollywood versus America*, «la violencia no sólo es aceptada: es esperada», y cuyos productos tienden a menudo a presentar el salvajismo y la barbarie como *chic and sexy*. La censura no es una solución, desde luego, o, mejor dicho, es siempre una mala solución. ¿Cuál es la alternativa? Una actitud responsable de parte de los productores y creadores de la industria cultural; o, mejor todavía, una opinión pública suficientemente sensibilizada que encuentre inadmisibles y rechace aquellos productos seudoculturales que contribuyan a lo que Hannah Arendt llamó la «banalización del mal». Pero, en las circunstancias actuales, esto parece una quimera, porque aquella responsabilidad sólo es concebible dentro de un clima de cultura y de moral pública que no existe en ninguna sociedad moderna, o que, donde existía, se halla en proceso de descomposición.

Sin contrapesos sólidos que la impidan desbocarse, sin unos criterios rigurosos que la canalicen en beneficio de lo humano, la libertad, fuente de creatividad, puede convertirse en instrumento de destrucción y perdición para el hombre, como mostró, en sus pesadillas sanguinarias de un mundo de instintos sin freno, el divino marqués. En la sociedad permisiva de nuestros días, muchos de los contrapesos que existían en el pasado —la religión, la cultura, el respeto de las élites, las convenciones y prejuicios sociales— han ido desapareciendo o perdiendo vigencia, y en muchos casos ello ha constituido un progreso para la humanidad, para la justicia, para la libertad. Pero nada ha venido a reemplazarlos y en esta sociedad permisiva que vivimos, las jaulas de la metáfora de Bataille se han abierto de par en par y las fieras andan sueltas por las calles sin domador que las dome.

Londres, noviembre de 1993

ESPANTAJOS, FUERA

El billonario James Goldsmith lanzó anoche un olímpico anatema contra los acuerdos del GATT sobre la liberación del comercio mundial. Palabras más, palabras menos, en una entrevista que le hicieron en la BBC tronó así: «La internacionalización de la economía y la globalización de las empresas significa que los países del Tercer Mundo tienen hoy acceso a todas las técnicas y a todos los capitales. Por lo tanto, sus industrias están en condiciones de fabricar cualquier producto, aun los de tecnología más compleja. Pero estos países —por ejemplo, Indonesia y China— pagan a sus obreros noventa y nueve por ciento menos que los países desarrollados. ¿Cómo podrían competir éstos con aquéllos si se abren las fronteras? ¿Están dispuestas las sociedades de Occidente a reducir los ingresos de sus trabajadores en noventa y nueve por ciento para que sus industrias no sean barridas por la competencia tercermundista?».

Entre 1987 y 1990, como parte de la campaña política en la que estaba inmerso, visité a un buen número de empresarios de distintos lugares del mundo para animarlos a que invirtieran en mi país. De todos esos personajes, sólo dos han sobrevivido en mi memoria. El primero, el suizo Stefan Schmidheiny, discreto, inteligente, culto, que en ese momento se disponía a dedicar la mitad de su tiempo a promover entre sus colegas del planeta un gran esfuerzo conjunto para desarrollar industrias «sostenidas», es decir, compatibles con la preservación de los recursos naturales y el medio ambiente.

Y el segundo, James Goldsmith. Gigantesco, carismático, lenguaraz, abrumador, acababa de decepcionar a un auditorio de los *tories* británicos que lo urgía a entrar en política explicando que no podía hacerlo porque le gustaban demasiado las mujeres, propensión incompatible con los cánones que en la materia se exige a los políticos del Reino Unido. Pocos años antes, sir James se había hecho famosísimo —su cara adornó la portada de *Time*— anticipando el «viernes negro» de la Bolsa de Nueva York y vendiendo todas sus acciones, las que, luego, recompró a mitad de precio, con lo que su patrimonio, según la prensa, se incrementó en pocos días en algunos cientos de millones de dólares. Cuando lo conocí, este ciudadano del mundo de pasaporte francés e inglés, ampliaba la ya vasta geografía de sus intereses financieros y empresariales invirtiendo exitosamente en México y en Guatemala, en los ramos de petróleo y turismo.

No sé cuántos billones de dólares tiene el ennoblecido Goldsmith, pero sí estoy absolutamente seguro de que tendría bastantes menos (y de que acaso sería un muerto de hambre) si en estos treinta o cuarenta últimos años, en los que él ha podido ejercer sus habilidades y audacias inversoras por multitud de países, el ancho mundo le hubiera cerrado las puertas con barreras proteccionistas y argumentos nacionalistas, y lo hubiera confinado en Inglaterra y Francia, sus dos patrias. Si hay alguien en el mundo que debería andar predicando a voz en cuello las ventajas de la disolución de las fronteras y la integración de los mercados a escala planetaria es él, que se ha beneficiado como nadie de la internacionalización y de la globalización y que es encarnación y dechado de ambos fenómenos. Pero, no, incoherente con lo que hace y representa, ahora sir James se opone a que se abran las fronteras para el comercio mundial blandiendo un espantajo terrorista: los baratos productos del Tercer Mundo que, si se los dejara competir en libertad, desaparecerían a las industrias de Europa.

El espantajo de sir James se parece como una gota de agua a otra al que andan agitando en estas últimas semanas los cineastas e intelectuales europeos que piden «la excepción cultural» para los productos audiovisuales en los acuerdos del GATT, con el argumento de que si los gobiernos «desprotegen» a éstos y los abandonan a la libre competencia, las películas de Hollywood se apoderarán de todo el mercado y culturalmente «Francia se convertiría en una barriada de Chicago» (la memorable frase, digna del *sottisier* de Flaubert, es de Laurent Fabius).

Es comprensible —no aceptable, desde luego— que realizadores convencidos de su incapacidad para conquistar un amplio público que les garantice la supervivencia se dejen seducir por los cantos de sirena del nacionalismo cultural y aspiren al parasitismo burocrático, es decir, a vivir —artificialmente y maniatados— dentro de un sistema de subsidios y controles estatales, que cierre la puerta al «cuco norteamericano» y les asegure un público cautivo, aunque ello los prive de independencia y los condene al adocenamiento, al folclore y a la provincia. La actitud es coherente con quien es o aspira a ser «el mejor cineasta de Fiésole» o «el genio del celuloide de Vallecas». ¿Pero qué hacen entre los defensores de las barreras aduaneras, el sistema de cuotas y el intervencionismo y la tutela del Estado para la creación cinematográfica (eso es exactamente lo que significa rechazar la libertad del mercado) directores como Almodóvar o Bertolucci, que, gracias al (limitado) internacionalismo que existe en el campo audiovisual, han conquistado el prestigio de que gozan fuera de sus países? ¿Hubiera llegado el realizador de *¡Átame!* y de *Tacones lejanos* a la popularidad que tiene en el mundo si, como él pide ahora, el mercado para la producción y distribución de películas estuviera compartimentado rígidamente en el planeta con un criterio nacionalista, criterio que, basta un dedo de frente para adivinarlo, es una amenaza latente contra la libertad de creación y una fuente inagotable de chanchullo y corrupciones pues confiere al Estado un poder omnímodo para repartir prebendas, beneficiando a unos y perjudicando a otros en el campo de la actividad cultural? Ha sido gracias a la pequeña y muy relativa libertad de mercado actual que la obra insolente y libérrima de Almodóvar —me refiero a sus primeras películas— pudo nacer y, poco a poco, abrirse paso por el globo, y llegar, por ejemplo, al corazón del monstruo imperialista, Nueva York, donde una tarde yo tuve que desafiar la pulmonía haciendo cola una hora bajo la nieve para poder ver *Mujeres al borde de un ataque de nervios*.

El caso de Bertolucci es todavía más inconsecuente, para no decir grotesco. Pues el tipo de insolencia en el que el realizador italiano volcó su enorme talento, desde sus primeras películas, fue sobre todo ideológico, en violentas impugnaciones, y, como en *1900*, verdaderas diatribas contra la sociedad y las instituciones de su país. Con todas las limitaciones que tiene, una industria que depende del público y no del favor del Estado para funcionar permite ese margen de independencia para la crítica, la contestación y la experimentación del que realizadores como Almodóvar y Bertolucci han sabido sacar tan buen provecho. Este pequeño espacio de libertad quedaría seriamente recortado, acaso anulado, si prevalece la tesis de la «excepción cultural» y en vez de la ley de la oferta y la demanda son los gobiernos los que deciden en el futuro, en buena parte, lo que se puede y —sobre todo— lo que no se puede ver en las pantallas grandes o chicas.

Los espantajos de sir James y de los nacionalistas culturales —el cuco tercermundista y el cuco norteamericano— son una fantasía construida a partir de suposiciones falsas: que el mercado es un pastel de dimensiones invariables, y que, si alguien se lleva un pedazo de él, lo hace dejando a los otros algo menos que repartir. Si esto fuera así, jamás un capitalista hubiera llegado a acumular la formidable riqueza de sir James ni hubiera pasado el cine de una diversión marginal a ser un arte de masas. La riqueza genera riqueza y una película que tiene éxito abre, no cierra la puerta del público, a otras películas: «crea» espectadores, así como un libro de éxito «crea» lectores potenciales para muchos otros libros.

Es falso que países como Indonesia o China paguen sólo el 1% a sus obreros de lo que pagan a los suyos Francia o Alemania. Pero, tal vez fue así, hace treinta años, en países como Taiwan o Corea del Sur. A medida que esos países crecían al ritmo acelerado que sabemos, aumentaban también los salarios de sus obreros, y, por lo mismo, la capacidad de esos mercados para importar productos del mundo entero. ¿No se han beneficiado de ese desarrollo, de manera formidable, la industria europea y la norteamericana? Y lo seguirán haciendo, gracias a la libertad de comercio, con el aumento de la capacidad adquisitiva de países del Tercer Mundo como los tigres asiáticos, y, en los últimos años, de naciones latinoamericanas como Argentina, Chile y México. Si el criterio del señor Goldsmith prevaleciera, un país del llamado Tercer Mundo nunca debería salir del subdesarrollo, pues esto sólo se consigue subdesarrollando a los ahora desarrollados. No es así: en el mundo interdependiente de nuestros días, el crecimiento de la riqueza y de los niveles de vida de un país abre oportunidades para que de ello se beneficien todos los otros.

Esto es exactamente lo que debería pasar en el dominio audiovisual, uno de los más cosmopolitas —luego de la plástica y la música— de todos los relacionados con la producción cultural, si en vez de recortarse y dividirse por mercados regionales impermeables o abiertos a cuentagotas unos a otros, se integrara en un mercado sin fronteras, abierto a la competencia. No hay ninguna razón para que un país como Francia, el cuarto exportador mundial, vea en esa libertad de comercio para las películas un riesgo más grande que el que constituyó la libertad del mercado para los autos, los helicópteros, los armamentos, los perfumes, los libros y otros productos franceses a los que la internacionalización ha favorecido en vez de perjudicar. El argumento de que los circuitos de distribución están en manos de Hollywood es tan feble como el de la riqueza congelada e invariable: esos circuitos se pueden contrarrestar con otros circuitos que la industria audiovisual europea debería tender si lo que quiere es proyectarse hacia el mercado norteamericano y mundial en vez de retrotraerse a sus propias fronteras y vivir del rentismo.

Hay que combatir a los espantajos demagógicos de sir James y de los cineastas proteccionistas porque son una expresión peligrosa del nuevo gran enemigo moderno de la cultura de la libertad: el nacionalismo. Detrás del «cuco tercermundista» y del «cuco norteamericano» con el que quieren frenar el formidable avance de la vida contemporánea hacia un mundo sin fronteras, integrado por el gran civilizador de la humanidad que es el comercio, se agazapan, de un lado, los viejos demonios de la xenofobia y el racismo, y, del otro, el oprobio de una vida cultural enajenada por la tutela de comisarios encargados de defender ese engendro mentiroso, la «identidad cultural», que, si existiera, hermanaría con un irrompible cordón metafísico las irreverencias tremendistas de Almodóvar y los píos poemas de don José María Pemán y las fantasías anticonformistas de Bertolucci con los discursos «misinos» de Alessandra Mussolini.

Londres, diciembre de 1993

EL PENE O LA VIDA

En un libro de ensayos recién publicado, *El caimán ante el espejo* (Miami, Florida, Ediciones Universal, 1993), Uva de Aragón Clavijo propone una polémica tesis: la violencia política que ha ensangrentado la historia de América Latina, y la de Cuba en especial, sería expresión y consecuencia del machismo, de la «cultura homocéntrica» de profundas raíces en todo el Continente.

«El militarismo y el caudillismo, males endémicos de nuestra América —dice— tienen, a nuestro ver, su origen en el culto a la virilidad». Y en otra página de su inquietante formulación, sintetiza las tres décadas y media de revolución castrista con esta alegoría que los censores de películas de mi juventud hubieran calificado de impropia para señoritas: «Un solo hombre penetró a un pueblo hembra que se abrió de piernas a recibirlo. Pasado el primer orgasmo de placer, de nada han servido genuinos forcejeos en busca de la liberación. El peso bruto de la fuerza masculina aún cautiva a unos, asesina a otros y controla a la mayoría».

La noche de la presentación del libro, en la Universidad Internacional de Florida, a la que asistí, Carlos Alberto Montaner, el presentador, con el humor y la contundencia que le son habituales, concluyó que la receta de Uva para que reinen la paz y la tolerancia en nuestros pueblos es que la cultura de Hispanoamérica «sea capada». Él mismo me aseguró, después, que, desde el podio en que se hallaba, pudo advertir en ese segundo un respingo en el auditorio y que, todos a una, los caballeros presentes apretábamos las rodillas.

Infundado temor, tratándose de Uva de Aragón Clavijo, benigna amiga a la que sé incapaz de perpetrar semejante cirugía ni siquiera con un gallo o un conejo. Sus extremismos no desbordan jamás lo intelectual. En política, ella es una moderada dentro del exilio cubano, militante de la Plataforma Democrática, que propone un diálogo con el régimen a fin de conseguir una transición pacífica de la isla hacia la democracia. Y, por lo demás, el resto de los ensayos de *El caimán ante el espejo* chisporrotea de exhortaciones para que desaparezcan los odios cainitas y los cubanos de afuera y de adentro puedan por fin coexistir y colaborar.

Pero, mientras bajo el ígneo sol de la Florida, a mediados del año pasado, Uva elaboraba sus alegatos teóricos contra lo que algunas feministas han bautizado la falocracia, otra «hispánica» de los Estados Unidos —así son denominados aquí todos los latinoamericanos—, una joven ecuatoriana educada en Venezuela, Lorena Gallo, procedía, sin metáforas de ninguna especie y de la manera más cruda, a decapitar sexualmente a su marido, un ex infante de marina, ex chófer de taxi, ex obrero de construcción y actual matón y vigilante de bar bautizado con un nombre que parece un programa de vida: John Wayne Bobbit.

La historia ha dado la vuelta al mundo y, aquí, en las últimas semanas, no se ha hablado de otra cosa, en los diarios, en las radios, en la televisión y en todas partes, como si un fantasma más terrorífico aún que el del célebre *Manifiesto* recorriera de cabo a rabo esta sociedad: el complejo de castración. (Me refiero al fantasma del *Manifiesto* de Carlos Marx, claro está, no al de Valerie Solanas, autora, hace tres décadas, como recordarán algunos, de un *Manifest for cutting up men* (Manifiesto para castrar a los hombres), al que la actualidad ha resucitado y puesto de moda, y quien, a mediados de los sesenta, en Nueva York, descerrajó tres tiros al pintor Andy Warhol, no por los espantosos cuadros que perpetraba sino por el delito genérico de ser varón).

Resumo los hechos, con la objetividad de que soy capaz y que mis fuentes periodísticas permiten. En la madrugada del 23 de junio del año pasado, en una localidad de Virginia, John Wayne Bobbit regresó a su casa, borracho, y forzó a su mujer a hacer el amor. Casados desde hacía cuatro años, la pareja se llevaba bastante mal, habían tenido separaciones y reconciliaciones y numerosos testigos aseguran que el marido maltrataba con frecuencia a Lorena, manicurista en un salón de belleza. Su jefa y sus compañeras vieron en la cara y el cuerpo de la ecuatoriana, varias veces, huellas de esas violencias conyugales.

Más difíciles de probar, por falta de testigos, son las continuas violaciones que, según la «hispánica», cometía con ella el ex infante de marina, y que él, por supuesto, niega, acusando a su vez, a su mujer, de malhumorada y de ninfómana. En todo caso, en la noche fatídica del 23 de junio, luego del acto sexual, el rudo John Wayne Bobbit cayó dormido. Humillada y dolorida, Lorena permaneció un buen rato en vela y luego se levantó a tomar un vaso de agua. En la cocina, divisó un cuchillo doméstico, de doce pulgadas de largo y mango rojo, que empuñó en un estado de turbación casi hipnótico. Regresó al dormitorio, levantó las sábanas y, de un diestro tajo carnicero, desembarazó a su esposo del santo y seña de su virilidad. Luego, huyó.

Mientras el matón de bar tenía aquel desconsiderado y sangriento despertar, Lorena huía, por las desiertas calles oscuras de Manassas, al volante del coche matrimonial. A una milla y media de su casa descubrió que aún tenía, en una mano, el arma y, en la otra, el cuerpo del delito. Frenó y arrojó por la ventanilla del automóvil, a unas zarzas, el cuchillo de cocina y lo que había sido el pene de John Wayne Bobbit. Ambos fueron rescatados, por la policía, unas horas más tarde, y, el segundo de ellos, reinstalado en el cuerpo del esposo de Lorena por los cirujanos, en una operación de nueve horas que, al parecer, ha constituido una verdadera proeza de la ciencia médica. Según todos los testimonios, y, en particular, el del propio interesado —yo mismo se lo he oído afirmarlo, por televisión—, el más fotografiado, mentado y publicitado pene de la historia de Estados Unidos comienza de nuevo a funcionar, aunque todavía débilmente y, me imagino, sin permitirse los desafueros de antaño.

Pero todo esto son minucias desdeñables, casi prescindibles, comparado con su corolario. El verdadero espectáculo vino después. En un primer momento, cuando el hecho acababa de saltar al primer plano de los medios, pareció que el héroe de la historia sería John Wayne Bobbit, por nativo de viejo cuño, además de decapitado y remendado, y, la mala, Lorena Gallo, por victimaria y, además por inmigrante recientísima e «hispánica». Así parecía indicarlo el que el Tribunal de Manassas absolviera a John del supuesto delito de violación la noche del 23 de junio y su exitosa presentación en el popular programa de Howard Stern, cuyos oyentes ofrecieron donativos por más de doscientos mil dólares para los gastos de defensa.

Pero entonces vino la movilización y el formidable contraataque de los movimientos feministas, que en pocas semanas dieron una vuelta de tuerca total a la situación y convirtieron a Lorena Gallo en una Juana de Arco de la lucha por la emancipación de la mujer y la defensa de sus derechos pisoteados, desde la más remota prehistoria, por la injusta sociedad patriarcal, y a John Wayne Bobbit, en encarnación maligna y bien castigada de esta última, en hechura y prototipo de la abusiva bestia falócrata que desde los albores de la civilización discrimina, veja, anula y sodomiza —física, moral, psicológica y culturalmente— a la mujer, impidiéndole realizarse y asumir de manera cabal su humanidad.

La psiquiatría fue la punta de lanza de la arremetida, en la sala del tribunal que juzgaba a Lorena Bobbit. Una de las tres facultativas convocadas por la defensa explicó, en la más celebrada de las exposiciones técnicas que el jurado escuchó, que el adminículo que Lorena cortó no era en absoluto lo que parecía, es decir una protuberancia cilíndrica hecha de carne, venas y restos de esperma. ¿Qué era, entonces? Un coeficiente abstracto, una estructura simbólica, un ícono emblemático del horror doméstico, de la sujeción servil, de las palizas que Lorena recibió, de los insultos que martirizaron sus oídos, de los innobles jadeos que se abatían sobre ella en las noches alcohólicas de su marido. Con impecable sentido del efecto teatral, concluyó: «Para Lorena Bobbit la disyuntiva era simple: el pene o la vida. ¿Y qué es más importante? ¿El pene de un hombre o la vida de una mujer?».

Paralelamente a esta ofensiva intelectual y científica, en la calle se multiplicaban las militantes. A los movimientos feministas habían venido a sumarse, en defensa de Lorena Bobbit, múltiples organismos representativos de las comunidades «hispánicas» de Estados Unidos, quienes proclamaban que, lo que de veras estaba en juego ante el Tribunal de Manassas, no era un supuesto delito sexual, sino étnico y cultural, un caso típico de abuso y discriminación del desvalido inmigrante latinoamericano por el anglosajón prepotente, racista y explotador. ¿Legitimaría el tribunal, con una condena a la simbólica Lorena, la miserable condición de orfandad y maltrato de los ciudadanos de origen «hispánico» en los Estados Unidos? Y, desde el Ecuador, una contagiada muchedumbre femenina amenazó con «castrar a cien gringos» si Lorena era enviada a cumplir un solo día de cárcel.

En uno de sus lúcidos ensayos, *Matando un elefante*, Orwell cuenta cómo, en sus días de policía del imperio británico, en Birmania, debió matar de un escopetazo a un pobre paquidermo que se había desbocado por las calles de la ciudad, porque la presión que ejercía sobre él la muchedumbre que lo rodeaba no le permitió hacer otra cosa. Ésa debe haber sido la situación psicológica de los pobres jurados —siete mujeres y cinco hombres— del Tribunal de Manassas sobre los que recayó la responsabilidad de juzgar a la esmirriada Lorena Gallo, a quien, naturalmente, absolvieron, proclamando que su acción fue dictada por fuerzas irracionales irresistibles. No digo que, juzgando con imparcialidad, hubieran debido condenarla. Digo que, en las condiciones de la verdadera histeria nacional —y, acaso, internacional— en que debieron ejercitar su función de jueces no era posible imparcialidad ni lucidez ni acaso un mínimo de racionalidad de su parte. El juicio no lo fue; fue una representación política, en la que actuaron casi todas las tremendas fuerzas contradictorias y adversarias que tienen en estado de crisis permanente a la sociedad norteamericana de nuestros días. ¿Es esto un síntoma de salud, de constante renovación, o de anarquía y decadencia? Hasta hace poco yo creía que de lo primero; ahora, con Saul Bellow, pienso que podría ser tal vez de lo segundo.

Y lo pienso por el deprimente colofón de esta historia, que, por encima de lo que hay en ella de pintoresco y de grotesco, deja advertir algo alarmante sobre lo que podríamos llamar el estado de la cultura en este país. ¿A qué me refiero? A que tanto John Wayne Bobbit como Lorena Gallo parecen haber asegurado su futuro, gracias a los luctuosos acontecimientos que protagonizaron. Leo esta mañana en *The New York Times* que, en conferencias de prensa simultáneas, los agentes de publicidad de ambos esposos han hecho saber que John ha recibido varias ofertas cinematográficas y televisivas, que está por el momento ponderando; también, contratos de radio y editoriales y que tiene ya planificada una suculenta serie de apariciones en la pequeña pantalla a lo largo del año. En cuanto a Lorena, hasta ahora su agente ha registrado ciento cinco ofertas audiovisuales pagadas, además de tres propuestas de Hollywood para vender su historia al cine. Y varios editores le han hecho llegar apetecibles contratos para que escriba su autobiografía.

No quiero sacar ninguna conclusión porque todas saltan a los ojos y queman. Yo me limitaré a seguir dando mis clases, dos veces por semana, bajo el hielo y la nieve de Washington, mirando al techo para que ninguna de mis alumnas me acuse de «acoso visual», y forrado de gruesos calzones impermeables, para el frío y por si acaso.

Washington D.C., enero de 1994

MÉXICO EN LLAMAS

Aunque la rebelión en Chiapas del autoproclamado Ejército Zapatista de Liberación Nacional (EZLN) ha sido ya en gran parte aplastada, por operaciones represivas que, por lo visto, incluyeron ejecuciones de prisioneros, bombardeos a mansalva contra poblaciones inermes y demás ferocidades habituales en los regímenes de América Latina que se enfrentan a una subversión, es probable que las acciones rebeldes continúen, aunque sin la espectacularidad del primer día del año, cuando, en una impecable representación de «propaganda armada», los zapatistas capturaron seis poblados chiapanecos ante las cámaras de la televisión.

Para saber lo que le espera ahora a México no hay que esforzar la fantasía. Basta recordar el recientísimo pasado de El Salvador, antes de que el Frente Farabundo Martí y el gobierno de Cristiani hicieran las paces, o pasear la vista por la realidad actual de Guatemala, Colombia y el Perú, donde movimientos subversivos que no tienen la menor posibilidad de capturar el poder se las arreglan, sin embargo, para crear inseguridad y jaquear a los gobiernos, poniendo coches-bombas, emboscando patrullas militares, con asesinatos selectivos, secuestros, cupos revolucionarios, asaltos a bancos y otras provocaciones que desencadenan, por parte de las fuerzas del orden, atroces represalias de las que son víctimas, en la inmensa mayoría de los casos, gentes humildes e inocentes. ¿Esas cosas no ocurrían en México, país al que casi siete décadas de dominio incontestado del PRI (Partido Revolucionario Institucional) habían convertido en un modelo de orden y estabilidad? Pues bien, ahora ocurren.

Yo estaba por esos mismos días del alzamiento en Chiapas recorriendo las ruinas mayas del estado vecino de Yucatán y los acontecimientos me sorprendieron en Mérida, la capital yucateca. Allí vi, por televisión, al joven y desenvuelto comandante Marcos, detrás de su pasamontañas y acariciando su FAL, anunciar los objetivos de la rebelión: acabar con el capitalismo y la burguesía y establecer el socialismo en México, para traer justicia y pan a los indios empobrecidos por el Tratado de Libre Comercio con Estados Unidos y Canadá (que, precisamente, empezó a funcionar el primero de enero). El distraído guerrillero no parecía saber por qué cayó el muro de Berlín ni haberse percatado de que el golfo de México y el mar Caribe hierven de balsas de fortuna en que desesperados cubanos, hartos del escorbuto y las dietas de raíces y flores que les trajo el socialismo, están dispuestos a que se los coman los tiburones con tal de llegar al infierno capitalista, incluso en versión mexicana.

Por eso, y pese a ser un crítico severo del sistema antidemocrático que impera en México (por haberlo llamado «la dictadura perfecta» muchos paniaguados del régimen priísta me llenaron de improperios), creo que la insurrección zapatista de Chiapas debe ser condenada sin eufemismos, como un movimiento reaccionario y anacrónico, de índole todavía más autoritaria y obsoleta que la que representa el propio PRI, un salto atrás ideológico que, en la utópica hipótesis de que conquistara el poder, no disminuiría la corrupción ni aumentaría en un ápice la limitada libertad de que goza el pueblo mexicano, más bien la trocaría en un verticalismo totalitario y asfixiante, y, además de dictadura política, infligiría a México en el campo social y económico lo que —sin una sola excepción— han traído siempre a los pueblos el estatismo y el colectivismo: un desplome de su aparato productivo y una pobreza generalizada.

Quienes celebran la asonada zapatista de Chiapas porque piensan que ella puede debilitar las estructuras de poder en que se asienta el dominio hegemónico del PRI sobre la vida política del país y acelerar la indispensable democratización, lamentablemente se equivocan. Lo más probable es que ocurra lo contrario; que, al sentirse amenazado de esa manera frontal por su izquierda, el régimen se endurezca y que todas las tendencias que lo componen se unifiquen en un reflejo de supervivencia, a la vez que en su seno pierdan posiciones quienes representan la alternativa liberal y modernizadora de Salinas de Gortari y Colosio (a quienes los zapatistas, con una ceguera ideológica total, parecen considerar los únicos responsables de la miseria de los campesinos) y las recuperen los populistas y nacionalistas de triste memoria, cuyo discurso, por lo menos, no está muy lejos del del comandante Marcos. ¿Qué progreso puede significar para México volver a los tiempos de la irresponsable demagogia tercermundista de un Echeverría o a los desmanes económicos de un López Portillo?

La rebelión armada sólo se justifica en dictaduras totalmente impermeables a la contestación y a la crítica, en las que no hay resquicio alguno para una acción pacífica en favor del cambio, es decir, en satrapías despóticas como la del general Cedras en Haití o la de Castro en Cuba. Ése no es el caso de México, donde, pese a sus sutiles y múltiples tentáculos de control de la sociedad y a sus fraudes electorales, el PRI no ha podido impedir a la oposición de izquierda representada por el cardenismo, o a la de derecha, del PAN (Partido de Acción Nacional), ganar espacios importantes en la estructura del Estado y reclutar en sus filas a considerables sectores de opinión pública. Es verdad que este proceso democratizador es muy lento, lo que, explicablemente, exaspera a los impacientes, pero la acción de los insurrectos de Chiapas y las bombas y apagones en las ciudades que son su secuela, en vez de acelerarlo pueden acabar con él y, si se incrementan, todavía algo peor: retroceder a México a la condición de esas dictaduras militares cuyo salvajismo y abusos a los derechos humanos los gobiernos mexicanos suelen tradicionalmente denunciar ante el mundo.

Hace falta tener muy poca visión de la realidad contemporánea para no advertir que la apertura de México a los mercados mundiales, la privatización de sus empresas públicas y la firma del Tratado de Libre Comercio es algo que socava los cimientos mismos sobre los que se asienta la «dictadura perfecta» del PRI. Sin duda no ha sido ésta la intención de los gobiernos de La Madrid y de Salinas, al impulsar políticas económicas liberales; pero ésta es la inevitable consecuencia. El sistema priísta no puede sobrevivir a una transferencia del sector público a la sociedad civil que prive al poder político de los recursos económicos —las empresas del Estado— para sobornar y corromper a sus clientelas, ni a un Poder Judicial independiente, requisito básico para una economía de mercado internacionalizada que, además de sanear la vida económica, irá homologando la legislación y la acción jurídica de México con las de Estados Unidos y Canadá.

Este proceso no se verá interrumpido por la rebelión zapatista pero no hay duda que ésta, aun si es efímera, le ha asestado un serio revés. Ha empañado la imagen internacional de México, afectando con ello la confianza que en los medios financieros del mundo había despertado la política modernizadora de los últimos años, lo cual, sin duda, restringirá la inversión extranjera y dará nuevas armas a los grupos de interés en Estados Unidos que combaten el Tratado de Libre Comercio con los argumentos nacionalistas y racistas de un Perot: México es un país primitivo y bárbaro que no está preparado para establecer una mancomunidad económica con países del Primer Mundo. Veo con sorpresa que esta perspectiva, en vez de alarmar, parece satisfacer a algunos intelectuales mexicanos adversarios del régimen, como si de ello pudieran derivarse beneficios políticos o económicos para los pobres de México.

¿Cuáles? ¿De qué modo? Que la política de apertura al comercio internacional y las privatizaciones impulsadas por Salinas de Gortari pudieran haber sido hechas de manera más eficiente y más pura, no lo pongo en duda. ¿Que esas privatizaciones hubieran debido servir no sólo para acarrear recursos al erario nacional, sino, sobre todo, para difundir la propiedad y el accionariado entre los trabajadores, empleados y sectores sociales de menores ingresos, por supuesto: ésta es una crítica válida para casi todas las privatizaciones que se han hecho en América Latina (con excepción de algunas pocas, en Chile, como la de la seguridad social). Pero ¿había acaso una alternativa sensata a esta política? ¿O hubiera sido preferible mantener el *statu quo*? ¿O continuar con las nacionalizaciones de bancos que perpetró López Portillo provocando las cataclísmicas consecuencias que sabemos?

Nada de esto significa desconocer que los beneficios de la modernización no han alcanzado a la base de la pirámide social mexicana y que hay sectores, como es el caso sin duda de los campesinos y comunidades indígenas de Chiapas, a los que, más bien, ha podido perjudicar. Esas críticas deben ser bienvenidas, pero, para ser, además, útiles, deben ir acompañadas de propuestas que favorezcan efectivamente a los indios y familias rurales, es decir, que les den cuanto antes los instrumentos materiales y pedagógicos indispensables para alcanzar su desarrollo, permitiéndoles participar de la modernidad a la que han accedido ya, gracias a las reformas económicas de los últimos años, vastos sectores de la sociedad mexicana (lo he visto en los pueblos mayas del estado de Yucatán, en los que, aunque hay aún grandes bolsones de pobreza, no se ve nada comparable a la miseria rural guatemalteca o nicaragüense). La insurrección zapatista no va en esta dirección, sino en la opuesta, en la del alacrán que exorciza el fuego clavándose en el esternón la pinza envenenada: combatir las intolerables, abismales desigualdades entre ricos y pobres igualando en la miseria a todos los mexicanos.

Una última consideración. Quizá la única positiva consecuencia de la rebelión armada de Chiapas sea que ella ha puesto en evidencia una de las más persistentes supercherías del sistema mexicano: una política exterior «progresista» destinada a inmunizar a México contra las agresiones y operaciones subversivas de la izquierda internacional y a practicar la represión en casa sin ser vilipendiada por los organismos de derechos humanos que aquélla manipula. Dando cobijo, ayuda y promoción a todos los grupos y grupúsculos revolucionarios del continente, incluidos los más extremistas, y manteniendo una «solidaridad» activa con los regímenes revolucionarios como la Nicaragua de los sandinistas y la Cuba castrista, el régimen priísta creía haber comprado una suerte de patente de corso que lo exoneraría de toda aventura insurreccional en su territorio y que le permitiría seguir aplastando en él a su gusto cualquier disidencia que fuera más allá de lo que las propias reglas del sistema tolera. Desde el primero de enero, esa farsa se acabó. Ojalá que la presencia de esos revolucionarios centroamericanos desocupados que ambulan ahora en las montañas de Chiapas confundidos con los indios arrancados de sus hogares por la reciente violencia, y las campañas de solidaridad con la «revolución zapatista» que comienzan a brotar en distintos lugares del mundo, abran los ojos de los gobiernos mexicanos sobre la conveniencia de una política internacional basada en la seriedad y la coherencia en vez del ilusionismo y la picardía.

Nueva York, enero de 1994

ÍNDICE ONOMÁSTICO

ÍNDICE DE TÍTULOS CITADOS